HEYNE

DAS BUCH
Wird Anthony mich retten? Und noch viel wichtiger: Wie lange halte ich durch? Diese Fragen stellt sich John Aldridge aus Montauk, als er mitten in der Nacht bei Arbeiten an Bord seines Hummerkutters das Gleichgewicht verliert und in die raue See stürzt, während sein Freund und Kollege Anthony Sosinski in der Kajüte schläft.
Als Anthony aufwacht und Johns Abwesenheit bemerkt, ist es fast zu spät. Mitten im Atlantischen Ozean kämpft John ohne Schwimmweste ums Überleben, während sein Freund, die Küstenwache und sämtliche Fischer im Nordosten der USA fieberhaft versuchen, ihn zu finden und zu retten, bevor die letzte Welle über ihm zusammenbricht.
Eine dramatische Geschichte über Willensstärke und Widerstandsfähigkeit, die auf beeindruckende Art zeigt, wie es einem Menschen allen Widrigkeiten zum Trotz gelingen kann, zu überleben.

DIE AUTOREN
John Aldridge und Anthony Sosinski sind Fischer aus Oakdale, New York. Sie kennen sich seit ihrer Kindheit, fischten schon als kleine Jungs zusammen und arbeiteten später in Montauk auf verschiedenen Fischerbooten. Als die Anna Mary zum Verkauf stand, entschieden sie sich für die Selbständigkeit und kauften den heruntergekommenen Hummerkutter. Ein Jahr lang reparierten sie ihn, und als sie endlich zum ersten Mal gemeinsam mit ihrem eigenen Fischerboot aufs Meer rausfuhren, waren sie schon Ende 30. Für beide erfüllte sich ein Lebenstraum. Als das verhängnisvolle Unglück geschah, war John Aldridge 45 Jahre alt. Sie leben beide immer noch in Montauk und fahren weiterhin täglich auf Meer.

JOHN ALDRIDGE
ANTHONY SOSINSKI

EIN FLECK IM MEER

Eine dramatische Geschichte von
Willensstärke und Überleben

Aus dem Amerikanischen
von Georg Deggerich

WILHELM HEYNE VERLAG
MÜNCHEN

Die Originalausgabe A SPECK IN THE SEA. *A Story of Survival and Rescue* erschien 2017 bei Weinstein Books, New York

Sollte diese Publikation Links auf Webseiten Dritter enthalten, so übernehmen wir für deren Inhalte keine Haftung, da wir uns diese nicht zu eigen machen, sondern lediglich auf deren Stand zum Zeitpunkt der Erstveröffentlichung verweisen.

Verlagsgruppe Random House FSC©N001967

Vollständige Taschenbucherstausgabe 01/2019
Copyright © 2017 by John Aldridge and Anthony Sosinski
Copyright © 2017 der deutschsprachigen Ausgabe by
Hoffmann und Campe Verlag, Hamburg
Copyright © dieser Ausgabe by Wilhelm Heyne Verlag,
München in der Verlagsgruppe Random House GmbH,
Neumarkter Str. 28, 81673 München
Printed in Germany
Umschlaggestaltung: Nele Schütz Design, München
unter Verwendung eines Fotos von © Philip Plisson
Druck und Bindung: GGP Media GmbH, Pößneck
ISBN: 978-3-453-42245-2

www.heyne.de

Für die Männer und Frauen der US-Küstenwache und für alle Menschen, deren Leben von den Ereignissen des 24. Juli 2013 berührt wurden und die einem auf See Verschollenen mit ihrer Anteilnahme, ihren Gebeten, ihrem guten Willen und in vielen Fällen auch mit ihrer Zeit und ihrem Einsatz beigestanden haben.

»Die See ist deine Mutter, dein Biest und deine Geliebte und sie schenkt niemandem etwas.
Allein die Würfel entscheiden, ob du heil davonkommst, also verbeugt euch, Männer, vor der Königin.«

Die Geschichte von Johnny Load,
von The Nancy Atlas Project

»Denken Sie daran, Sie sind stark und widerstandsfähig. Sie haben die Kraft, die aktuelle Situation zu meistern. Vertrauen Sie darauf, dass das Universum einen mächtigen zweiten Atem bereithält, und nutzen Sie ihn, wenn Sie ihn brauchen. Bauen Sie auf Ihre Anpassungsfähigkeit. Und auf Ihren Einfallsreichtum. Machen Sie eine Pause und finden Sie wieder zu sich selbst und Ihrer inneren Stärke, bevor Sie wichtige Entscheidungen treffen.«

John Aldridges Horoskop für den 23. Juli,
der Tag, an dem die *Anna Mary* ausfuhr,
erschienen in der Lokalzeitung von Oakland,
Long Island

»Ich glaube, ganz Montauk spürte, dass wir an diesem Tag Zeuge von etwas Außergewöhnlichem wurden. Notsituationen bringen oft das Beste in den Menschen zum Vorschein, und viele gehen ohne zu überlegen bis an ihre Grenzen und darüber hinaus, um nicht aufzugeben. Und dann geschieht zuletzt ein Wunder. Ich kenne diesen Menschen nicht einmal persönlich, aber ich bin sicher, ich werde diesen Tag niemals vergessen.«

Catherine Ecker Flanagan,
alteingesessene Montaukerin

INHALT

Prolog 11
Über Bord 17
Fischer in Montauk 31
Ein Fleck im Meer 61
»Er ist weg« 71
Tageslicht 85
In der Kommandozentrale 91
»Es ist etwas Schlimmes passiert« 107
»Johnny Load wird vermisst« 115
Zur westlichen Boje 139
Kommando und Kontrolle 145
Die Wacht an Land 161
Loslassen 171
Gefunden 183
»Es ist vorbei« 187
Gerettet 195
Die folgsame Tochter 203
Danach 209
Epilog 215

Die an der Suche nach John Aldridge
beteiligten Einrichtungen und Fahrzeuge 239
»Die Geschichte von Johnny Load« 247
Danksagungen 251
Die Autoren 253
Bildnachweis 255

PROLOG

Aus der Luft ist das auffälligste topographische Merkmal an der Ostspitze von Long Island, New York, die dreihundertsechzig Hektar große kreisrunde Hafenbucht von Montauk. An klaren, sonnigen Tagen, wie es sie an der Ostspitze fast das ganze Jahr über gibt, wird hier jedermanns Traum eines idyllischen Küstenstädtchens auf atemberaubende Weise Wirklichkeit. Das Sonnenlicht funkelt gleißender auf dem Wasser als über den Feldern und Städten weiter westlich in Richtung New York City. Möwen kreisen in der Luft. Der wolkenlose Himmel ist tiefblau, der Sand leuchtet golden. Im Hafen liegen alle Arten von Booten – von Seglern bis Ausflugsdampfern, Motoryachten bis Jollen, Fischereischiffen bis Kajaks –, die sich auf der glänzenden Wasserfläche sanft auf und ab wiegen und dabei leise gegen die Holzstege schlagen, während eine leichte Brise den Salzgeruch des Meeres über Dünen und Strände, Gärten und Terrassen weht.

Strahlenförmig um den runden Hafen ausgebreitet liegt das berühmte Dorf Montauk. Die »Innenstadt« mit ihren Geschäften und Betrieben befindet sich hauptsächlich südlich und westlich des Hafens, die Häuser sind niedrig und unauffällig. Östlich, westlich und südlich des Hafens winden sich die Straßen der Wohnviertel durch die flache Landschaft entlang des schmalen Küstenstreifens, der sich von Norden nach Süden auf gerade einmal sechseinhalb Kilometern erstreckt. Viele der meist ein- oder zweistöckigen Häuser besitzen die für Montauk typischen grauen Schindeldächer. Sie liegen teilweise versteckt hinter dichten Büschen und hohem Seegras und sind umgeben von verkrüppelten Zwergeichen und knorrigen Schwarzkirschbäumen, die sich vor dem Wind ducken, vereinzelten Flecken Minze, Salbei und Farn und Gärten, in denen während der Saison sämtliche Farben und Arten ein- und mehrjähriger Pflanzen blühen, die in dem lehmigen Boden gedeihen, ganz zu schweigen von den Maisstauden und dicht behangenen Tomatenpflanzen, die hier Kennzeichen des Sommers sind.

Die Häuser, die Geschäfte, die Dünen, die breiten Strände, die Ausblicke auf das Meer von Veranden und Terrassen sind alles Kennzeichen für die Ostspitze von Long Island, und doch dreht sich alles auf die eine oder andere Art um den Hafen, der zentral für das Leben der Gemeinde und räumlicher Orientierungspunkt ist. Insofern ist es vielleicht eine ironische Pointe, dass am Hafen von Montauk nichts natürlich ist. Von dem Moment an, da er von den Gletschern des Pleistozäns ausgehöhlt wurde, bis zum Beginn des zwanzigsten Jahrhunderts war es ein Süßwassersee, der größte einer Vielzahl von Seen, Teichen, Tümpeln, Flüssen und Sümpfen entlang der Landzunge von Long Island. Er trug den Namen Great Lake und war an einer Stelle des Nordufers nur durch eine schmale Landbrücke – vielleicht fünfhundert Meter breit – vom offenen Meer des Block Island Sound getrennt.

Das ist einer der Gründe, warum der See die Aufmerksamkeit des exzentrischen Unternehmers und Immobilienhändlers Carl Fisher weckte, dem Mann, der unter anderem das erste Autohaus in Amerika eröffnete. Fischer wollte aus Montauk das

»Miami Beach des Nordens« machen und sah in dem damals noch verschlafenen Nest hundertsechzig Kilometer von New York entfernt bereits ein Luxus-Urlaubsziel für Millionäre. Es sollte exklusiv und teuer sein und elegante Hotels, ein Kasino und Golfplätze bieten – jede erdenkliche Annehmlichkeit und Unterhaltung, die ein Millionär sich wünschen konnte. Viele Gäste von der Art, die Fisher anzusprechen hoffte, würden selbstverständlich mit einer Yacht anreisen, weshalb er 1927 ein Loch in den nördlichen Ufersaum des Great Lake sprengte, den See ausbaggern ließ und ihn zum Seehafen ausbaute. Auf einer kleinen Insel inmitten des neuen Hafens, Star Island genannt, erbaute er den Montauk Yacht Club und das Star Island Casino, erste Schritte auf dem Weg in eine große Zukunft.

Vermutlich wäre es auch so gekommen, wenn nicht der Börsencrash von 1929 Fishers Reichtum und seinem Traum von einem nördlichen Pendant zu Miami Beach, wo er einige Jahre später in Armut starb, ein Ende gesetzt hätte.

In gewisser Weise hat sich Fishers Traum natürlich doch erfüllt: die Ostspitze von Long Island ist tatsächlich der berühmte Treffpunkt der Reichen und Prominenten, der Montauk Yacht Club boomt und der von Fisher angelegte Hafen wurde zum Haupthafen des East Ends, ein bedeutender Marinestützpunkt während des Zweiten Weltkriegs und gegenwärtig Standort einer Station der US-Küstenwache. Fishers »künstlicher« Hafen ist heute New Yorks wichtigster Fischereihafen, Standort der bundesweit größten Flotten des kommerziellen Fischfangs wie auch der Sportfischerei.

Die Einheimischen, die von diesen Flotten leben, bilden eine einzigartige und fest verschworene Gemeinschaft – Männer und Frauen, die durch Generationen des Fischfangs miteinander verbunden sind, die hier geboren wurden oder die sich diesen Ort an der äußersten Spitze der langgezogenen Insel vor allen anderen ausgesucht haben und die alle stolz darauf sind, die finanziellen, physischen und emotionalen Höhen und Tiefen der Tätigkeit, mit der sie ihren Lebensunterhalt verdienen, zu meistern. Gemessen an der Bedeutung für die Fischindustrie ist ihre Zahl sehr bescheiden: Die gesamte kommerzielle Flotte, die den öffentlichen Markt mit Fisch und Meeresfrüchten beliefert, besteht aus gerade einmal vierzig Schiffen. Sie machen Jagd auf die wenigen Arten, die in den Gewässern vor Montauk beheimatet sind, vor allem Torpedobarsch, Tintenfisch, Flunder, Weißfisch, Jakobsmuscheln und Hummer.

Ganze fünf Schiffe der Flotte betreiben Hummerfang. Vier davon in der zwanzig Seemeilen breiten Zone vor der Küste. Nur eins fischt weiter draußen auf dem Atlantik, außer Sichtweite der Küste.

Das ist die *Anna Mary*, vierundvierzig Fuß lang, gebaut 1983 und seit 2003 im Besitz von John J. Aldridge III und Anthony Sosinski, beide aus Montauk. Die beiden Männer sind in ihrer Art, ihrer Persönlichkeit und ihrer Erscheinung das genaue Gegenteil. Beide sind von schlanker Statur, aber Sosinski ist hellhäutig, blond und arbeitet mit flinken Bewegungen, während Aldridge olivfarbene Haut und schwarze Haare besitzt und bedächtig redet und sich bewegt. Beide sind fast so lange Partner in ihrem Beruf, wie sie befreundet sind, das heißt, für die meiste Zeit ihres Lebens. Unterstützt von einem weiteren Crewmitglied fahren sie während der Fangsaison von April bis Ende Dezember zwei- bis dreimal die Woche, sofern das Wetter es zulässt, mit dem Boot hinaus. Dabei steuern sie »ihre« Fanggründe an – Liegenschaften im Ozean, die durch ihre Fallen auf dem Meeresgrund markiert werden – und hoffen auf einen üppigen Hummer- und Krebsfang für den Großhändler, der die Tiere an Marktbeschicker und Restaurants weiterverkauft.

Am Abend des 23. Juli 2013, einem Dienstag, machten die

beiden Männer die *Anna Mary* im Westlake-Dock – am Ende des Westlake Drive, zweiter Anleger links – fertig zur Ausfahrt. Nachtfahrten sind in in der Fischerei üblich, und an diesem Abend ging alles seinen gewohnten Gang ...

ÜBER BORD

24. Juli 2013

»Warst du heute Muschelsammeln?«, frage ich Anthony, als er vom Steg auf das Deck der *Anna Mary* springt.

»Klar, heute Morgen.«

Anthony geht ständig auf Muschel- und Austernsuche. Doch er watet nicht einfach durchs Wasser, bis er etwas findet, sondern er zieht Flossen und eine Maske mit Schnorchel an und taucht weiter draußen nach den besten Exemplaren, die am meisten Geld einbringen. Das hat er schon gemacht, als wir noch Kinder waren.

»Hast du Bob oder Marie von der Fish Farm angerufen?«, fragt er mich. »Nehmen sie unseren Fang?«

»Alles geregelt«, erwidere ich.

Wir machen unser Boot klar für die dreißig Stunden oder länger dauernde Fahrt aufs Meer, überprüfen die Körbe, Leinen und die übrige Ausrüstung und warten auf die Anlieferung des Köders. Ich sehe, wie Anthony sich einen frisch reparierten Hummerkorb schnappt. Er untersucht ihn genauer, scheint aber mit dem Ergebnis zufrieden.

Aus dem Steuerhaus weht mir eine Zigarettenwolke entgegen. Das muss Mike Migliaccio sein, schon seit vielen Jahren unser dritter Mann an Bord.

»Mikey!«, rufe ich. »Könntest du bitte draußen rauchen? Du bringst mich um mit dem Gestank.«

Mike kommt paffend aus dem Steuerhaus. Man sieht ihn nur selten ohne eine Marlboro zwischen den Lippen. Das ist einer der Gründe – wenn auch nicht der einzige –, warum er nicht viel redet.

»He, Mike«, ruft Anthony. »Wohnst du immer noch bei Gary?« Es ist alte Tradition an Bord von Fischkuttern, dass der Kapitän seine Crewmitglieder aufzieht, und Co-Kapitän Anthony macht da keine Ausnahme.

Mike spuckt die Kippe über Bord. »Ich ziehe da aus«, erklärt er. »Das ist das reinste Dreckloch.«

Wir lachen, auch Mike.

Der Wagen von L&L kommt vorgefahren. Sie betreiben einen Köderhandel weiter im Westen der Insel, genauer gesagt in Bay Shore, etwa hundertzwanzig Kilometer von Montauk entfernt, und sie beliefern uns mit gut zweitausend Pfund gefrorener Bunker und Rochen in großen Transportschalen aus Karton. Zu dritt laden wir den Köder in zwanzig Kunststoffkisten um, die hinter dem Steuerhaus stehen, und schütten noch mehrere Körbe Beifang von anderen Kuttern im Hafen hinzu. Hier geht nichts verloren.

Irgendwann zwischen acht und halb neun legen wir ab. Es ist ein ruhiger, warmer Sommerabend, und am Horizont ist noch ein letzter Streifen Tageslicht zu sehen. Ich stehe im Steuerhaus und manövriere das Boot vorsichtig zu Gosman, einem Großhändler, der im Hafen von Montauk einen eigenen Steg hat, um unsere Kühlboxen mit Eis zu füllen. Wir haben vier davon, jede mit einem Fassungsvermögen von zweihundert Pfund. Eine der Boxen enthält die Lebensmittel, die wir als Verpflegung mitnehmen. Die anderen drei sind für Thunfisch und Mahi Mahi, die wir auf der Fahrt von einer Leine mit Hummerkörben zur nächsten angeln. Die Boxen sind rasch gefüllt, und wenig später steht Anthony am Steuer, lenkt die *Anna Mary* durch die Ausfahrt am nördlichen Ende des Hafenbeckens, und wir fahren in östlicher Richtung am Strand entlang in Richtung Montauk Point.

Auf den Felsklippen über uns kann ich das Denkmal für die auf See verunglückten Fischer und den Leuchtturm von Montauk sehen, tausendfach auf Postkarten und Postern abgebildet, und ich spüre, wie die See etwas rauer wird. Gegen neun Uhr haben wir den Montauk Point hinter uns gelassen und fahren nach Süden hinaus auf den Atlantik zu unseren Körben.

Anthony ruft mich zu sich ins Steuerhaus, weil er soeben über Funk erfahren hat, dass ein südlich von uns fischendes Boot dreitausend Pfund Hummer bei Gosman abgeliefert hat. Wir sind uns einig, dass das vielversprechend klingt. Dennoch sind wir noch acht Stunden von unseren ersten Fallen entfernt, da kann vieles passieren.

Ich bin bereit für die erste Wache, und da uns alle ein langer Arbeitstag erwartet, sobald wir unsere Fanggründe erreicht haben, schaltet Anthony die *Anna Mary* auf Autopilot und er und Mike legen sich in ihre Kojen zum Schlafen. Ich bin allein im Steuerhaus.

Das Alleinsein macht mir nichts aus. Ich mag es sogar. Die *Anna Mary* ist diese Strecke so oft gefahren, dass sie es fast von allein kann und ich nicht viel zu tun habe. Außerdem bin ich nach einigen Tagen an Land immer froh, wieder auf dem Meer zu sein. Die Zeit an Land dient in der Regel dazu, das Schiff für die nächste Fahrt vorzubereiten, was alle möglichen Routinearbeiten an Deck bedeutet, oder das Öl zu wechseln, Seile zu spleißen und vor allen Dingen Fallen zu reparieren. Wir haben insgesamt achthundert Fallen, von denen wir pro Fahrt gut vierhundert vom Meeresgrund holen, sodass ständig irgendetwas kaputtgeht und das Reparieren praktisch ein Vollzeitjob ist.

Deshalb fühlt es sich gut an, wieder auf dem Wasser zu sein. Seit ich ein kleiner Junge war, hat es mich hinaus aufs Wasser gezogen. Nicht nur, weil ich immer schon Fischer werden wollte – obwohl das genau so war –, sondern auch, weil ich gerne mein eigener Herr bin, ohne dass irgendwer mein Leben kontrolliert oder mein Schicksal diktiert oder mich anschnauzt, dies oder das zu tun. Anthony sagt mir niemals, was ich tun soll. Wir sind seit ewigen Zeiten gleichberechtigte Partner. Und bei der Arbeit, wenn wir die Fallen an Deck hieven und den Fang herausholen, läuft alles wie am Schnürchen, als würden zwei Paar Hände wie eins arbeiten. Aber für drei ausgewachsene Männer ist auf einem vierundvierzig Fuß langen Kutter wie der *Anna Mary* wenig Platz. Während also Anthony und Mike unten in der Vorpiek vor sich hin sägen und mir nichts als die laue Sommerluft und ein fast voller Mond Gesellschaft leisten, bin ich gerne ganz allein im Steuerhaus. Ich lehne mich in dem abgewetzten Kapitänssessel zurück – ein schwarzer Kunstlederthron, der so oft geflickt wurde, dass es aussieht, als wäre er mit Klebeband gepolstert –, lege meine Füße auf die Instrumententafel, trinke einen Schluck Wasser aus der Flasche, die auf dem Fenstersims neben dem Stuhl steht, und lasse mich mit der *Anna Mary* in den leichten Wellen wiegen, die Nachwehen eines Sturms vor ein paar Tagen. Das Funkgerät bleibt stumm bis auf gelegentliche Kontaktaufnahmen, nach denen die Gesprächspartner rasch auf einen anderen Kanal wechseln. Das fahle Mondlicht und die Lichter der *Anna Mary* zeigen ruhige See voraus. Ich begnüge mich damit, ein Auge auf die Messgeräte und den Radarschirm zu werfen, und spüre mein Boot mit den üblichen sechseinhalb Knoten dahintuckern.

Nur eine Sache ist noch zu erledigen, damit wir morgen früh gleich an die Arbeit gehen können, aber das schaffe ich auch alleine und muss Anthony nicht extra um halb zwölf wecken, worum er mich gebeten hat. Wir haben vor kurzem ein neues Kühlsystem installiert, das vor Inbetriebnahme genau justiert werden muss, eine Aufgabe, die nicht unbedingt Anthonys Sache ist. Ein kommerzielles Fischereiboot wie die *Anna Mary* ist im Grunde ein überdimensioniertes Fischbecken, und das System, mit dem wir unseren Fang lebendig und frisch halten, basiert auf gekühltem Meerwasser. Es ist ein geschlossener Kreislauf: eine Pumpe saugt Meerwasser in die Tanks, in die unser Fang kommt, aber das überlaufende Wasser wird erneut in den Kreislauf eingespeist, sodass nichts zurück ins Meer gelangt. Das System muss jedes Mal neu eingestellt werden. Dazu müssen sämtliche Ventile so weit geöffnet werden, dass das Wasser gleichmäßig durch die Tanks fließt, und dann müssen die Überlaufhähne mit einer Kappe verschlossen werden, damit kein Wasser ins Meer gerät. Idealerweise versucht man die Tanks randvoll zu machen, damit das Wasser möglichst wenig hin und her schwappt. Keine großartige Aufgabe, doch benötigt man für die Feineinstellung der Ventile ein gewisses Maß an Geduld und Konzentration, was nicht gerade Anthonys Stärke ist. Da ich ohnehin hellwach bin, lasse ich Anthony lieber schlafen und gehe gegen halb drei oder drei Uhr früh auf Deck, um den Job zu erledigen.

Der größte Teil der *Anna Mary* ist Deck. Neunzehn der vierundvierzig Fuß Länge und fast die gesamten vierzehneinhalb Fuß Breite sind Deck, und wir brauchen davon jeden Zentimeter. Das Heck ist offen, damit wir die Leinen mit den Körben zu Wasser lassen können, und die Luken schließen eben mit dem Deck ab. Ich öffne die mittlere Luke über den Tanks, öffne die Ventile und schließe die Luke wieder. Dann gehe ich zurück ins Steuerhaus und überprüfe Geschwindigkeit, Radar und Öldruck und ob die Kompassnadel den richtigen Kurs des Autopiloten bestätigt. Anschließend gehe ich wieder an Deck, um die Überlaufhähne zu verschließen. Zwei unserer Kühlboxen stehen übereinander auf der Luke für den Tank, die ich öffnen muss, um die Plastikkappe auf den Überlauf zu schrauben und das System zu schließen. Frisch mit Eis gefüllt, stehen die Kühlboxen fest auf dem Boden, also schnappe ich mir einen langstieligen Bootshaken und angle damit nach dem Plastikgriff der unteren Box.

Ich spüre das kompakte Gewicht, fast so, als seien die Boxen fest mit dem Deck verwachsen. Ich greife das untere Ende des Bootshakens, gehe in die Knie und lehne mich weit nach hinten, mehr oder weniger hockend, und ziehe mit aller Kraft. Es klappt. Die beiden Boxen rutschen mir über die Hälfte der Tankluke entgegen. Ich gehe ein Stück zurück, lehne mich noch weiter nach hinten, ziehe noch fester – und der Griff reißt ab. Die Kühlboxen bleiben stehen, aber ich stolpere mit hoher Geschwindigkeit rückwärts über Deck, den Bootshaken immer noch umklammernd, geradewegs auf das Heck zu, wo es kein Tor und kein Seil gibt, das mich auffangen oder woran ich mich festhalten könnte.

Und habe keinerlei Kontrolle über mich. Ich stolpere rückwärts, ein oder zwei Sekunden lang – oder vielleicht noch länger? Es ist genau, wie sie sagen, die Zeit scheint stehenzubleiben. Die Sekunden verrinnen wie in Zeitlupe.

Ich wusste, als ich an dem Griff zog, dass es ein Unglück geben würde. Ich wusste es. Es war keine Überraschung, als er abriss, bloß ein zähes, unendlich langsames Bewusstwerden, dass ich mich in eine Situation gebracht hatte, aus der ich nicht wieder herauskomme. Verzweifelt strecke ich meinen Arm nach der Kante des Bootes aus und versuche, sie mit den Fingern zu fassen. Aber vergeblich. Meine Finger rutschen vom Deck ab, und ich fliege durch die Luft.

Warm. Das erste Gefühl beim Eintauchen. Ich schlucke einen Schwall Meerwasser, dann schnelle ich zurück an die Oberfläche. Ich will Luft schnappen und gleichzeitig schreien, aber beides misslingt. Ich drehe durch. Glühendheißes Adrenalin schießt durch meinen Körper, und ich schlage wild um mich, würge am Salzwasser und strecke meine Arme nach der schwindenden *Anna Mary* aus. Ich versuche, zu meinem Schiff zu rennen – zu ihm zu fliegen –, schreie »Anthony! Anthony!« und brülle dann aus vollem Hals »Scheiiiiiiiiße!«

Nicht, dass mich jemand hören könnte. Ich schreie, weil der Schrei einfach aus mir herauskommt, doch die *Anna Mary* stampft davon und übertönt mit ihrem Motor jeden Laut, der ein menschliches Ohr erreichen könnte, besonders die Ohren zweier Kerle, die im Vordeck des Schiffes tief und fest schlafen. Die *Anna Mary* wird kleiner und kleiner, während sie sich von mir entfernt und ich immer noch verzweifelt versuche, hinter ihr her zu rennen und meinen Kopf über den Wogen zu halten, doch jetzt kann ich nur noch die Lichter auf dem Dach des Steuerhauses sehen. Auch sie werden kleiner. Schwächer. Das alles passiert gar nicht. Wie könnte so etwas real sein?

Es gibt nichts, woran ich mich festhalten könnte, nichts, was vorbeitriebe und ich fassen könnte, kein Stück Treibholz oder Abfall, kein Leinenrest oder ein toter Fisch. Nichts. Die Rettungsweste, die auf jedem kommerziellen Fischereischiff Vorschrift ist, nützt nichts, wenn man sie nicht angelegt hat. Wir tragen nie eine Weste. Ich bin mir bewusst, dass meine Arme und Beine krampfhaft und zwecklos um sich schlagen, dass ich allein bin und mitten in der Nacht wüst auf den Ozean einprügle. Mein ganzes Wesen weiß, dass ich ertrinken werde. Ich werde sinnlos im Wasser strampeln, bis ich erschöpft bin und untergehe. *Mein Gott*, denke ich, *wie wird sich das anfühlen?*

Es ist die pure Verzweiflung, ohne jeden Hoffnungsschimmer,

und sie ist überwältigend. Sie durchdringt meinen ganzen Körper, spannt ihn aufs Äußerste an und lässt meine Bauchmuskeln hart wie Eisen werden.

Ich bin fünfundvierzig Jahre alt. Ich habe schon öfter Angst gehabt. Aber das hier ist anders. Das ist Panik, die meine Lungen lähmt und sich anfühlt, als wolle mein Herz aus der Brust springen. Kampf oder Flucht – das scheint wie ein schlechter Witz. Gegen das Meer kämpfen? Wohin denn fliehen?

Die *Anna Mary* ist beinahe in Richtung Süden entschwunden. Ich bestimme ihre Position im Verhältnis zum Vollmond und registriere ebenso, dass die Wellen aus Südwesten kommen. Ich bin mir nicht sicher, ob ich diese Dinge bewusst festhalte, aber es sind Orientierungspunkte. Richtungen. Mein Verstand nimmt sie automatisch auf.

Dann ist die *Anna Mary* verschwunden und es ist vollkommen still. Man vergisst, dass man die Wellen nur hört, wenn sie sich am Ufer brechen. Inmitten des Ozeans hört man nichts. Die Stille ist ohrenbetäubend – beängstigend.

Ich trage ein T-Shirt, Boardshorts, klobige, schwere Gummistiefel und dünne weiße Sportsocken. Keinerlei Schutz. Die Sohlen der Stiefel sind dafür gemacht, auf dem vom Fischschleim glitschigen Deck Haftung zu geben. Aber hier gibt es nichts, worauf man stehen könnte. Ich liege auf dem Rücken und versuche mit Armschlägen, meinen Kopf über Wasser zu halten. Meine Stiefel hängen schwer an meinen Füßen. Jeder Fischer weiß, dass Stiefel im Wasser dein Verhängnis sind: einmal vollgelaufen, ziehen sie dich nach unten und du ertrinkst. Wenn man über Bord geht, müssen als Erstes die Stiefel weg.

Ich streife beide Stiefel von den Füßen. Sie treiben an die Oberfläche, wo ich sie mir mit je einer Hand schnappe. Ich drücke sie an meine Brust und lege mein Kinn auf die Sohlen. Sie sind etwas, woran ich mich festhalten kann, Überbleibsel einer

Welt, die ich wann genau verloren habe? Vor drei Sekunden? Vor fünf Minuten? Egal. Diese Welt ist verschwunden. Mein Gehirn arbeitet fieberhaft und mit Lichtgeschwindigkeit. *Sie treiben auf dem Wasser*, sagt es mir. *Diese Stiefel treiben.*

Und dann blitzt ein anderer Gedanke auf. *Luftblase*, meldet mein Gehirn. Ich nehme einen Stiefel, schütte das Wasser aus, sodass er sich mit Luft füllt und drücke ihn unter Wasser. Wow! Er treibt wie eine Boje. Ich klemme ihn mir unter die Achsel. Jetzt den zweiten Stiefel, mit Luft gefüllt und unter die andere Achsel geklemmt. Meine Stiefel sind Pontons, meine ganz eigene Art von Schwimmweste. Plötzlich sterbe ich nicht mehr, jedenfalls nicht sofort, nicht in diesem Augenblick.

Das verändert alles.

Ich atme. Meine Lungen fühlen sich nicht länger an wie Ballons, die jeden Moment zu platzen drohen. Mein Herz schaltet ein oder zwei Stufen herunter, genau wie meine Arme und Beine. Während die ärgsten körperlichen Reaktionen des Schreckens nachlassen, melden sich die schwächeren Qualen. Meine Augen brennen vom Salz wie Feuer; mein Mund schmeckt nach Salzlake, die ich vergeblich auszuspucken versuche; meine Ohren läuten vor Panik. Aber zumindest schlage ich nicht mehr wild um mich, ich treibe. Das Adrenalin rauscht immer noch durch meinen Körper, aber es verschafft mir so etwas wie Klarheit; es fühlt sich echt an.

Nach wie vor ist mein Tod so gut wie gewiss. Jeder, der seinen Lebensunterhalt auf dem Meer verdient, weiß, dass solche Dinge nicht gut ausgehen. Vermutlich habe ich keine Überlebenschance. Niemand hätte die. Wie sollte jemand hier heil herauskommen – allein im Meer treibend, mit nichts, mitten in der Nacht und *niemand, der davon weiß*? Die Wahrheit ist überwältigend.

In der Dunkelheit tauchen vor meinen Augen Bilder auf. Ich

sehe meine Eltern. Wie wird ihr Leben weitergehen, wenn ich nicht mehr da bin? Mein Bruder, meine Schwester, meine Tanten, Onkel und Cousins und Cousinen, mein Neffe. Wir sind eine große, eng verbundene italienische Familie. Ich bin das älteste Kind, der Erstgeborene dieser Generation. Was wird mein Tod mit der Familie machen? Ich kann mir nicht vorstellen, wie ihr Leben ohne mich weitergeht. Ich möchte es gar nicht wissen. Ich möchte diese Bilder loswerden.

Mein Neffe Jake, gerade vier Jahre alt, ist die nächste Generation der Familie. Er ist die Zukunft, und eines der Dinge, auf das ich mich in meinem Leben bis vor wenigen Sekunden oder Minuten am meisten gefreut habe, war es, Jake aufwachsen zu sehen und an seiner Zukunft teilzuhaben. Jetzt sieht es nicht danach aus, als ob mir dies vergönnt sei, und der Gedanke ist schier unerträglich. Wenn ich akzeptiere, Jake nie wiederzusehen, könnte ich genauso gut aufgeben und einfach untergehen.

Aber ich kann es nicht akzeptieren. Ich kann mir nicht vorstellen, dass Jake ohne mich aufwächst. Ich kann mir nicht vorstellen, dass die Menschen, die ich liebe, um mich trauern und dann ihr Leben ohne mich weiterleben. Doch wenn ich mir nicht vorstellen kann, Jake nie wiederzusehen, muss ich einen Weg finden, am Leben zu bleiben und zurückzukehren. Ich muss eine Vorstellung entwickeln, »am Leben zu bleiben«. Und um das zu tun, muss ich auf ein Ziel hin denken. Ich muss mich konzentrieren. Ich muss mich für die eine oder die andere Sache entscheiden, entweder/oder: Entweder kann ich mich endlos auf den Wellen treiben lassen, oder ich kann versuchen, meinen Verstand anzustrengen. »Konzentrier dich!«, sage ich laut, wie ein Befehl an mein Hirn. »Konzentrier dich!« Mein Verstand springt an, und vom Scheitel bis zu den Fußspitzen spüre ich ein winziges Gefühl von Kontrolle.

Was genau weißt du?, fragt mich mein Gehirn. Hier ist meine

Antwort: Ich bin um etwa drei Uhr früh über Bord gegangen. Das bedeutet, ich befinde mich etwa vierzig Meilen von der Küste entfernt, allerdings weit entfernt von unseren ersten Hummerkörben, die die *Anna Mary* von Montauk aus in südlicher Richtung ansteuerte. Wir wären erst eine oder anderthalb Stunden später dort eingetroffen. Aber es bedeutet auch, dass ich vermutlich gar nicht so weit von den Körben meines Freundes Pete Spong entfernt bin. Und weil die Sonne um diese Jahreszeit gegen 5.30 Uhr aufgeht, weiß ich, dass es in zwei bis zweieinhalb Stunden hell werden wird.

Selbst jetzt ist der Himmel nicht pechschwarz. Während ich mich an meinen Stiefeln festhalte und mich umsehe, erkenne ich im Mondlicht meine dünnen weißen Beine im Wasser unter mir. Also ist es nicht vollkommen dunkel, und ich bin auch keineswegs allein. Sturmvögel haben sich eingefunden, ein ganzer Schwarm, der auf seinem Flug nach Norden eine Pause eingelegt hat, um diese seltsame Kreatur im Wasser zu inspizieren. Es ist die häufigste Vogelart auf dem Meer und mir bestens vertraut. Klein, von mattbrauner Farbe mit leuchtend weißen Seitenstreifen, scheinen sie auf dem Wasser zu gehen, wenn sie dicht über den Wellenkämmen schweben und mit ihren Schnäbeln nach Plankton oder winzigen Krustentieren picken. Im Augenblick machen sie Jagd auf meine nicht ganz so winzige Person, indem sie von oben herabstoßen und mit ihren Schnäbeln nach meinem Kopf hacken. Ich versuche, sie zu vertreiben, aber es ist ein aussichtsloses Unterfangen, das mich nur Kraft kostet und mich immer wieder herumfahren lässt, sodass ich noch mehr Wasser schlucke und es wieder ausspucke. Ich beschließe, dass die Vögel lästig sind, mich aber vor allem an eins erinnern: wie ganz und gar fehl am Platz ich im Vergleich zu ihnen bin. Ich schiebe diesen Gedanken zur Seite. Sturmvögel sind meine geringste Sorge. Sie werden mir nicht sonderlich weh tun.

Viel mehr Sorge bereitet mir, dass ich auf dem Atlantischen Ozean treibe und meiner Umwelt hilflos ausgeliefert bin. Meine einzigen Aktivposten sind die Stiefel-Pontons, ein Klappmesser mit einer sieben Zentimeter langen Klinge, das sich in der Innentasche meiner Shorts befindet, mein ziemlich fitter Körper und mein Gehirn. Aber nichts davon gibt mir irgendeine Macht über die Wellen und Strömungen, den Wind und das Wetter, die Zeit und die Gezeiten. Ich habe keinerlei Einfluss darauf, was mit mir oder um mich herum geschieht. Es ist ein ungewohntes Gefühl.

Die Leute glauben, Fischer seien im Meer zu Hause. Ich nicht. Ich bin *auf* dem Meer zu Hause – auf meinem Boot auf dem Meer. Die *Anna Mary* ist eine Umgebung, mit der ich umzugehen weiß. Ich kenne jeden Zentimeter des Schiffs. Ich bin mit jeder Anzeige vertraut, die mir sagt, wo ich mich befinde und wie schnell ich mich fortbewege und wie hoch der Öldruck ist. All das kann ich beeinflussen. Im Steuerhaus meines Schiffs habe ich das Kommando.

Hier nicht. Dies alles ist mir unbekannt, und ich habe das Unbekannte noch nie gemocht. Die Welt unter dem Meeresspiegel ist nicht meine Welt, und niemand kann verfügen, was hier geschieht. Wenn sich eine Leine in der Schraube unseres Schiffs verfängt, geht Anthony ins Wasser und schneidet sie los. Er fühlt sich im Wasser pudelwohl. Bei mir ist das ganz anders. Es fühlt sich widersinnig an, dass nun ausgerechnet ich im Wasser schwimme und dass ausgerechnet ich es bin, der vermutlich hier draußen sterben wird, und ich weiß nicht, wie ich sterben werde oder wie lange es dauern wird oder wie ich mich dabei verhalten werde. Für einen Moment kommt mir der Gedanke, wie leicht es doch wäre, einfach loszulassen und es herauszufinden.

»Scheiß drauf!«, brülle ich mein Gehirn an. »Du kannst

mich mal! Konzentrier dich! Konzentrier dich auf das Tageslicht!« Zweieinhalb Stunden höchstens, vielleicht zwei Stunden, bis sich der erste Schimmer zeigt. Wenn es hell wird, werden Anthony und Mike wissen, dass ich verschwunden bin, und eine Suche starten. Und das weiß ich mit absoluter Sicherheit: Sobald Anthony von meinem Verschwinden erfährt, wird er alles tun, um mich zu finden. Er ist mein Freund aus Kindertagen, mein Geschäftspartner, mein bester Kumpel, und ich weiß, dass er nach mir suchen wird, so wie ich weiß, dass sich die Erde um die Sonne dreht. Das ist unumstößlich. Aber ich muss bereit sein, wenn es passiert. Ich muss am Leben bleiben, damit ich bei Anbruch des Tages dafür sorgen kann, dass man mich findet.

Das Ziel, das erste Ziel ist also, bis Tagesbeginn durchzuhalten. Sich treiben lassen. Energie sparen. Am Leben bleiben. Den Kopf über Wasser halten, um nicht so viel Salzwasser zu schlucken. Die *Anna Mary* ist immer noch nach Süden unterwegs, Montauk liegt im Norden, die Wellen kommen aus Südwest, also ist da Osten. Dort wird die Sonne aufgehen. Das erste Ziel ist es, bis dahin am Leben zu bleiben.

Ich drücke die Stiefel an die Brust und bewege mich mit den Wellen auf und nieder. Es geht eine vier Fuß hohe Dünung, die Nachwirkung des Sturms von vor einigen Tagen – zumindest so weit zurückliegend, dass die Wellen träge geworden sind und sich das Meer in eine rollende, wenn auch unberechenbare Folge von Auf- und Abschwüngen verwandelt hat. Mir bleibt nichts anderes übrig, als auf ihnen zu reiten. Das Meer ist riesig, der Himmel darüber noch weiter, und ich bin winzig klein. Warum zum Teufel wacht Anthony nicht auf und kommt mich holen?

Ich drehe mich nach Osten, um nicht zu verpassen, wenn die Sonne aufgeht.

FISCHER IN MONTAUK

John Aldridge und Anthony Sosinski lernten sich mit sieben Jahren kennen. Seitdem haben sie immer wieder auf verschiedene Weise zusammen gefischt.

Sie waren Nachbarskinder in Oakdale, einem zur Stadt Islip gehörenden Dorf an der Südküste von Long Island. Gelegen in Suffolk County, dem östlichsten Landkreis auf Long Island, liegt Oakdale ungefähr neunzig Kilometer vom Ballungsraum New York City entfernt, hat aber weniger als achttausend Einwohner, sodass man es zu Recht als »Dorf« bezeichnen kann. Es liegt an der Great South Bay, dem Meeresstreifen zwischen Long Island und der vorgelagerten windumtosten Insel Fire Island, und wird im Westen vom Mündungsgebiet des Connetquot River begrenzt, kurz bevor er auf die Great South Bay trifft. Kurz gesagt, Wasser ist Oakdales Element.

Dies, und die Tatsache, dass das Gebiet im Süden im Schutz von Fire Island liegt und im Norden an ein Naturschutzgebiet zum Erhalt der Flusslandschaft grenzt, machen Oakdale zu einem besonders lebenswerten amerikanischen Vorort.

Vor langer Zeit war es einmal der Tummelplatz für die Magnaten des Goldenen Zeitalters mit Namen wie Vanderbilt und Bourne, Segelenthusiasten, die hier extravagante Anwesen bauten, wo sie die Wochenenden verbrachten, dem hektischen Leben in New York City so weit entfliehend, wie es die Transportmittel erlaubten. 1972 aber, als die in Brooklyn geborenen John und Adeline Aldridge und ihre drei noch jungen Kinder sich ebenfalls dorthin aufmachten, war Oakland längst zur Schlafstadt für die Pendler nach New York geworden. Der Ort bot John Aldridge senior eine günstige Autobahnverbindung zu seinem Job als Filialleiter eines Autohauses in Queens, und die Gemeinde bestand größtenteils aus jungen Familien, die wie sie den sozialen Aufstieg geschafft und der Großstadt entflohen waren. Als treffendes Zeichen der Zeit hatte man die Herrschaftshäuser aus dem neunzehnten Jahrhundert in Schulen und Wohnheime für die Kinder der rasch wachsenden Bevölkerung des zwanzigsten Jahrhunderts umgewandelt.

Das hübsche zweistöckige Haus der Aldridges lag am Ende einer Sackgasse. Das Wohngebiet war so neu, dass die Familie erst die zweiten Mieter waren. Der dreieinhalbjährige John Joseph Aldridge III, kurz Johnny, war das älteste der drei Aldridge-Kinder, gefolgt von der jüngeren Schwester Cathy und dem kleinen Brüderchen Anthony. Überall in der Nachbarschaft lebten Kinder in dem gleichen Alter, und Addie Aldridge erinnert sich, wie mit der Zeit eine Horde von fünfundzwanzig und mehr Kindern die Straße und besonders deren Ende zu ihrem Lieblingsspielplatz machten.

Hinter der Sackgasse lag ein kleiner Wald, was weitere Spielmöglichkeiten bot. Während die asphaltierte Straße im Verlauf des Jahres als Spielfeld für Baseball und allerlei andere Ballspiele, als Eisbahn und als Manege für Kunststücke auf dem Fahrrad diente, konnte man sich im Wald nach Herzenslust austoben. Dort bauten die Kinder ihre Forts. Laut Cathy Aldridge, heute Patterson, hatte »jeder sein eigenes Fort im

Wald«. Im Winter gingen sie dort rodeln, und besonders die Jungen fuhren bei jedem Wetter mit ihren Geländefahrrädern über selbst angelegte Pisten und bauten Rampen, um den Nervenkitzel zu steigern. Addie erinnert sich noch an den Lärm der spielenden Kinder als beruhigendes Hintergrundgeräusch bei der Hausarbeit, und das Haus der Aldridges wurde zum allgemeinen Treffpunkt.

Die Sosinskis zogen 1975 nach Oakland, drei Jahre nach den Aldridges. Sie hatten wie die Aldridges drei Kinder – die ältere Schwester Jeanine, die jüngere Schwester Michelle, und Anthony in der Mitte – und stammten ebenfalls aus Brooklyn. Die Häuser der beiden Familien waren nach Anthonys Erinnerung »etwa 150 Meter voneinander entfernt«, und wenn er zu den Aldridges wollte, brauchte er nur durch den Garten zu gehen und über den Zaun zu klettern, was er sehr häufig tat. Er verbrachte so viel Zeit bei den Aldridges, dass er als dritter Sohn durchging. Cathy Patterson nennt Anthony »einen Bruder von einer anderen Mutter«, mit allen dazu gehörenden Vorteilen und Komplikationen.

Johnny, Anthony und alle anderen Kinder gingen auf die Edward-J.-Bosti-Grundschule, aber weder hier noch später auf der Highschool ragten sie über das Mittelmaß hinaus. Beide Männer erinnern sich vor allem an die gemeinsam verbrachte Zeit im Wald, eine Erfahrung, die zwischen den Familien eine geografische und emotionale Verbindung schuf. Zunächst waren es die Geländefahrräder und Forts, und später dann, als sie auf die Highschool gingen, die Distanz zu den Erwachsenen, das Herumhängen mit der Gang und die ersten Biere. »Der Wald war mein ein und alles«, sagt Johnny, sein Zufluchtsort und sein Lieblingsplatz, und für seine ältesten Freunde war er immer ein »Wald-und-Wiesen-Typ«, jemand, der sich in der freien Natur zu Hause fühlt, abseits der Straßen und Städte.

Es gab eine ganze Gang von Jungen – Danny Keough, Pat Quinn, Steve D'Amico – die mit Johnny und Anthony erwachsen wurden. Man traf sich im Haus des einen oder anderen und war mal mehr und mal weniger eng miteinander befreundet. Über die Jahre und wachsenden Entfernungen ist das bis heute so geblieben. »Wir hingen gemeinsam rum«, erinnert sich Steve D'Amico. »Was wir alles angestellt haben. Wir gingen um sieben Uhr früh aus dem Haus und waren erst zum Abendessen wieder zurück. Der Ärger kam ganz von allein.«

Doch auch wenn sie als Gruppe auftraten, besaßen sie unterschiedliche Persönlichkeiten, und keine zwei waren unterschiedlicher als Johnny und Anthony. Nach allgemeiner Auffassung war Anthony verrückt – »total durchgeknallt«, wie Steve D'Amico sagt –, und extrovertiert, heute genauso ausgeprägt wie im Alter von acht oder neun Jahren, als seine Mutter ihn »Herr Bürgermeister« nannte. »Er schien jeden zu kennen«, sagt Hope DeMasco. »Wenn ich ihn irgendwohin fuhr, kurbelte er das Wagenfenster herunter und quatschte jeden auf der Straße an. Er kannte sie alle, und alle kannten ihn.«

Johnny Aldridge war anders – bedächtig, ruhig, »nie in irgendwelchen Blödsinn verwickelt«, wie Pat Quinn sagt. »Er ging als Erster nach Hause«, wenn die anderen »auf dumme Gedanken« kamen. Er machte nie viel Aufhebens, sondern ging einfach nur weg. Allerdings, sagt Quinn, »war Johnny immer der Smarteste ... ein sehr willensstarker Typ.«

Und schon damals sahen die beiden Jungen sehr unterschiedlich aus. Beide sind schlank und drahtig, aber damit hören die äußeren Gemeinsamkeiten auch schon auf. Anthony hat helle Haut und glatte blonde Haare, die bis zur Schulter reichen. Das Surfer-Image kommt nicht von ungefähr: der Mann surft und betreibt jede Art von Wassersport, die man sich denken kann. Johnny hingegen hat einen olivfarbenen Teint, dichtes, pechschwarzes Haar und einen gepflegten Bart, der in einem feinen Spitzbärtchen ausläuft, wie das Museumsporträt eines spanischen Granden.

Die beiden Männer bewegen sich auch unterschiedlich: hier der sehnige, energiegeladene Anthony, der jeden Moment aus der Haut fahren kann, dort der nachdenkliche Johnny, der die Dinge auf sich wirken lässt und es langsam angeht. Wenn die Arbeit auf der *Anna Mary* getan und der Fang verteilt ist, wird Anthony erst richtig aktiv. Bei Ebbe schnappt er sich sein Kajak und geht auf Muschel- und Austernsuche – und bringt so noch einmal hundert oder zweihundert Dollar extra nach Hause. Er tut das nicht wegen des Geldes, sondern weil er einfach nicht dafür geboren ist, still zu sitzen. Johnny hingegen macht sich auf den Weg nach Hause, sobald die *Anna Mary* fest vertäut und der Fang an Land gebracht ist, und genießt einfach nur die Stille und Einsamkeit.

Bis auf den heutigen Tag arbeiten sie unterschiedlich – Johnny methodisch und geradlinig, Anthony in kreativen Schüben, die manchmal ihn selbst überraschen. Johnny ist der Ordnungsfanatiker, der großen Wert auf Sauberkeit legt und darauf, dass alles am rechten Platz ist. Anthony hat wenig für Pläne oder behördliche Auflagen und Vorschriften übrig. Er empfindet diese Dinge als Gängelung. Es wäre zu simpel, die beiden auf den Gegensatz von Freigeist und Ordnungsmensch zu reduzieren, denn sie sind komplexe Persönlichkeiten, und es ist unbestreitbar, dass sie sich ergänzen.

Trotz ihrer unterschiedlichen Charaktere haben beide von Anfang an etwas geteilt, das ihr Leben und das, was aus ihnen geworden ist, bestimmt hat: eine Leidenschaft fürs Fischen. Steve D'Amico sagt, Anthony habe sich schon früh »mit dem Angler-Virus infiziert«, als sei die Leidenschaft fürs Fischen eine Krankheit, für die es kein Gegenmittel gibt, während es sich für

Anthony auf ganz natürlichem Weg ergeben hat, so wie eins zum anderen findet.

Obwohl es in ihren Familien nie Berufsfischer gab, hatten ihre beiden Väter ein Faible fürs Wasser. John Sosinski, Anthonys Vater, hatte als junger Mann bei der Küstenwache gedient. Später, während seiner zweiundzwanzig Jahre als Fahrer eines Sattelschleppers für Georgia Pacific, hatte er praktisch einen Zweitjob, indem er fast jedes Wochenende Chartertouren für Sportfischer von Montauk aus begleitete. Hier erwarb er das Wissen, das er seinem interessierten Sohn weitergab.

Johnny Aldridge, sagt sein Vater, »war immer ein Fischer«. Als Zweijähriger musste er wegen eines Leistenbruchs operiert werden. »Am Tag, als er aus dem Krankenhaus kam«, erinnert sich Aldridge senior, »wollte Johnny sofort runter an den Hafen zum Angeln gehen«. Anthony Sosinski besitzt ein Foto, das ihn als Dreijährigen auf einem Fischerboot auf der Sheepshead Bay in Brooklyn zeigt, eine frühe Version des Berufsfischers, der er einmal werden würde. Seine frühesten Erinnerungen sind abendliche Spaziergänge mit seinem Vater hinunter zur Gravesend Bay, wo sie den Amateuranglern bei der Jagd auf Streifenbarsche zusahen. »Anthony hat immer nur geangelt oder gefischt«, sagt seine Mutter.

Das Interesse am Fischen verband die beiden Jungen, es schmiedete ihre Freundschaft und machte sie zu einem besonderen Duo unter ihren Altersgenossen, die mehr auf Autos, Motorräder und Mannschaftssport standen. Sie betrieben ihren späteren Beruf bereits früh, oft und wo immer sie Gelegenheit dazu hatten: Sie angelten Forellen in den Flüssen und Seen des Connetquot River State Park Preserve gleich hinter dem Sunrise Highway, fischten Seebarsche in der Great South Bay von der Mole des Nachbarorts Sayville, fingen Blaukrabben in den Kanälen von Oakdale und warfen ihre Leinen unter der Holzbrücke der Long Island Railroad aus – eine großartige Methode, allem und jedem fernzubleiben. Mit einem Netz fingen sie Killifish – kurz Killies genannt –, den sie an ein Ködergeschäft verkauften, oder sie sammelten Muscheln und verkauften sie auf der Straße. Und was sie nicht loswurden, aßen sie selbst.

Wahrscheinlich legten jene Kindheitsausflüge den Grundstein für die ruhige selbstverständliche Art, mit der die beiden heute zusammenarbeiten. Sie sind Partner, die beide jeden Handschlag ihres Jobs kennen, die Arbeit aber automatisch und intuitiv untereinander aufteilen, ohne Diskussion, mit einer Routine, die ihnen in Fleisch und Blut übergegangen ist. Beide Männer vertrauen dieser Routine blind, so wie sie einander blind vertrauen. »Es ist wie Autofahren«, sagt Anthony. »Fahrer und Beifahrer wissen, dass sie an der nächsten Ampel links abbiegen müssen, aber der Beifahrer kann sich darauf verlassen, dass es ohne sein Zutun geschieht.«

Man braucht sie bloß an Deck der *Anna Mary* zu beobachten, in ihrem wasserdichten Ölzeug, die Hände in großen blauen Plastikhandschuhen, der bärtige Johnny mit einem Hut auf dem Kopf, während Anthonys lange blonde Mähne im Wind flattert. Im Satellitenradio spielt Musik – alles von klassischem Rock der Siebziger bis zu Indie-Rock der Gegenwart, je nach Stimmungslage –, und wenn sie ihre Fallen einholen, kann es auch schon einmal richtig laut werden. Im Takt der Musik wippend, holt Anthony mit dem Seilzug Korb für Korb an Bord, während Johnny fest an die Reling gepresst steht, den Kopf gesenkt, ein Lächeln auf dem Gesicht, aber ganz auf seine Arbeit konzentriert: den Knoten lösen, die Falle öffnen, den Fang herausholen, nächster Korb. Reden ist nicht nötig, zumindest nicht über die Arbeit. Jeder der beiden Männer weiß instinktiv, was der andere tut und denkt und an welcher Stelle des Arbeitsvorgangs sie sich gerade befinden. Die beiden sind exakt aufeinander abgestimmt, eine perfekte und effiziente Einheit, die sie seit dem Tag, da sie damit begonnen haben, jeden Handgriff ihres Jobs gemeinsam zu lernen, immer weiter verbessert haben.

Bereits während seiner Zeit an der Highschool hatte Anthony einen bezahlten Job als Fischer. An Wochenenden arbeitete sein Vater für die Viking Fleet, ein größeres Unternehmen, das mit acht Booten von Montauk aus Angelausflüge, Walbeobachtungstouren, Fährdienste und Angelchartertouren anbietet. Als Anthony in die neunte Klasse kam, übernahm er dort ebenfalls einen Wochenendjob und fuhr mit seinem Vater freitagabends nach Montauk und kam sonntagabends zurück. Sie schliefen bei Freunden oder den Freunden von Freunden, darunter auch Frank Mundus, der Sportfischer, von dem die Montauker fest behaupten, er sei das Vorbild für den Haijäger Quint in dem Kinofilm *Der weiße Hai* gewesen. Als ob das nicht schon cool genug gewesen wäre, verbrachte Anthony den ganzen Sommer des neunten Schuljahrs auf einem Hausboot im Hafen von Montauk, während er als Matrose auf Chartertouren nach Nantucket oder zur Georges Bank Geld verdiente. Nach den Wochenenden und dem Sommer in Montauk erzählte er Johnny von seinen Abenteuern auf dem Wasser, was »Johnny immer gelb vor Neid machte«, wie sein Vater sagt.

Nicht, dass Johnny untätig gewesen wäre. Wie Anthony arbeitete auch er nach der Schule, und zwar in einer Werft, wo er für einen Dollar pro Fuß Bootskiele strich. Außerdem betrieben er und Steve D'Amico noch ein »Nebengeschäft« mit der Herstellung von Angelruten. Sie kauften die Fieberglasstäbe, Rollen und Leinen, setzten die Ruten in ihrer »Werkstatt« in der Garage der Aldridges zusammen und bemalten sie. D'Amico erinnert sich, dass es eine »durchaus künstlerische Arbeit« war und dass Johnny einige Ruten mit einem »Thunfischmotiv« verkaufte. Aber Johnny wollte keine Angelruten herstellen, sondern sie benutzen. Und als Anthony ihm erzählte, dass bei Viking ein Job frei geworden sei, ergriff er die Chance.

Jetzt fuhren sie zu zweit mit John Sosinski freitagabends nach Montauk, schliefen weiterhin bei Freunden und verbrachten ihre Tage als Deckarbeiter oder Laufburschen, entwirrten Angelleinen, öffneten Muscheln, lichteten Anker oder zogen große Fische, die zu schwer für die Leine waren, mit der Gaff an Bord – kurzum alles, was grundlegend mit Booten und Fischen zu tun hat. Für beide waren es unbezahlbare Lehrjahre. Anthony nennt es »das Viking College des Fischereiwesens – praktisches Lernen, das man nicht kaufen kann«.

Dennoch war Johnny ziemlich sicher, nach der Highschool auf dem Bau zu arbeiten, während Anthony hoffte, Berufspilot zu werden. Er nahm an der Highschool Flugstunden in einer Cessna 172 und besuchte in den letzten beiden Schuljahren Vorbereitungsklassen für die Pilotenausbildung. Zuletzt aber schaffte er nicht den nötigen Notendurchschnitt, und so verließ er die Schule und »ging stattdessen fischen«, wie er sagt.

Er begann seine Karriere auf einem Küstenschlepper mit Namen *Donna Lee*. Ein Küstenschlepper zieht ein großes Netz hinter sich her, das alles einfängt, was ihm in den Weg kommt. Zumindest zu der Zeit, als Anthony an Bord der *Donna Lee* war und es außer bestimmten Fanggrößen keinerlei Vorschriften gab. Die *Donna Lee* war jeweils vier Tage unterwegs und fing »alles«, sagt Anthony, und schon bald gab man ihm das Kommando und er wurde mit einundzwanzig Jahren »der jüngste Kapitän auf einem Fischereiboot«.

Außerdem heiratete er im gleichen Jahr und wurde wenig später Vater einer Tochter namens Melanie. Er und seine Frau Liz, die ebenfalls bei Viking gearbeitet hatte, ließen sich in Montauk nieder, und Anthony fand Arbeit auf einem St. Augustine-Trawler, einem Shrimp-Kutter aus Holz, wie man ihn aus *Forrest Gump* kennt. Eine zweite Tochter, Emma, wurde 1992 geboren, aber auch das zweite Kind konnte nicht eine Ehe retten, die von Anfang an unter keinem guten Stern gestanden hatte. Im Sommer 1994 trennte sich das Paar, Liz zog mit den Mädchen aus, und Anthony beschloss, das Sorgerecht für seine Töchter zu beantragen. Er und seine Frau hatten eine Vorladung vor Gericht, um sich über die Sorgerechtsregelung zu verständigen, aber vier Tage vor dem Termin packte Liz nach einem heftigen Streit mit Anthonys Schwester Michelle die beiden kleinen Mädchen ins Auto und fuhr davon. Die drei verschwanden einfach. Anthony hatte ein paar Tage Urlaub genommen und war Schwertfisch angeln, und als er nach Hause kam, war seine Familie nicht mehr da.

So begann eine Odyssee, die mehrere Jahre dauerte und Anthony eine Unmenge Zeit, Angst, Anstrengung und natürlich Geld kostete, bis er 1996 seine Töchter wieder zu sich nach Montauk holen konnte. Das Einzige, was er in der Zwischenzeit tun konnte, war seiner Arbeit nachgehen: sich beschäftigen und für seinen Lebensunterhalt sorgen. Im Dezember 1994 ging er wieder zum Schwertfischangeln in die Karibik und nach Südamerika. Erst Ende Januar war er zurück. Er fand Arbeit auf einem Sportfischerboot, das von Montauk aus operierte. Wieder nahm er die Suche nach seinen Töchtern auf. Gegen Ende des Sommers 1995 wurde er endlich fündig. Durch Zufall erfuhr er von der Frau, die den Hot-Dog-Stand bei den Anlegern im Hafen betrieb, dass sie einen Brief von Liz bekommen habe, abgestempelt in Laguna Niguel, Kalifornien. Er rief bei der Handelskammer in Laguna Niguel an und sagte, er wolle mit seiner Familie dorthin ziehen und sich über die Schulen am Ort erkundigen. Ob sie ihm freundlicherweise Informationsbroschüren zuschicken könnten? Sein Gedanke war, dass Melanie zum Ende des Sommers in die Schule käme und irgendwo gemeldet sein müsste.

Die Handelskammer versorgte Anthony mit allerlei Informationsmaterial über die örtlichen Schulen wie auch über die lokalen Einkaufszentren, Museen, Spielplätze und jede nur erdenkliche Attraktion, woraufhin er sämtliche Broschüren und Unterlagen zusammen mit seinem Werkzeugkoffer, einer Thermoskanne Kaffee und einer Kühlbox mit Verpflegung in seinem Ford Bronco verstaute und sich an einem heißen Sonntagabend im August um 19.00 Uhr in Richtung Süden aufmachte. Sein Plan war, Interstate 70 und Interstate 40 zu nehmen und dann die kalifornische Südküste entlangzufahren. Um sieben Uhr früh am Montagmorgen war er, nach seinen eigenen Worten, »zwölf Stunden hinter DC«, aber als er Missouri erreichte, war klar, dass er eine Pause machen musste. Er gönnte sich 45 Minuten Schlaf auf einem Lkw-Rastplatz an der Autobahn und fuhr dann weiter. Vierundzwanzig Stunden, nachdem er Montauk verlassen hatte, war er in Texas, und nach 47 Stunden erreichte er Laguna Niguel in Kalifornien.

Er hatte ein geradezu instinktives Bedürfnis, seine Kinder zu finden und sie sicher nach Hause zurückzubringen, das ihm tief im Nacken saß und ihn antrieb. Der Mann, der gereizt reagiert, wenn ihn jemand auffordert, mehr bei der Sache zu sein, kann sehr wohl hochkonzentriert sein, wenn es darauf ankommt. Zwanzig Jahre später würde es ebenfalls darauf ankommen, als er auf dem Meer nach seinem Freund und Partner suchte und ihn eine ähnliche instinktive Entschlossenheit antrieb.

In Laguna Niguel fand Anthony ein Motel und fuhr mit Fotos seiner Kinder in der Hand zur ersten Schule auf seiner Liste. Kaum hatte er das Schulgelände betreten, als ein Bediensteter auf ihn zukam. »Kann ich Ihnen helfen?«, fragte der Mann und verlangte nach seinem Ausweis. »Sir«, sagte Anthony, »ich suche nach meinen Kindern.« Er zeigte ihm das Foto von Melanie. Der Schulbedienstete nahm es und bat Anthony, einen Moment zu warten. Anthony war sich sicher, dass die Polizei bereits unterwegs war, aber dann kam es doch anders. Der Bedienstete war der Rektor der Schule, und während Anthony wartete, vergewisserte er sich, dass kein Gerichtsbeschluss vorlag, der Anthony den Kontakt mit seinen Kindern untersagte. Da dem nicht so war, kehrte er mit dem Namen der Schule, an der Melanie eingeschrieben war, sowie dem Namen des Rektors zurück. Anthony fuhr am nächsten Tag dorthin und wartete im Büro des Direktors, als Liz mit Emma im Kinderwagen auftauchte, um Melanie von der Schule abzuholen. Es war das erste Mal seit vierzehn Monaten, dass er seine Töchter wiedersah, auch wenn es nicht mehr als ein kurzer Blick war.

Aber es war ein wichtiger Schritt nach vorn nach den vierzehn schlimmsten Monaten seines Lebens, in denen er nicht wusste, wo seine Kinder waren und wie es ihnen ging. Jetzt konnte er etwas unternehmen. Anthony nahm sich einen Anwalt vor Ort und begann einen Sorgerechtsprozess anzustrengen. Zum Ende des Jahres holte er endlich Melanie zu sich nach Hause, und als Emma 1996 ebenfalls dauerhaftes Aufenthaltsrecht in Montauk bekam, übernahm er das alleinige Sorgerecht für die Kinder und zog sie alleine auf.

Die Folgen dieser Jahre hallen noch heute in Anthonys Leben und dem seiner Töchter nach, inzwischen erwachsene, selbständige und charmante junge Frauen, die erfolgreich ihre Ausbildung abgeschlossen haben und auf eigenen Füßen stehen. Einer Sache aber konnten sie sich sicher sein: ihr Vater ließ nichts unversucht, um sie zurückzuholen. Seine Hartnäckigkeit mag einer der Gründe sein, warum die Singer-Songwriterin Nancy Atlas, die Sängerin des »echten Montauk« und Komponistin des

Lieds »East End Run«, seiner klassischen Hymne, über Anthony sagt, er sei der Typ, den man anruft, wenn dein Leben plötzlich aus den Fugen gerät, »weil er ganz bestimmt zehn Minuten später bei dir ist. Er lässt dich niemals hängen«.

Johnny und Anthony standen während dieser Zeit nicht in engem Kontakt. Zum einen fehlte Anthony die Zeit. Zum anderen hatte sich ihr Leben in unterschiedliche Richtungen entwickelt. Johnny war nach der Highschool aufs College gegangen und hatte zwei Semester am Suffolk Community College verbracht, bis er erkannte, dass die akademische Welt nichts für ihn war. Stattdessen nahm er einen Vollzeitjob auf dem Bau an und arbeitete mit vielen Bekannten von früher in einem Gewerbe, das eine selbstverständliche und logische Wahl schien. »Fischen heißt nicht automatisch, Fische zu fangen«, pflegte John Aldridge senior zu sagen, »es heißt, es zu versuchen.« Das Baugewerbe versprach demgegenüber, zumindest damals, ein sicheres Einkommen, und mit den maßgeschneiderten Eigenheimen, die überall auf Long Island aus dem Boden schossen, hatte Johnny ausreichend Gelegenheit, den Gerüstbau von der Pike auf zu lernen.

Eines der Häuser, an dem er arbeitete und das er letztendlich zusammen mit seinen Kumpels baute, war ein Zweithaus der Aldridge-Familie in Jamaica, Vermont, auf einem bezaubernden Grundstück an der Cole Pond Road, das John und Addie erworben hatten. Die Männer bauten das Haus an ihren freien Wochenenden, sodass es mehrere Jahre dauerte, aber als es Ende der Achtzigerjahre fertig war, wurde es für das nächste Jahrzehnt und darüber hinaus zu einem unwiderstehlichen Anziehungspunkt für Familienmitglieder und Freunde. Der Ort war himmlisch. Es war das letzte Haus an der Straße, mitten im Wald, einen Spaziergang vom Fluss entfernt und höchstens eine halbe Stunde von den Geschäften in Manchester und von den Bergen zum Skifahren und Wandern.

Johnny liebte es, sich in den Wäldern zu verirren, seine Überlebenskünste in den Bergen zu testen und ohne Hilfe nach Hause zu finden. Er zog ganz allein los – Handys und GPS-Geräte waren damals noch schwer wie Ziegel –, allein auf seinen Verstand, seinen Orientierungssinn, seine Geduld und seine Fähigkeit vertrauend, den rechten Weg zu finden und auftauchende Probleme zu analysieren und zu lösen, weil er dazu gezwungen war. Später wuchs sich sein Interesse zu einer Faszination für Bücher und Filme über Survival-Storys aus, eine Begeisterung, die sich eines Tages auszahlen würde.

Die Wildnis-Wochenenden waren eine erfrischende Abwechslung zur harten Arbeit auf dem Bau, denn zu dieser Zeit, den späten Achtziger- und frühen Neunzigerjahren, waren Bauarbeiter sehr gefragt. Selbst die kurze Rezession von 1990 bewirkte keinen Einbruch bei den Beschäftigungszahlen, und danach folgte der längste ökonomische Aufschwung in der Geschichte, sodass es für einen Zimmermann wie Johnny Aldridge, der jede Menge Freunde im Baugewerbe hatte, mehr als genug zu tun gab.

Außer dass er eigentlich viel lieber mit Fischen sein Geld verdienen wollte.

Nach einer Weile machte er genau das, indem er zur einen Hälfte als Fischer in Montauk arbeitete und zur anderen Schreinerarbeiten für private Bauherren erledigte. Bislang hatte er in einer Einliegerwohnung im Haus seiner Eltern in Oakland gewohnt, aber jetzt nahm er sich ein eigenes Apartment in Sayville. Er unterzeichnete den Vertrag 1994, nachdem er einen Job auf dem Küstenschlepper *Wanderlust* bekommen hatte und die Arbeit auf dem Bau ganz aufgab. Die *Wanderlust* fischte vor Montauk Tintenfisch und Flundern, sodass Johnny dort ein weiteres Apartment mietete. Aber er verbrachte in beiden Wohnungen nicht viel Zeit. Stattdessen machte er in den folgenden Jahren kaum etwas anderes als »fischen, fischen, fischen«, wie er sagt, sodass ihm wenig Zeit für irgendein Sozialleben an beiden Orten blieb. Als wenn die Arbeit auf der *Wanderlust* nicht schon genug gewesen wäre, sprang er gelegentlich auch noch für Anthony ein, der zu der Zeit auf einem Hummerboot arbeitete. Zwischen den vier oder fünf Tage dauernden Fahrten des Fischkutters konnte er durchaus noch fünfzehn Stunden lang als Hummerfischer Körbe an Bord holen. Wenig überraschend, dass sich nach einigen Jahren erste Anzeichen eines Burn-out einstellten.

Dennoch wollte er nicht kürzertreten. Gegen Ende der Neunzigerjahre verschärften sich die Bedingungen für den kommerziellen Fischfang und ganz besonders für die Hummerfischerei. Um im Geschäft zu bleiben, von Gewinn ganz zu schweigen, musste man einfach härter arbeiten. Ein Absinken der Hummerbestände hatte die zuständige Behörde – die Atlantic States Marine Fisheries Commission, die den kommerziellen Fischfang in den fünfzehn Atlantikstaaten regelt – zu strengeren Bestimmungen veranlasst, indem sie die Zahl der Fallen reduzieren und die Fanggröße heraufsetzen wollte und für ein Moratorium bei der Vergabe von Lizenzen plädierte. Einer der vehementesten Gegner der geplanten Maßnahmen war Al Schaffer, ein legendärer Hummerfischer aus Three Mile Harbor in Easthampton. Als Johnny 1996 das Angebot von Schaffer bekam, Crewmitglied auf seinem Boot, der *Leatherneck*, zu werden, konnte er schlecht nein sagen. Doch auch jetzt wollte er keine Chance auslassen, alles über den kommerziellen Fischfang zu lernen. Von Frühling bis Herbst ging er mit Al auf der *Leatherneck* auf Hummerfang, und in den Wintermonaten fuhr er mit der *Wanderlust* fischen.

Einige Jahre später wurden Al und Johnny Geschäftspartner, als sie einen zweiten Hummerkutter namens *Sidewinder* kauften und als Kapitän einen Kollegen mit staatlicher Lizenz anheuerten, die ihm das Fischen in Küstengewässern innerhalb der Drei-Meilen-Zone erlaubte. Der Erwerb einer eigenen Lizenz war zu der Zeit für Johnny unerschwinglich. Al war nun alleiniger Besitzer der *Leatherneck*, die außerhalb der Drei-Meilen-Zone fischte, und gemeinsam mit Johnny Besitzer der *Sidewinder* für die Fischerei in staatlichen Hoheitsgewässern. Die Möglichkeit, sowohl innerhalb als auch außerhalb der Drei-Meilen-Zone zu fischen, ist für ein Fischereiunternehmen sehr lukrativ und deshalb nichts Ungewöhnliches. Jedes Schiff, so lautet ein bekannter Spruch, ist »ein Loch im Wasser, in das man Geld hineinsteckt«, denn Reparaturen können kostspielig und auch zeitaufwändig sein – ein zweifacher Nachteil, wenn man seinen Lebensunterhalt mit Fischfang verdient. Mit zwei Schiffen ist man zum einen abgesichert, wenn eins ausfällt, und kann außerdem sein Einkommen verdoppeln, wenn man in unterschiedlichen Gewässern fischen kann und die richtige Crew findet, um beide parallel zu betreiben.

Während Johnny und Al in Küstennähe Hummer fingen, arbeitete Anthony auf einem anderen Montauker Hummerkutter, der *Lady K*, oder ging in den Wintermonaten vor Easthampton Muscheln und Austern sammeln. Aber als Al Schaffer 2001 beschloss, seinen Anteil an der *Sidewinder* zu verkaufen, sahen Johnny und Anthony dies als perfekte Gelegenheit, sich zusammenzutun, und genau das machten sie. Anthony verließ die *Lady K* und wurde mit Johnny gleichberechtigter Teilhaber der *Sidewinder*. Die Männer lebten jetzt beide in Montauk und arbeiteten auf einem Schiff. Es war wie eine Wiederholung ihrer Kindheit in Oakdale, als sie Haus an Haus gelebt hatten und jeden Tag gemeinsam zur Schule gingen.

Aber natürlich waren sie keine Kinder mehr, und niemand wird jünger. 2005 erlitt Anthonys Vater einen schweren Schlaganfall und lag zehn Tage lang im Koma. Er wurde zwei Jahre lang behandelt und verbrachte ein weiteres Jahr in einer Pflegeeinrichtung, wo er seine Fähigkeiten nahezu vollständig wiedererlangte, abgesehen von seiner linken Körperhälfte, die gelähmt blieb. Anschließend holte Anthony seinen Vater zu sich nach Hause, um sich um ihn zu kümmern. Aber es war eine anstrengende Zeit für Anthony: die Sorgen, die regelmäßigen Fahrten zum Krankenhaus und auch die Umstellung, mit seinem nun behinderten Vater zusammenzuleben. »Johnny hat mir durch all das hindurchgeholfen«, sagt Anthony schlicht. Wenn er Unterstützung brauchte, jemanden, der nach seinem Vater sah oder der die Mädchen von der Schule abholte, wusste er: Johnny wäre zur Stelle und würde für ihn einspringen. Ohne jede Frage.

Ungefähr zur gleichen Zeit, 2003, wagten die beiden Männer eine weitere gemeinsame und ziemlich folgenreiche Unternehmung: Sie kauften die *Anna Mary*, nach Auskunft von Anthony ein »klassisches Hummerboot an der Ostküste«. Vierundvierzig Fuß lang und mit einem Fieberglasrumpf, wurde das Schiff 1983 von der John M. Williams Company of Hall Quarry, Maine, nach einem Entwurf von Lyford Stanley gebaut, einem durch und durch traditionellen Bootsbauer von Deer Isle, der auch dann noch Holzboote entwarf, nachdem er erkannt hatte, dass die neue Fieberglastechnologie nicht mehr aufzuhalten war.

Die *Anna Mary* ist wegen ihres geräumigen Achterdecks ein klassischer Hummerkutter. Das Deck bietet mit neunzehn Fuß Länge und vierzehn Fuß Breite Platz genug für die großen schweren Hummerkörbe, die Leinen und all die anderen Ausrüstungsgegenstände, die stets griffbereit sein müssen, und natürlich für die Crew, um sich bei der Arbeit zwischen den ganzen Gerätschaften bewegen zu können.

Den besten Einblick in die Arbeit an Bord vermittelt die zum Einsatz kommende Ausrüstung. Man stelle sich das Ganze in zwei Teilen vor – einmal die Fallen am Meeresboden, wo sich die Hummer befinden, und die Schwimmkörper an der Oberfläche, die die Fanggründe eines Fischers ausweisen und markieren. Die Markierungen helfen einerseits, die Fallen auf dem Meer zu lokalisieren, verhindern vermutlich aber auch Streit unter den Fischern über die beanspruchten Fanggründe.

Jeder Hummerkorb an Bord der *Anna Mary* ist einen Meter zwanzig lang, dreiundfünfzig Zentimeter breit und dreiunddreißig Zentimeter hoch und wiegt sechzig Pfund. Jeweils fünfundzwanzig Körbe werden in etwa dreißig Metern Abstand an einer Leine festgebunden, was schon grob überschlagen eine beachtliche Länge ergibt. Die an der Leine aufgereihten Körbe bezeichnet man als Trawl. Per Gesetz darf für den Trawl ausschließlich Sinkleine verwendet werden, die schwerer als Wasser ist und verhindert, dass Meerestiere sich darin verfangen. Die Fallen sind selbst leer schwer genug, um den Trawl fest auf dem Meeresboden zu verankern.

An beiden Enden der Grundleine steigt eine Bojenleine durchs Wasser nach oben zu den Schwimmkörpern. Fast alle Hummerfischer markieren ihre Trawls mit einem Polyball und einem Highflyer. Ein Polyball ist eine Markierungsboje in grellen Farben – typischerweise ein großer bauchiger, birnenförmiger oder runder Ball, der auf der Meeresoberfläche treibt. Ein Highflyer ist ein langer, vertikaler Stab, üblicherweise aus Aluminium zum Schutz vor Korrosion, der unten mit einem Gewicht beschwert und oben mit einem Radarreflektor ausgestattet ist und in der Mitte durch einen Schwimmer auf dem

Wasser gehalten wird. Er befindet sich gewöhnlich in zehn Meter Entfernung vom Polyball, ist jedoch mit der gleichen Bojenleine an der Bodenleine des Trawls befestigt. Der Polyball ist als tanzendes, leuchtendes Objekt in Orange, Rot oder Gelb gut auf dem Wasser zu erkennen und an seiner konischen Unterseite mit der Bojenleine verknotet. Der Highflyer kann drei Meter und mehr aus dem Wasser ragen und ist deshalb weithin sichtbar. Ein am Radarreflektor angebrachter Wimpel zeigt an, dass sich der Highflyer am westlichen Ende des Trawls befindet, ein Highflyer ohne Wimpel markiert das östliche Ende des Trawls.

Die Trawls der *Anna Mary* sind an beiden Enden mit Polybällen und Highflyern markiert, wobei die Highflyer am westlichen Ende einen gelben Wimpel tragen. Sowohl Polybälle als auch Highflyer sind mit dem Namen des Schiffs und der Zulassungsnummer versehen. Wenn die *Anna Mary* einen Trawl erreicht, fischt ein Crewmitglied den Highflyer mit einem Haken aus dem Wasser, stellt ihn zur Seite und fädelt die daran befestigte Bojenleine in eine hydraulische Winde ein. Dann wird der Polyball eingeholt und neben den Highflyer in eine Ecke gestellt. Anschließend arbeitet die Winde weiter, bis die Grundleine mit der ersten Falle erscheint. Nacheinander wird nun Korb um Korb bis an die Reling heraufgezogen – bei der *Anna Mary* immer an der Steuerbordseite –, das letzte Stück per Hand über die Bootskante gehievt, von der Winde gelöst und weiter zum nächsten Crewmitglied geschoben, das den Korb öffnet, den Köderbeutel herausnimmt und anschließend den Fang herausholt und auf entsprechende Behälter verteilt: Hummer hierhin, Krebse dorthin, und Hummer und Krebse, die nicht gefangen werden dürfen, weil sie entweder zu klein sind oder es sich um weibliche Tiere handelt, werden zusammen mit dem übrigen Beifang zurück ins Meer geworfen. Danach wird ein mit Bunkern und Rochen bestückter Köderbeutel in den Korb gelegt – Bunker wegen seines öligen Geruchs, der Fische im Umkreis von Meilen anzieht, Rochen aufgrund seiner langen Haltbarkeit – und die Körbe werden an Deck gestapelt, bereit für den nächsten Einsatz.

Eine dreiköpfige Crew braucht etwa eine halbe Stunde, um die fünfundzwanzig Körbe eines Trawls heraufzuholen, zu leeren und neu mit Köder zu bestücken. Danach fährt die *Anna Mary* um die Boje herum, und die Crew lässt die beköderten Körbe vom offenen Heck des Schiffs an der Grundleine ins Wasser, um sie erneut im Abstand von dreißig Metern auf dem Meeresgrund auszulegen. Dann fährt die *Anna Mary* zum nächsten Trawl, von dort zum nächsten und so weiter, insgesamt gut fünfunddreißig. Sie liegen etwa eine Meile auseinander, aber die genaue Entfernung hängt von der Beschaffenheit des Meeresbodens, der Wassertiefe und nicht zuletzt davon ab, dass man einem anderen Fischer nicht in die Quere kommt. Es ist eine provisorische und ungenaue Art, Entfernungen zu messen und Körbe auszulegen, die den wechselnden Bedingungen unterworfen ist, aber sie funktioniert.

Die fünfunddreißig Trawls der *Anna Mary* befinden sich innerhalb einer Fläche von ungefähr zehn mal zehn Meilen, und um die Hälfte davon einzuholen und wieder auszusetzen, also etwa 420 bis 430 Körbe, braucht die Crew gut fünfzehn Stunden, ohne Pause, bei jedem Wetter, das von Eiseskälte bis brüllender Hitze, von peitschenden Böen bis vollkommener Windstille reichen kann. Und das alles auf einem mit Fischschleim überzogenen Deck und inmitten von Meilen aufgerollter Leinen; beides macht die Fortbewegung an Deck gefährlich, aber auch das ist Teil des Jobs.

Ist die Arbeit beendet, wendet der Kapitän das Schiff für die acht- bis zehnstündige Heimfahrt, um den Fang auszuliefern, sich kurz zu erholen, Reparaturarbeiten auszuführen und das Schiff für die nächste Ausfahrt in ein oder zwei Tagen zu rüsten, sofern das Wetter es erlaubt. Idealerweise wollen die Besitzer der *Anna Mary* die Fangkörbe sieben Tage nach der Bestückung mit Köder wieder einholen und entwickelten dazu einen gleitenden Plan. Aber der lässt sich nicht immer einhalten. Wenn ein Sturm vorhergesagt wird, kann es sein, dass man die Fallen schon am fünften Tag an Deck holt, bevor man das Risiko eingeht, wetterbedingt erst nach neun Tagen oder noch später ausfahren zu können. Je mehr Zeit nach dem Auslegen der Köder vergeht, desto größer ist die Gefahr, dass die Nahrungskette ihren Lauf nimmt und die Körbe mit Fischen aller Art gefüllt sind, wobei die kleineren den größeren als Nahrung dienen, was nicht der eigentliche Sinn der Korbfischerei ist.

Vom Lohn ihrer Arbeit können die beiden Männer ihren Lebensunterhalt bestreiten, ohne noch für andere arbeiten zu müssen; eine Freiheit, die Belohnung genug ist. »Wir sind unser eigener Boss«, sagt Anthony; Besitzer und Betreiber ihres eigenen Unternehmens. Das bedeutet aber auch, das Risiko und die Ausgaben ganz allein zu tragen. Wie viel sie für die Ausrüstung ausgeben, hängt vom Verdienst der Saison ab, und sämtliche Ausrüstung, die sie im Laufe der Saison durch Verschleiß, gerissene Leinen und andere Gründe verlieren, geht vom Gewinn ab. Das große Plus aber ist, dass sie ihre Arbeit lieben, ihren Beruf als Hummerfischer und ihre Geschäftspartnerschaft als gemeinsame Eigentümer der *Anna Mary*.

Der Job ist hart: drei Männer auf einem kleinen Boot, die dreißig Stunden auf See verbringen, davon die meiste Zeit schwer körperlich arbeitend, und nachher den Fang im Hafen ausladen und verkaufen. Es sind selbständige, freischaffende Männer, was bedeutet, dass sie während der Monate, in denen sie nicht fischen können, keinen Anspruch auf Arbeitslosengeld haben, und ihnen im Falle von Krankheit oder eines Unfalls ebenfalls keine Entschädigungen gezahlt werden. Das Wetter und die Marktnachfrage bestimmen ihr Arbeitsleben. Ihre Einkünfte hängen ab von den hohen Kosten für Ausrüstung und Benzin, von Lizenzen und Konzessionen ganz zu schweigen. Die meisten Banken haben wenig Interesse an einer Kreditaufstockung oder Hypothekenvergabe an Leute, deren Einkommen meist unregelmäßig, unsicher und völlig unkalkulierbar ist.

Es gibt keine gesetzliche Unterstützung für sie. Offiziell hält niemand ihnen den Rücken frei. Im Fall von Aldridge und Sosinski gibt es noch nicht einmal eine lange Tradition von Fischerfamilien vor Ort, auf die sie zurückgreifen könnten. Nach Generationen von Landeiern sind sie die Ersten, die den Sprung aufs Meer gewagt haben. Keine Frage, ihre Familien würden ihnen in der Not beistehen, finanziell oder wie auch immer, aber ihr eigentliches Sicherungsnetz sind die anderen Montauker Fischer, die sie über die Jahre kennengelernt haben, die Brüderlichkeit und Verwandtschaft mit jenen, die mit Schiffen aufs Meer fahren und mit ihnen im gleichen Boot sitzen, was die staatlichen Verordnungen angeht.

Die Bruderschaft der Fischer ist weder eine große noch eine besonders mächtige Gruppe – obwohl sie ihre Macht am 24. Juli 2013 demonstrieren sollte. Aber sie *ist* eine Bruderschaft, wenngleich ihr jede geschwisterliche Rivalität abgeht. »Wir sind nicht groß genug, um untereinander um Positionen zu rangeln«, sagt Johnny Aldridge. »Wir spielen nicht bei den Großen mit. Wir fischen zwischen den Großen, und wir fischen nach dem, was übrig bleibt. Jeder kennt jeden, von den Florida Keys bis hinauf nach Maine, und wir kämpfen nicht gegeneinander.«

Vielleicht liegt es daran, dass »die meisten Fischer Einzelgänger sind«, fügt Anthony hinzu. Allein zu sein ist schließlich

»das große Los, auf dem Wasser zu sein«. Für die Bruderschaft der selbständigen Berufsfischer – die, die es immer noch gibt – ist das Meer ihr Klubhaus und Treffpunkt. »Wir treffen uns auf See«, sagt Anthony, »so wie sich die Trucker an Rastplätzen auf dem Highway treffen. Wir kennen untereinander unsere Boote, so wie sie ihre Zugmaschinen kennen. Wir besuchen uns draußen auf dem Ozean.«

Jeder hat einen Spitznamen, dessen Ursprung sich im Nebel der Zeit verliert oder zu peinlich ist, um ihn zu verraten. Die beiden Männer auf der *Anna Mary* sind Little Anthony und Johnny Load. Bei Anthony passt der Spitzname: Er ist schmächtig, feingliedrig und durchtrainiert. Der Ursprung von Johnnys Spitzname ist ebenso albern wie schlüpfrig. Er erfand ihn für einen Kumpel auf dem Bau, auf den die Frauen nur so flogen. Mit der Zeit fiel der Name auf ihn selbst zurück, vor allem, weil er ihn ständig benutzte. Little Anthony und Johnny Load – so werden die beiden von den Leuten angesprochen, wenn sie im The Dock oder im Liar's auftauchen, wo sich die Montauker Fischer auf einen Drink treffen. Die beiden Bars versorgen ihr Publikum nicht nur mit Essen und Getränken, sondern fahren auch eine klare Linie.

»Keine kläffenden Köter! Keine selbstmitleidigen Trinker! Keine Mobiltelefone!«, steht auf einer Tafel in The Dock, nur einige auf einer langen Liste von Verboten. Als Kneipe mit einem klaren Standpunkt liegt The Dock direkt am Hafen, damit Hummerfischer, Trawlerfischer, Muschelfänger sowie die Verleiher von Sportbooten und deren Crews problemlos von Bord zur Bar wechseln können, was sie auch tun. Unter der Leitung ihres Besitzers George Watson, der für seine Verschrobenheit so berühmt wie berüchtigt ist, dient The Dock als Wahlkampfzentrale für die Lebensart von Männern wie Johnny und Anthony, als Kommandozentrum für die Werte, Verhaltensweisen und Einstellungen, die sie alle teilen, und als Forum für die Anliegen, die ihnen Sorgen bereiten.

Fast das Gleiche lässt sich vom Liar's Saloon sagen, einer flachen, niedrigen Kneipe, die versteckt hinter einer Werft liegt. Allerdings bietet die Bar einen besonderen Ausblick: Durch die großen Fenster – und im Sommer von der davor liegenden Außenterrasse – hat man einen ungehinderten Panoramablick aufs Wasser, wo die meisten Besucher des Liar's ihrer Arbeit nachgehen. Im Winter, wenn The Dock und die meisten anderen Montauker Kneipen und Restaurants geschlossen sind, ist im Liar's immer noch gut Betrieb. An einem grauen Februar- oder Märznachmittag sitzen dieselben Fischer, die auf den Fotos an der Wand in Ölzeug stolz ihren Fang präsentieren, an der Bar, und wenn es nicht dieselben Männer sind, dann ihre Nachfahren oder aktuellen Gegenstücke. Sie sind genauso ungehobelt wie die Bretter auf dem Boden und an den Wänden, und sie setzen voraus, dass man das weiß.

Montauks Fischer treffen sich auch, vielleicht ein wenig gesitteter und ernster, zur jährlichen Einsegnung der Flotte, wo sie gemeinsam beten. Zumindest geht es dabei etwas ernster und gesitteter zu, seit einige seriösere Männer die Veranstaltung in die Hand genommen und sie ein wenig schicker gemacht haben. Allerdings vermag kein Anstrich von Anständigkeit die scharfen Kanten im Leben der Fischer zu übertünchen oder ihr zähes Inneres aufzuweichen – eine echte Zähigkeit, die äußerer Anspannung und Druck standhält, ohne daran zu zerbrechen –, die diese Menschen kennzeichnet und sie zusammenschweißt.

Typen wie Johnny und Anthony mögen sehr wohl die Letzten ihrer Art sein. »Wer geht jetzt noch in diesen Beruf?«, fragt Johnny. »Und wie?« Er schätzt, dass man als Hummerfischer eine halbe Million Startkapital benötigt, als Muschelfischer sogar zwei Millionen. Wer kann eine solche Summe heute noch aufbringen? Kann ein junger, unerfahrener Mensch, ob Mann oder Frau, so wie er und Anthony es einst gemacht haben, ein Bankdarlehen für eine Unternehmensgründung als Hummerfischer bekommen? Findet er oder sie dafür Geldgeber? Die Einstiegshürden sind einfach zu hoch für Menschen, die nicht mit einem goldenen Löffel in der Hand geboren wurden, und die Frage ist, ob diejenigen, die dieses Glück hatten, tatsächlich bereit sind, einen so harten Beruf zu ergreifen. Hummerfischen als Zeitvertreib für Playboys? Klingt nicht sehr wahrscheinlich.

Anthony stimmt dem zu. Die Hummerfischerei ist definitiv »ein Gewerbe, in das man nicht so leicht reinkommt«, sagt er. »Einer oder zwei aus der Gegend haben es versucht. In den anderen Küstenstädten kein Einziger.« Er versucht sich an die Namen der beiden Männer zu erinnern, aber sie wollen ihm nicht einfallen.

Trotz aller Klagen kommen die beiden Männer über die Runden. Sie erfüllen die vielen Vorschriften. Sie machen das Spiel mit. Die *Anna Mary* ist mehrfach von Beamten der Aufsichtsbehörde überprüft worden, so wie alle Boote, aber nie wurde irgendein Verstoß gegen das Fischereirecht oder bestehende Sicherheitsbestimmungen festgestellt. Sie schaffen es – auch wenn es alles andere als einfach ist.

Noch eine Sache muss über die Arbeit der Fischer gesagt werden, die im Grunde die gesamte kommerzielle Fischerei betrifft, in die John Aldridge und Anthony Sosinski so viel von ihren finanziellen, körperlichen und emotionalen Reserven gesteckt und der sie so viele Jahre ihres Lebens gewidmet haben. Nämlich, dass die kommerzielle Fischerei nach Aussage des Nationalen Instituts für Arbeitssicherheit und Gesundheitsschutz »einer der gefährlichsten Berufe in den Vereinigten Staaten ist, mit einer Rate tödlicher Unfälle, die neununddreißig mal höher als der Durchschnitt ist«.[1] Die Zentren für Krankheitsüberwachung und Krankheitsprävention, die ebenfalls Daten über tödliche Arbeitsunfälle erheben, fügen hinzu, dass die Gefahr in den Gewässern der Nordostküste, den gefährlichsten Fischgründen in Amerika, besonders hoch ist, noch höher als in der Beringsee.[2]

Situationen, in denen man nur knapp einer Gefahr entgeht, »gibt es laufend«, sagt Anthony Sosinski, und der Gedanke daran sitzt jedem Fischer im Hinterkopf. Beinahe auf den Tag sieben Monate, bevor Johnny Aldridge auf der *Anna Mary* über Bord ging, verloren die mit ihnen befreundeten Hummer- und Muschelfischer Wallace »Chubby« Gray und Wayne Young an Bord von Grays Schiff, der *Foxy Lady II*, auf See ihr Leben, unweit der Stelle vor der Küste von Massachusetts, an der sie gewöhnlich fischten. Chubby war sechsundzwanzig, Wayne Young fünfzig. Chubby war wie üblich mit der *Foxy Lady II* im Sommer zum Muschelfischen nach Montauk gekommen, und das Boot und seine Crew waren Teil der Fischergemeinde geworden.

Unter den Mitgliedern der Gemeinde waren allerlei Theorien in Umlauf, was der Grund für das Unglück gewesen sein könnte, aber eine offizielle Ursache wurde nie genannt. Die Montauker Fischer, so wie Fischer überall auf der Welt, lässt das nicht mehr los. Für Sosinski und Aldridge ist der Verlust, abgesehen von ihrer Freundschaft mit Chubby, besonders belastend, weil die *Foxy Lady II* ein exaktes Ebenbild der *Anna Mary* war, beide entworfen und gebaut von dem gleichen Bootsbauer in Maine,

---

1 Centers for Disease Control and Prevention: »Commercial Fishing Safety«. www.cdc.gov/niosh/topics/fishing/default.html (Letzter Zugriff 15.3.2017)
2 Commercial Fishing Deaths – United States 2000-2009, in: Centers for Disease Control and Prevention. Morbidity and Mortality Weekly Report 59, Nr. 27 (16. Juli 2010), Seite 842-845. www.cdc.gov/mmwr/PDF/wk/mm5927.pdf (Letzter Zugriff 15.3.2017)

obendrein im selben Jahr, 1983. Einen Monat nach dem Schiffbruch wurde das Wrack der *Foxy Lady II* mit Hilfe einer Unterwasserkamera auf dem Meeresgrund entdeckt. Die Leichen der beiden Männer wurden nie gefunden.

Männer wie John Aldridge und Anthony Sosinski mag bisweilen ein plötzlicher flüchtiger Schauer überkommen, wenn sie auf das Boot blicken, das ihren Lebensunterhalt sichert, ihre Hauptanlage darstellt und der einzige feste Grund zwischen ihnen und der Tiefe ist, und sich dann vorzustellen, dass das Schwesterschiff gesunken und ein Mann, den man kannte und gemocht hat, für immer verloren ist.

Schlimmer noch als ein flüchtiger Schauer kann die Angst vor solchen Gefahren Menschen verändern und Traditionen beenden, so wie die Gefahren selbst eine Karriere oder ein ganzes Leben vernichten können. Und es kommt sogar vor, dass Fischer ihren Beruf aufgeben, den sie lieben und jahrelang mit Hingabe ausgeübt haben. Man frage nur Cameron McLellan, einen guten Freund von Anthony, der die Winter am selben Ort verbringt. Ein Berufsfischer aus Maine in der sechsten Generation, hat Cameron McLellan Kabeljau und Schellfisch im Nordatlantik und Seelachs in der Beringsee vor Alaska gefischt und auch in weit entfernten Fischgründen vor Island und Chile gearbeitet. In siebenunddreißig Berufsjahren hat er die Gefahren dieses Berufs hinlänglich kennengelernt, um die Fischerei ganz aufzugeben und auf den Britischen Jungferninseln das beschaulichere Leben eines Charterskippers zu führen.

McLellan hat einen Onkel und einen Neffen bei Unfällen auf See verloren. Sein Bruder, ein Kabeljaufischer, erlitt eine schwere Kopfverletzung durch herabstürzendes Eis. Cameron hat erlebt, dass neue Auflagen und Vorschriften, die die Größe des Fangs und die zulässige Arbeitszeit auf See begrenzen, ihn und seine Kollegen dazu zwangen, die Zeit für die Wartung und

Instandsetzung der Ausrüstung deutlich zu reduzieren, um überhaupt noch über die Runden zu kommen. Er hat gesehen, wie immer weniger Fischer und weniger Boote immer größere Risiken auf sich nahmen, bei gefährlichen Wetterbedingungen ausfuhren und sogar bei Sturm fischten, um einen ausreichenden Ertrag zu erzielen. Innerhalb eines einzigen Jahres starben achtzehn von Cameron McLellans Kollegen – alles Freunde und Bekannte – durch die Gefahren der kommerziellen Fischerei. Danach gab McLellan seine Winterausrüstung in Zahlung für Shorts und leichte Bootsschuhe und tauschte die Gefahren des kommerziellen Fischfangs gegen die Annehmlichkeiten, gut betuchte Touristen auf seinem »Luxuskatamaran« zu empfangen.

Seine aktuelle Arbeitsumgebung bietet ganzjährig warme Temperaturen und eine leichte Brise, während er mit seinem zweimastigen Katamaran im Sommer vor den Hamptons segelt und im Winter vor den Inseln St. John, St. Thomas und St. Bartholomäus im azurblauen Wasser der Karibik kreuzt. Für Kapitän McLellan von Heron Yacht Charters bedeutet das, dass er jeden Abend in ein Haus mit einem komfortablen Bett zurückkehrt, statt Tage und Wochen auf gefahrvoller See mit Kombüsenfraß und einer schmalen, schaukelnden Koje bei Nacht. Es bedeutet, dass seine schwierigste Herausforderung an Bord darin besteht, zu entscheiden, ob ein Ausflug aufgrund unpassender Wetterbedingungen abgesagt wird und sich daraus die Notwendigkeit ergibt, einen neuen Termin anzusetzen oder den Kunden ihr Geld zurückzugeben – was etwas ganz anderes ist, als sich ständig um das Wetter, den Fang, den Markt und die Vorschriften sorgen zu müssen.

Das soll nicht heißen, dass Cameron McLellan den Beruf, den er siebenunddreißig Jahre ausgeübt hat, nicht vermisst. Er vermisst ihn sogar sehr. Er vermisst die Gefahr, und er vermisst den Zusammenhalt unter den Fischern, ein Zusammenhalt, der zu gleichen Teilen aus Kameradschaft und Wettbewerb besteht. Sich nach sechs Generationen und beinahe vier Jahrzehnten des eigenen Lebens vom Fischfang abzuwenden, fühlte sich an, als würde er die Wurzeln seiner Vergangenheit ausreißen.

Aber wie Johnny und Anthony bestätigen, muss man gar nicht sechs Generationen zurückgehen, um der Verlockung eines Lebens als Fischer zu erliegen. Diese Verlockung ist ebenso unerklärlich und unergründlich wie übermächtig. Es ist die Leidenschaft, die beide Männer für diese besondere Art von Freiheit und Abenteuer empfinden, die sie nirgends sonst so intensiv erleben wie auf einem kleinen Boot auf dem Ozean, während sie versuchen, Krustentiere auf dem Meeresgrund aufzustöbern. Anthony sagt, Fischen sei stets ein Abenteuer, »weil sich alles ständig verändert«. Die See ist niemals gleich, die Bedingungen sind niemals gleich, der Fang ist niemals der gleiche. Der eigentliche Nervenkitzel ist die Suche, und wie zur Bestätigung vergleicht Johnny Aldridge seinen Beruf mit einer Schatzsuche. Es ist »die Unwissenheit«, sagt Aldridge, die eine Art Goldfieber in ihm weckt: »Du weißt niemals, was du verdammt nochmal bekommen wirst.« Und für beide Männer ist kein Gefühl so elektrisierend wie der Moment, wenn du den Jackpot gewinnst und Körbe voller Hummer an Bord ziehst.

Wenn man mit dieser Leidenschaft beginnt, und dann noch Ausdauer, gewaltige Anstrengungsbereitschaft, ein Übermaß an Zeit und sein gesamtes Vermögen hinzufügt, kann man mit etwas Glück den Job bekommen, den das Amt für Arbeitsstatistik mit dem höchsten Index hinsichtlich des relativen Risikos tödlicher Berufsunfälle versehen hat. Die Behörde bescheinigt Fischern eine »Sterblichkeitsrate« von 104.4, die damit noch knapp vor den Holzfällern liegen und in großem Abstand zu den Berufspiloten auf Platz drei.

Die meisten Todesfälle gehen auf Schiffskatastrophen zurück, aber der Sturz über Bord ist die zweithäufigste Todesursache. Zwischen 2000 und 2014 gab es in der US-Fischereiindustrie 210 Todesfälle durch Überbordgehen. In den frühen Morgenstunden des 24. Juli 2013 sah es so aus, als wäre Johnny Aldridge auf dem direkten Weg, sich dazuzugesellen.

EIN FLECK IM MEER

5:14 Uhr

Ich treibe mitten in der Nacht mitten auf dem Ozean, und kein Mensch auf der Welt weiß, dass ich über Bord gegangen bin. Niemand sucht nach mir. Einsamer und verlorener kann man nicht sein.

Ich bin in vielerlei Hinsicht ein Einzelgänger. Die meiste Zeit verbringe ich allein. Ich bin nicht verheiratet, habe keine eigenen Kinder und es macht mir nichts aus, allein zu sein, selbst für längere Zeit. Dieses Alleinsein aber ist etwas anderes. Es ist geradezu kosmisch; es fühlt sich an, als wäre ich der letzte lebende Mensch auf diesem Planeten. Niemand, der mich sehen könnte, niemand, der mich hören könnte, niemand, der mich finden könnte. Ich bin mutterseelenallein.

Alles, was ich fühle, ist, wie ich von den Wellen hin und her geworfen werde. Alles, was ich höre, ist das Hämmern des Blutes in meinen Ohren. Ich versuche, gegen den Schrecken anzukämpfen. Es ist wie ein Instinkt, und ich konzentriere mich darauf.

Ich weiß, dass ich meine Energie aufsparen muss, aber was in meinem Kopf geschieht, droht alle Energie aufzusaugen. Mein Hirn fühlt sich an, als wolle es explodieren. Ich bin im Arsch. Total im Arsch. Bilder meiner Eltern, meiner Familie und von

Jake wirbeln durch meinen Kopf. Soll ich tatsächlich meinen Neffen nicht großwerden sehen? Wer wird sich um meinen Hund kümmern? Was wird aus Anthony? *Gib diesen Gedanken nach*, warnt mich eine Stimme in meinem Kopf, *und du bist geliefert. Lass diese Gefühle zu, und du wirst sterben.*

Ich versuche, Angst und Schmerz zu verdrängen. Ich sehe beide als Schwäche. Wenn ich auch nur eins dieser Gefühle zulasse, wird diese Schwäche sich ausbreiten und weiter anwachsen und Raum für eine zweite Schwäche schaffen, und die wird ebenfalls anwachsen und einer dritten Schwäche Raum geben, und zuletzt wird nichts anderes als Schwäche übrigbleiben. Wenn ich an das denke, was ich liebe – die Menschen, die ich liebe, die Dinge, die ich liebe –, oder wenn ich an die Liebe denke, die meine Familie für mich empfindet, was sich noch schlimmer anfühlt, werde ich schwach und werde sterben. Wenn ich den Schmerz darüber zulasse, was ich im Begriff bin zu verlieren, wird er mich übermannen und ich werde sterben. Also darf ich an diese Dinge nicht denken. Ich darf es nicht zulassen, dass auch nur ein einziger verzweifelter Gedanke sich in meinem Kopf breitmacht. Nicht ein einziger. Ich muss mich stark fühlen. Was auch immer geschieht, ich muss mich in jedem Augenblick dafür entscheiden, Widerstand zu leisten. Das ist der einzige Weg, am Leben zu bleiben.

Wie lange noch, bis es hell wird? Wie lange ist es her, dass ich über Bord gegangen bin? Es ist schwer zu sagen. Hier draußen gibt es nichts, das mir ein Gefühl für die Zeit geben könnte, nicht, bevor der erste Schimmer am Horizont auftaucht. Ich bin den Gesetzen des Planeten ausgeliefert: Ich kann erst etwas unternehmen, wenn die Erde sich so weit gedreht hat, dass es hell wird und ich etwas sehen kann, und in der Zwischenzeit schimmert das wogende Meer im Mondlicht. Wie winzig bin ich doch im Vergleich mit diesen Gewalten. An Land wäre ich ein bloßes Sandkorn auf dem breiten, weißen Strand in der Nähe meines Elternhauses auf Long Island; hier bin ich bloß ein Fleck im Meer, zu winzig, um gesehen zu werden. Es fällt mir schwer einzusehen, wie ganz und gar schutzlos ich bin.

Plötzlich sehe ich Bilder von Leuten, die es nicht mehr gibt. Von Verstorbenen. Ich sehe meinen Großvater, Anthony Antario, den Vater meiner Mutter. Mein kleiner Bruder ist nach ihm benannt. Ich höre, wie Großvater meinen Namen ruft – »Johnny! Johnny!« –, so wie er es immer tat, von der Zeit an, als ich noch ein kleiner Junge war, bis zu seinem Tod, als ich erwachsen und über dreißig war, als habe er seine Freude, mich zu sehen, nie verloren. In einer Familie, in der die Männer ihre Gefühle selten zeigten, war er eine Ausnahme.

Ich sehe meinen Freund Pete Fagan, einen Fischer aus Montauk, der mit sechsundfünfzig Jahren an einem Herzinfarkt starb. Er trägt den Tarnanzug, in dem er beerdigt wurde – Pete liebte nichts mehr als die Jagd. Er glaubte irgendwie an mich. Er versicherte mir stets, ich käme noch ganz groß raus. Na, und jetzt! Schau nur her, in was für einen Schlamassel ich mich geritten habe.

Mein Großvater und Pete: Wollen sie mir vielleicht etwas sagen? Bin ich auf dem Weg zu ihnen? Ich fühle, wie mein Denken sich für eine andere Dimension öffnet, in der Großvater und Pete auf mich zukommen. Fordern sie mich auf, zu ihnen hinüberzukommen? Ich habe das Gefühl, als könnte ich beinahe Petes Stimme hören, schroff wie immer. »Was zum Teufel machst du da, Mann? Du hast hier nichts verloren.«

Ich beginne zu erkennen, wie einfach es wäre, einfach loszulassen, auf den Meeresgrund zu sinken und mich den Hummern zu überlassen – ihre endgültige Rache. Der Gedanke hat etwas Verführerisches, wie eine Meerjungfrau, die darauf wartet, mich in die Tiefe zu ziehen. Ich verdränge auch diesen Gedanken – bloß keine Schwäche zulassen! – und denke stattdessen: *Es gibt zu viele Menschen, die mich lieben. Ich kann unmöglich auf diese Weise sterben.*

Mein Denken kreist wieder und wieder um das Geschehen an Deck der *Anna Mary* – all die vielen Überlegungen mit *wenn …* und *hätte ich doch …*, die meinen Sturz über Bord verhindert hätten. In meinem Kopf durchlebe ich immer wieder den Sekundenbruchteil des Zögerns, als ich wusste, dass es keine gute Idee war, die Kühlbox mit dem Bootshaken wegzuziehen. Ich hatte schon tausendmal an dem schmalen Plastikgriff gezogen und jedes Mal gespürt, dass es nicht besonders klug war, aber mich nie groß mit dem Gedanken aufgehalten. Auch diesmal hatte es diesen Sekundenbruchteil gegeben – *an diesem dünnen Ding zu ziehen ist wirklich eine saublöde Idee* – und ich hatte ihn wie immer verstreichen lassen. Wie wenn man auf der Straße zu einem Überholmanöver ausschert und plötzlich einen anderen Wagen direkt auf sich zukommen sieht. Wird man es noch schaffen? Reicht es noch, um rechtzeitig wieder einzuscheren? Soll man doch lieber abbremsen? Oder man geht nachts auf dem Nachhauseweg in eine dunkle und menschenleere Straße und denkt »vergiss es, geh zurück« und »schon gut, ich bin schon tausendmal hier hergelaufen, was soll groß passieren?« – und im Bruchteil einer Sekunde fällt die Entscheidung. Mein Sekundenbruchteil war gekommen und vergangen, und ich hatte die falsche Entscheidung getroffen, und jetzt starre ich dem Tod ins Gesicht und versuche mit einem Gott, von dem ich selbst nicht sicher bin, ob ich an ihn glaube, einen Deal auszuhandeln.

Wenn es nur etwas gäbe, woran ich mich festhalten könnte. Damals, als wir das Haus in Vermont hatten, zog ich hinaus in die Wälder und versuchte, die Orientierung zu verlieren. Ich streifte ganz allein durchs Gelände, achtete auf jede Kleinigkeit meiner Umgebung und hatte nie Angst. Es gab immer etwas zum Festhalten – einen Baum, einen Fels, etwas, worauf ich stehen konnte, festen Boden unter meinen Füßen. Ich fand immer nach Hause zurück. Anschließend hatte ich das Gefühl, eine Prüfung bestanden zu haben. Jetzt kommt mir das alles wie Kinderkram vor. Ich sage mir immer wieder laut vor: Das passiert nicht. Das kann nicht sein. Wie sollte das wahr sein?

Im Mondlicht sehe ich auf meine weißen Beine und meine Füße in den weißen Socken. Meine Beine verschwimmen durch die Bewegungen des Wassers, wodurch der Eindruck des Unwirklichen noch verstärkt wird. Mein Denken zoomt in eine Art Weitwinkelposition nach oben, sodass es sich anfühlt, als schwebte ich hoch über mir und sähe auf diese winzige Person herab, so vollkommen hilflos, mit schneeweißen Beinen und albernen weißen Socken, in einem riesigen Ozean unter einem weiten Himmel. Die winzige Person da unten bin ich, überwältigt von Furcht und der Erkenntnis, dass ich es vermasselt habe. Ich habe ein für alle Mal verschissen. Erneut steigt Panik in mir auf und eine Welle der Verzweiflung durchflutet mich, doch ich schiebe sie zur Seite. Ich kann mich so wenig damit abgeben wie mit Fantasien, gerettet zu werden. Beides kann mich nur schwächen.

Warte, bis es hell wird, sage ich mir. *Bis dahin musst du durchhalten* – das ist mein Mantra. Ich wiederhole es wieder und wieder. *Bleib am Leben, bis es hell wird.*

Die Wahrheit ist, dass ich durchaus daran gedacht habe, so etwas könne passieren. Ich habe dieses Szenario – oder ein ähnliches – im Kopf durchgespielt. Als eine Art Alternativversion zu meinen Survival-Spielchen in Vermont oder bei Survival-Abenteuern im Fernsehen habe ich mir häufig vorgestellt, welche Fähigkeiten man benötigen würde, um im Meer zu überleben. Survival ist nicht *nur* ein Spiel, nicht bloße Unterhaltung.

Alle möglichen Leute haben Situationen überlebt, die sie eigentlich nicht hätten überleben sollen und von denen man nicht glaubt, dass sie sie überlebt haben. Ich erinnere mich an die Lektüre von *Im Atlantik verschollen* von Steve Callahan, der sechsundsiebzig Tage allein auf einer Rettungsinsel im Meer trieb. Er überlebte, weil die Not ihn erfinderisch machte und ihm Ideen eingab, wie er Trinkwasser herstellen und aufbewahren, Fische mit der Harpune jagen und mit der Einsamkeit und Verzweiflung fertig werden konnte. Wenn er es überlebt hatte, konnte man es schaffen. Und wenn das so ist, warum sollte ich nicht derjenige sein, der es schafft?

Denk nicht zu weit voraus, sage ich mir als Warnung. Auch das schwächt dich nur.

Aber ich habe keinerlei Ziel. Ich treibe in der Dunkelheit. Ich sehe nichts außer meinen Beinen und habe keinerlei Kontrolle. Alle paar Minuten drehe ich mich einmal um mich selbst, nur um zu sehen – oder zu riechen oder zu hören oder auf welche Weise auch immer wahrzunehmen –, was da draußen ist, ob etwas in meiner Nähe ist und ich vielleicht in Gefahr bin.

Ob ich in Gefahr bin – was für ein komischer Gedanke. Ich bin in *allergrößter* Gefahr. Jetzt endlich verstehe ich die Bedeutung des englischen Wortes *overwhelmed*, was »überwältigen« bedeutet. Ich wusste schon vorher, dass *whelm* ein alter Seemannsausdruck für Welle war. Jetzt droht diese Welle mich wortwörtlich und im übertragenen Sinne unter sich zu begraben. Der Atlantische Ozean hat mich in seiner Gewalt – harte, hämmernde Wogen, auf denen ich auf und nieder gleite. Ich weiß alles über dieses Meer. Ich weiß, wie erschreckend mächtig es ist und wie wenig ich gegen die Kraft seiner Wellen und Strömungen und Gezeiten auszurichten vermag. Und jetzt bin ich mitten drin. Nur mein Kopf ist über der Oberfläche. Mein Kinn ist auf dem Wasser, und ich muss meinen Kopf in die Höhe halten, auch wenn er regelmäßig, jede Minute, von mächtigen Wellen überrollt wird, sodass Wasser in Mund und Nase dringt und meine Augen immer noch vom Salz brennen und stechen. Es ist ein anhaltender Kampf – den Kopf über Wasser halten und immer wieder ausspucken, was mir durch Mund und Nase rinnt.

Meine Gedanken rasen jetzt zusammenhanglos kreuz und quer durch meinen Kopf und werfen Schlaglichter auf einzelne Stationen meines Lebens. Alte Verletzungen drängen sich in mein Bewusstsein – die Frau, die mir im Alter von zwanzig Jahren das Herz brach, mein Versagen am College. Warum muss ich ausgerechnet jetzt wieder damit anfangen? Soll ich die letzten Augenblicke meines Lebens wirklich mit diesem Müll verbringen? Und es ist Müll, weil es in diesem Moment völlig bedeutungslos ist. Das Einzige, was jetzt zählt, ist, diese Minute zu überleben, dann die nächste, und wieder die nächste. Und wenn dies meine letzte Chance ist, mir über ein paar Dinge in meinem Leben Klarheit zu verschaffen? Sie hat mir vor fünfundzwanzig Jahren das Herz gebrochen, und da soll ich jetzt, in den vermutlich letzten Minuten meines Lebens, darüber rätseln, ob dieses gebrochene Herz daran schuld war, dass sämtliche nachfolgenden Beziehungen in die Brüche gingen? Will ich mir ernsthaft Gedanken darüber machen, wie mein Leben vielleicht verlaufen wäre, wenn ich das College abgeschlossen hätte? Welchen Unterschied soll das jetzt noch machen?

Ich höre mich selbst meinen toten Großvater bitten, mich hier rauszuholen: *Hilf mir, Großvater! Ich möchte nach Hause. Ich möchte an einem sicheren Platz sein.* Ich weiß nicht, ob ich an ein Leben nach dem Tod glaube, aber wenn es das gibt, ist mein Großvater dort. Vielleicht kann er mich hören. Vielleicht funktioniert es.

Und dann zwinge ich mich zurück in die Realität. Da ist niemand, der mir helfen kann. Hier draußen ist niemand. Nur ich allein. Mein Körper und mein Verstand sind meine Werkzeuge, meine Waffen, um am Leben zu bleiben. Wenn ich das vergesse, und sei es nur für einen kurzen Moment, oder wenn ich Fantasien nachhänge, wie mein Großvater mich errettet, bin ich tot.

Denk nach. Benutze deinen Verstand. Der beste Weg, alle schwächenden Gedanken zu unterdrücken, ist es, meine Situation durch ein Ausschlussverfahren einzuschätzen und zu analysieren und irgendeine Lösung zu finden. Ich muss also meine Situation noch einmal durchgehen, sie Schritt für Schritt untersuchen und herausfinden, welche Anhaltspunkte sie mir bietet. Ich weiß, wo ich bin: Die *Anna Mary* fuhr in Richtung Süden, auf einem Kurs von knapp 180 Grad westlicher Länge. Als ich um etwa drei Uhr früh über Bord ging, hatten wir gerade die Linie von vierzig Faden Tiefe erreicht, die Stelle, an der das Wasser des Atlantiks wärmer wird, weil man sich dem Golfstrom nähert. Von dort waren es noch anderthalb Stunden Fahrt bis zu unseren Körben – also etwa fünfzehn Meilen. Folglich befinde ich mich ungefähr vierzig Meilen von Montauk entfernt, was in Richtung Norden liegt. Ich weiß, aus welcher Richtung der Wind weht. Wenn die Sonne aufgeht, weiß ich auch, wie spät es ist – etwa 5.30 Uhr –, und wo genau Osten liegt.

Ich weiß außerdem, dass mit Sonnenaufgang die Suche nach mir beginnen wird, wenn sie nicht jetzt schon begonnen hat. Das Problem ist, dass ich die sprichwörtliche Nadel im Heuhaufen und praktisch unsichtbar bin. Mein Haar ist schwarz, mein T-Shirt hellblau – Farben, die in den Wellen einfach verschwinden. Ich muss irgendwie auf mich aufmerksam machen, und das bedeutet, ich muss eine Boje finden, etwas, das grell leuchtet, damit man es von einem Boot oder aus der Luft erkennen kann. Hier draußen wäre das die Signalboje eines Hummerfischers, und der Hummerfischer, von dessen Fanggründen ich nicht zu weit entfernt bin, ist einmal mehr Pete Spong. Sobald es hell wird, werde ich nach Petes Ausrüstung Ausschau halten. Schärf dir das ein. Indem du es dir immer wieder vorsagst, erscheint es wirklich, erscheint es realisierbar.

Bis zum Sonnenaufgang kann es nicht mehr lange dauern, was auch bedeutet, dass die Fische auf Nahrungssuche gehen. Ich bin mir nicht sicher, was das für mich heißt, bis ich im Mondlicht zwei Rückenflossen aus dem Wasser ragen sehe. Es sind die Rückenflossen von Haien. Sie kommen schnell und elegant auf mich zu und beginnen mich plötzlich zu umkreisen. Sie versuchen herauszufinden, ob ich als Beute infrage komme.

Die Angst jagt erneut einen glühenden Adrenalinstoß durch meinen Körper. Ich werde stocksteif und ermahne mich laut, ruhig zu bleiben. In der Tiefe kann ich die schattenhaften Umrisse der beiden Haie sehen, erleuchtet vom Mondlicht. In diesem Teil des Meeres und um diese Jahreszeit kann es sich nur um Blauhaie handeln. Sie scheinen zwischen sechs und acht Fuß lang zu sein. Ich kenne diese Haiart. Ich weiß, dass sie sich vornehmlich von Tintenfisch ernährt, aber auch andere Fische und Seevögel jagt. Sie gelten nicht als Menschenhaie, aber wenn sie hungrig sind und gerade nichts Besseres finden, greifen sie auch Menschen an. Was auch sonst. Jedes Tier würde das tun. Die Menschen selbst haben es seit Urzeiten so gemacht.

Ich greife in die Tasche meiner Shorts und löse den Riegel meines Klappmessers, das ich immer bei mir trage. Vorsichtig öffne ich es, um mich an der scharfen Klinge nicht zu verletzen. Ein Blutstropfen im Wasser wäre das Letzte, was ich jetzt gebrauchen kann.

Blut. Ich wette, die Tiere können das hämmernde Blut in meinem Körper wittern, sodass ich ein neues Mantra an mein Herz richte: *Langsam*, sage ich meinem Herz. *Ganz ruhig.*

Ich überlege, bei einem Angriff der Haie mit dem Messer zuzustechen. Doch im gleichen Moment weiß ich, wie unsinnig der Gedanke ist. Eine siebeneinhalb Zentimeter lange Klinge gegen die Kiefer und Zähne auch nur eines Hais? Lächerlich. Zwecklos. Die Haie umkreisen mich weiterhin – zehn Minuten, zwanzig Minuten, eine halbe Stunde. *Kontrolliere deinen Atem*, befehle ich mir. *Verlangsame deinen Pulsschlag*. Es kostet einige Anstrengung, aber ich spüre, wie mein Herz regelmäßiger schlägt. Und in diesem ruhigeren Zustand sage ich mir, wenn die Haie kommen, dann sollen sie kommen. Ich werde gegen sie kämpfen. Aber im Augenblick muss ich aufhören, über die Haie in Panik zu geraten, und meinen Verstand darauf richten, was bei Tagesanbruch geschieht. Ich muss mich darauf konzentrieren, den ersten Lichtstrahl nicht zu verpassen, damit ich meinen nächsten Schritt planen kann. Die Zeit arbeitet gegen mich. Die Zeit ist ein weiterer Killer. Mein Messer fest umklammernd, schwimme ich von den Haien weg, und wenig später verschwinden sie in die entgegengesetzte Richtung.

Ich treibe immer noch auf dem Wasser, allein und orientierungslos, als plötzlich der erste Lichtstrahl durchbricht. Man nennt es die goldene Stunde, wenn die Sonne so knapp über dem Horizont steht, dass ihr Licht die dichte Atmosphäre durchdringt und uns indirekt erreicht, in einem tieferen, weicheren Rot als das Rot später am Tag. Jetzt kann ich ein kleines bisschen sehen, und schon bald werde ich mehr sehen, und schlagartig verändert sich meine Situation. Es ist wie bei einem kleinen Kind: Nimmt man die Dunkelheit weg, erscheint sofort alles besser.

Jetzt muss ich nur noch eine Boje finden.

»ER IST WEG«

6.22 Uhr

Nachdem Johnny und Anthony die *Anna Mary* gekauft hatten, verbrachten sie beinahe ein ganzes Jahr damit, das Schiff von Grund auf umzubauen. Ursprünglich für Tagesausflüge geplant, hatte die *Anna Mary* weder Laderaum noch Schlafplätze, und die beiden machten sich daran, es für den Hummerfang auf See umzurüsten. Sie erneuerten das Deck, die Tanks und das Steuerhaus und ersetzten die alte Hydraulik und das Lotsystem. Sie vergrößerten die Raumhöhe unter Deck und brachten im Vorderdeck zwei schmale Kojen, eine Kombüse mit Platz für eine Kochplatte und einen Stauschrank unter, in dem sie ihre Unmengen Leinen, Notfallausrüstung, Ersatzteile und andere Ausrüstungsgegenstände aufbewahren konnten. Sie verdichteten den Rumpf, verspachtelten die Fugen und machten das Schiff für den Einsatz vierzig, fünfzig oder noch mehr Meilen vor der Küste seetüchtig. Im Wesentlichen hatten sie einen Rumpf und eine Fischereierlaubnis gekauft, beide gleichermaßen wertvoll, und hatten um dieses kostbare Startkapital herum ein neues Boot gebaut.

Nur auf einen Abort hatten sie verzichtet und sich stattdessen mit einem großen Plastikeimer an Deck begnügt, der nach Gebrauch direkt über die Reling entleert wurde. Und eben diesen

Eimer musste Matrose Mike Migliaccio am Morgen des 24. Juli 2013 aufsuchen. Irgendwann zwischen 5.30 Uhr und 6.00 Uhr erhob er sich aus seiner Koje in der Vorpiek, stieg die schmale Treppe zum Steuerhaus hoch und trat hinaus auf Deck. Noch im Halbschlaf registrierte Mike nur vage, dass Johnny nicht im Steuerhaus war – weder saß oder lümmelte er sich auf dem Kapitänssessel noch lag er eingerollt auf der Bank hinter dem Sessel, wo er manchmal ein Nickerchen hielt. Mike ist sich nicht sicher, ob er bewusst für sich dachte, Johnny müsse folglich an Deck sein, aber er weiß noch genau, dass er nach einer Minute – vielleicht auch weniger – bemerkte, dass Johnny *nicht* an Deck war. Mike sah nach oben: Johnny war auch nicht auf dem Mast.

Das alles passte nicht zusammen. »Johnny ist der Typ, der auf die anderen aufpasst«, sagt Migliaccio, ein Ex-Marine und Vietnamveteran, jemand, der nach eigener Aussage unmöglich in einem Betrieb mit Stechuhr arbeiten könnte. »Ich konnte nicht verstehen, warum er nicht da war.« Normalerweise würde Johnny ihn vor Sonnenaufgang wecken und ihm das Steuer für einige Stunden übergeben, bis die *Anna Mary* die Hummerkörbe erreicht hatte. Schlagartig wurde Mike bewusst, dass es bereits nach Sonnenaufgang war und *niemand am Steuer stand*. Das war unglaublich, und es war beängstigend.

»Anthony!«, brüllte Mike aus voller Kehle und raste nach unten, um ihn zu wecken.

Anthony fuhr aus dem Tiefschlaf hoch und sah Mikes entsetztes Gesicht, dessen Mund sich bewegte und irgendetwas über Johnny sagte.

»Johnny?«, fragte Anthony. »Wo ist er?«

»Er ist weg«, erwiderte Mike. Und dann noch einmal: »Er ist weg.«

Anthony sprang sofort auf, und die beiden Männer suchten

noch einmal das Schiff ab, als sei Johnnys Verschwinden eine optische Täuschung oder ein Scherz oder ein falscher Alarm oder ein skurriles Versteckspiel. Sie riefen seinen Namen und suchten mit wachsender Panik nach ihm. Johnny war nicht im Steuerhaus. Er war nicht an Deck. Sie bemerkten, dass die Luke des Hummertanks auf der Steuerbordseite offen stand. War er hineingefallen? War mit dem Kopf aufgeschlagen und ertrunken? Sie sahen nach. Nichts.

Die *Anna Mary* ist kein großes Boot. Wenn man nicht in der Koje liegt, nicht im Steuerhaus ist und sich nicht an Deck befindet, ist man nicht an Bord.

Die blanke Angst flutete Anthonys Körper und drückte ihn nieder. Für einen Augenblick war er wie gelähmt. Erinnerungen an Gesichter, Namen und Stimmen hallten in seinem Kopf wider. Zu seinen frühesten Erinnerungen als kleiner Junge gehörte das leise Flüstern, mit dem sich die Erwachsenen über die *Windblown* unterhielten, ein Fischerboot, das vor Block Island auseinandergebrochen und mit der gesamten Besatzung untergegangen war. Über Jahre, so kam es ihm vor, hielten die gedämpften Unterhaltungen an – *lass die Kinder nichts davon hören!* Die ertrunkenen Fischer waren alle junge Männer gewesen, und ihre Mütter hatten weiterhin in Montauk gelebt, während er aufwuchs. Er erinnert sich, wie er die Frauen als Junge mit einer Art banger Ehrfurcht angestarrt hatte, wenn seine Mutter sie ihm gezeigt hatte.

Andere Verluste waren zeitlich und räumlich näher. Er erinnerte sich an die *New Age*, ein Trawler, auf dem ein Besatzungsmitglied von einem Netz getroffen und über Bord gegangen war. Wahrscheinlich war schon der Schlag des Netzes tödlich, bevor er im Ozean verschwand. Und dann war da Scott Gates, der von einer hohen Welle von Bord gerissen und nie gefunden wurde. Indian John ging beim Schwertfischen über Bord – auch er wurde nie gefunden. Dick Vigilent starb, als sein Schwertfischboot im Golf von Mexiko von einem anderen Boot buchstäblich überfahren wurde und die Crew hilflos mit ansehen musste, wie er von Haien attackiert und getötet wurde. *Der Tod ist mein ständiger Begleiter*, dachte er. *Aber nicht Johnny. Ihn wird dieses Schicksal nicht treffen. Ich muss in Ruhe nachdenken*, sagte er sich. Er bemerkte, dass er schwitzte.

»Wo sind wir? Ich muss es aufschreiben. Wir müssen umkehren.«

Er machte beides, notierte die Kompasskoordinaten in sein Logbuch und wendete die *Anna Mary*, sodass sie auf der gleichen Route zurückfuhr, die sie gekommen waren, mit Kurs nach Norden. Dann schaltete er das Funkgerät ein.

VHF Channel 16 ist der Hochfrequenzkanal für die Schifffahrt und internationale Notrufe. Anthonys Notruf wurde um 6.22 Uhr aufgezeichnet. Seine Stimme ist belegt und zittrig. Er klingt katatonisch.

»US-Küstenwache, US-Küstenwache. Die *Anna Mary* auf Kanal 16. Over.«

»*Anna Mary*, hier die Küstenwache auf 16. Was gibt's?«

Das war Sean Davis, der an diesem Morgen in der Kommandozentrale für den Bereich Long Island Sound seinen Dienst tat. Die Zentrale befindet sich im ersten Geschoss eines langen, flachen Ziegelgebäudes der Küstenwache in New Haven, Connecticut, auf der Ostseite des Hafens von New Haven. In jeder Kommandozentrale arbeitet ein vierköpfiges Team rund um die Uhr in Zwölf-Stunden-Schichten, und Davis' Team hatte soeben die Nachtschicht abgelöst und seine Arbeit begonnen. Tatsächlich hatte Davis gerade erst sein Frühstück bereitet – eine Schale Haferflocken, ein hartgekochtes Ei und eine Tasse Kaffee – und war damit zu seinem Platz am Kontrollpult zurückgekehrt. Er setzte sich und wartete auf den Funkspruch des Seemanns, des Kapitäns der *Anna Mary*.

Aber der Kapitän – Anthony – zögerte. Er konnte nicht die richtigen Worte finden, um auszudrücken, was geschehen war. »*Anna Mary*. Ich bin gerade aufgestanden«, erklärte er Davis, der den ersten Schluck Kaffee nahm. Anthony machte eine Pause, unsicher, wie er fortfahren sollte. »Ein Crewmitglied ist über Bord gegangen.« Davis stand mit dem Kaffee im Mund auf. Wieder ein Zögern bei Anthony. »Ähm, ich vermisse ein Crewmitglied, John Aldridge.« Erneute Pause. Dann ein Seufzen. »Ich weiß nicht, was ich sagen soll. Ich stehe unter Schock.«

Sean Davis spürte einen Knoten in seiner Magengrube und holte tief Luft. »Roger, Captain«, sagte er ruhig zu Anthony. »Was ist Ihre augenblickliche Position?«

Das Frühstück war beendet. Davis und alle anderen in der Kommandozentrale machten sich an die Arbeit.

Die Geschichte der US-Küstenwache reicht zurück bis zum US-Leuchtturmdienst, 1789 vom ersten Kongress beschlossen und dem US-Finanzministerium unterstellt. Ein Jahr später erhielt der Finanzminister, kein geringerer als Alexander Hamilton, die Befugnis, einen Zollkutterdienst mit zehn Booten zur Bekämpfung von Schmugglern einzurichten. Im Verlauf der nächsten hundert Jahre kamen immer wieder neue Aufgaben hinzu, darunter die Schiffsinspektion und die Seenotrettung. Mit der wachsenden Zahl von Diensten wurden neue Behörden eingerichtet und innerhalb der einzelnen Ministerien verschoben, während ihre Aufgaben zusammengelegt, erweitert oder abgetrennt wurden.

1915 unterzeichnete Präsident Woodrow Wilson das offizielle Gesetz zur Bildung einer Küstenwache als »militärische Einrichtung und Teil der Streitkräfte der Vereinigten Staaten«, aber die Umverteilung der Aufgaben und der Wechsel der Zuständigkeit innerhalb der Ministerien hielt auch während des Zweiten Weltkriegs und darüber hinaus an. Noch 2003 wurde die Küstenwache dem Heimatschutzministerium unterstellt und elf gesetzliche Aufgabenbereiche festgelegt.

Mitglieder der US Coast Guard werden heute üblicherweise als »Coasties« bezeichnet, zu deren ältesten Aufgaben der Such- und Rettungsdienst (SAR) gehört. Die gesetzliche Grundlage dieser Aufgabe ist in der Emergency Support Function #9 des Gefahrenabwehrgesetzes festgeschrieben, und ihr Ziel ist nach Angaben der Küstenwache im Fall von natürlichen oder von Menschen verursachten Katastrophen »in jeder Situation, in der unsere Hilfe zum Einsatz kommen kann, Menschenleben zu retten«. Das betrifft einen weiten Bereich, denn die Küstenwache ist sowohl für die Atlantik- als auch für die Pazifikküste verantwortlich, einschließlich Alaska und Hawaii, für die Großen Seen und die Hauptflüsse sowie für die Inseln der östlichen und westlichen Hoheitsgebiete und Besitzungen.[3] Zur Organisation dieser vielfältigen Aufgaben ist die Behörde in neun Distrikte unterteilt, deren Nummern vor langer Zeit und nicht der Reihe nach vergeben wurden, wobei das Gebiet des Atlantiks fünf und das des Pazifiks vier Distrikte umfasst. Distrikt 1 reicht von der Nordspitze Maines bis zum nördlichen Teil von New Jersey und ist wie alle Distrikte in Sektoren unterteilt. Der territorialen Organisation nach ging John Aldridge im Sektor Long Island Sound im Distrikt 1 über Bord, einem Ozeange-

---

[3] Die US-Küstenwache führt zudem drei Auslandkommandos: Je eins in Japan und den Niederlanden zur Überprüfung von Schiffen, die auch US-Häfen ansteuern, und ein drittes in Bahrain zur Unterstützung von kampfbereiten Einheiten der Küstenwache, die zur Wahrung nationaler Sicherheitsinteressen zum Einsatz kommen können.

biet, das von Shelter Island bis Block Island, Gardiners Bay und Block Island Sound reicht, plus die fünfzig Seemeilen südlich von Montauk Point und westlich entlang der Südküste von Long Island.

Zur Ausführung ihrer Rettungsmissionen – genauer gesagt, aller Missionen – verfügt die Küstenwache über eine Fahrzeugflotte, zu der sogenannte Cutter gehören, Schiffe, die länger als fünfundsechzig Fuß sind, eine Mannschaft an Bord beherbergen und praktisch überallhin fahren können; kleinere Boote, die vor allem in Küstennähe und Inlandgewässern zum Einsatz kommen, und Flugzeuge und Hubschrauber. Die Cutter, heißt es, sind das Herz der Küstenwache, die Boote die Seele und die Luftfahrzeuge, insbesondere was die Such- und Rettungseinsätze betrifft, die Augen.

Aber die Boote und Flugzeuge müssen irgendwo mit ihrer Suche beginnen, und dafür besitzt die Küstenwache das hochgeschätzte System SAROPS, das Search and Rescue Optimal Planning System. SAROPS ist ein Softwaresystem, das auf der Monte-Carlo-Simulation basiert. Das heißt, es generiert aus der ständigen Berechnung von Zufallswerten Wahrscheinlichkeitsverteilungen. Das System stellt graphisch dar, wo und in welche Richtung ein verschollenes Objekt – ein Boot, oder, wie in diesem Fall, eine Person – mit hoher Wahrscheinlichkeit auf dem Wasser treibt, und es »korrigiert« die Graphik im Laufe der Zeit entsprechend der sich ändernden Bedingungen. Eingaben über Winde, Strömungen, Seegang, Wassertemperatur, Sichtweite plus sämtliche bekannten Daten über das vermisste Objekt – Größe, Gewicht, Kleidung und körperliche Fitness einer Person – simulieren mithilfe tausender bunter Partikel auf dem Bildschirm die Drift: je dichter die Partikel sind, desto erfolgversprechender ist die Suche an dieser Stelle. Während die Daten sich verändern und das System laufend mit neuen Informationen vom Einsatzort gefüttert wird, korrigiert SAROPS das Bild auf dem Schirm, sodass die Suchmannschaften ihre Suchmuster gegebenenfalls anpassen oder das Suchgebiet verändern können.

Das Bereitschaftsteam, das am Morgen des 24. Juli 2013 gerade seinen Dienst in der Kommandozentrale von New Haven angetreten hatte, bestand aus vier Personen mit einem je eigenen Aufgabenbereich: einem Flottenkoordinator, einem Koordinator für Rettungsmaßnahmen, einem Funkverkehrsleiter – das war Sean Davis – und einem Haupteinsatzleiter, dem Chef der aktuellen Schicht. An diesem Tag war sogar noch eine fünfte Person anwesend. Rettungsspezialist Jason Rodocker war frisch aus Baltimore herübergekommen. Es war erst sein zweiter Tag in New Haven, und er war noch dabei, sich die Namen seiner neuen Kollegen zu merken und herauszufinden, wo die Kaffeemaschine stand. Er musste sich also erst noch »einarbeiten« und hatte noch keine bestimmte Aufgabe oder Funktion. Das sollte sich sehr bald ändern.

Die Kommandozentrale ist ein großer, fensterloser Raum, der strengen Sicherheitsbestimmungen unterliegt. Das Licht ist üblicherweise heruntergedimmt, damit man die Bilder auf den Monitoren besser erkennen kann, und davon gibt es in der Kommandozentrale jede Menge. Entlang der Wand laufen auf einem halben Dutzend Fernsehschirmen die Programme verschiedener Wetter- und Nachrichtensender, während die beiden langen, gebogenen Pultreihen davor mit jeweils zwölf Computermonitoren bestückt sind. Mit anderen Worten, alles und jeder in diesem großen, offenen Bunker ist auf die fensterlose Wand und die vielen Monitore ausgerichtet.

Hinter diesem Bereich befindet sich die mit einer Glasfront abgetrennte Funkzentrale, gespickt mit Mikrofonen, Funkgeräten und weiteren Monitoren, und genau hier nahm Sean Davis, nachdem er seine Kaffeetasse abgestellt hatte, eingehende Nachrichten entgegen und leitete sie mit der Geschwindigkeit und Gewandtheit eines Simultanübersetzers bei den Vereinten Nationen an den Rest der Mannschaft weiter.

Der Koordinator für Rettungsmaßnahmen hatte bereits die Küstenwache in Montauk informiert, eine Such- und Rettungseinheit zu alarmieren und auf den Weg zu bringen. Der Flottenkoordinator hatte zwei Cutter in bzw. in unmittelbarer Nähe des Einsatzgebietes ausfindig gemacht, die aus New York kommende *Sailfish* und die *Tiger Shark* vor der Küste Neuenglands, die beide in die Suche eingebunden werden konnten. Commander Jonathan Theel, der Such- und Rettungseinsatzleiter für den Sektor, war noch im Wagen unterwegs zur Station, stand aber via Mobiltelefon in Kontakt mit der Kommandozentrale und hatte das Distrikt-Hauptquartier in Boston informiert und einen Helikopter zur Unterstützung der Suche angefordert.

Für Sean Davis bestand die Hauptschwierigkeit darin, in dem allgemeinen Stimmengewirr nicht den Überblick zu verlieren, und im Moment zählte einzig die Stimme von Anthony Sosinski in seinem linken Ohr. *Denk nach, was du ihm sagen wirst*, schärfte Davis sich ein, als er die Angst in Sosinskis Stimme hörte, *und sag das, was du zu sagen hast, so ruhig wie möglich. Vergiss nicht: du befindest dich in keiner Notlage. Der Typ im Wasser ist in einer Notlage, und der Typ am Funkgerät hat panische Angst. Je ruhiger du bist, desto mehr wird er begreifen, dass du die Situation unter Kontrolle hast und helfen kannst.*

Davis hatte nach den Positionskoordinaten gefragt, und Anthony hatte zweimal geantwortet, weil beim ersten Mal andere Stimmen auf der Frequenz dazwischengefahren waren. »Roger, Captain«, antwortete Davis mit ruhiger Stimme, von der er hoffte, sie würde sachlich und beherrscht klingen. »Wie viele Crewmitglieder haben Sie an Bord?«

Anthony antwortete mit einer längeren Erzählung – wie er das Boot aus dem Hafen gesteuert und dann das Steuer an John übergeben habe, während er und Mike sich »hingehauen« hätten. Dass Johnny ihn um 23.30 Uhr zur Ablösung hätte wecken sollen, aber stattdessen »irgendwo über Bord gegangen« sei. Dann fügte er hinzu. »Ich glaube, ich dreh durch.«

Sean Davis wirkt als Person so ruhig, wie man es seiner Stimme nach annimmt. Kräftige Augenbrauen und ein strenger Mund geben seinem Aussehen einen gewissen Ernst, aber insgesamt wirkt er unerschütterlich und sympathisch. Dennoch spürte Davis, wie ihn eine Gänsehaut überkam, als er Anthonys Geschichte und die Panik in seiner Stimme hörte. Noch konnte er das Ausmaß der Situation nicht ermessen, aber er wusste, dass es nicht leicht werden würde. Als er Anthony sagen hörte, »Ich habe nicht die leiseste Ahnung, wo er über Bord gegangen ist oder vor wie vielen Stunden er über Bord gegangen ist«, wusste Davis – genau wie jeder andere in der Kommandozentrale –, dass ihnen eine aufwändige Suche innerhalb eines riesigen Gebiets bevorstand. »Von dem Moment an, als die Meldung bei uns eintraf«, sagt Davis, »war alles in der Mache«, was heißen soll, dass sämtliche Einrichtungen der Küstenwache bereit waren, nach diesem Mann zu suchen, aber – obwohl niemand es laut aussprechen wollte – mit sehr geringen Aussichten auf einen glücklichen Ausgang.

Davis drängte Sosinski nach weiteren Details: *Wie groß und wie schwer ist Johnny? Wann genau hat er Sie abgelöst? Wo befindet sich die* Anna Mary *jetzt?*

Auf der Rückfahrt in Richtung Norden, sagte Anthony und fügte hinzu: »Ich stehe neben mir. Ich weiß nicht, was ich tun soll.«

Um 6.30 Uhr, acht Minuten nach Eingang der Vermisstenmeldung, setzte Davis eine Dringlichkeitsmeldung ab. *»Pan*

Pan – Pan Pan – Pan Pan.«[4] Alle Stationen: »United-States-Küstenwache Sektor Long Island Sound, United-States-Küstenwache Sektor Long Island Sound. Um 6.22 Uhr Ortszeit erreichte die Küstenwache die Meldung über eine im Wasser treibende Person südlich von Montauk Point, New York. Alle Fahrzeuge in der Nähe werden zu erhöhter Wachsamkeit und, wenn möglich, Hilfeleistung aufgefordert. Beobachtungen sind unverzüglich der United-States-Küstenwache zu melden. Dies ist die United-States-Küstenwache Sektor Long Island Sound – out.«

Anthony bat um Rat: »Was soll ich tun?« Mike stand auf dem Vorbau des Schiffes, hielt sich am Mast fest und suchte das Meer ab. Davis bestätigte, das sei eine gute Idee, und bat Anthony, ihn über das Wetter und die Sichtverhältnisse auf dem Laufenden zu halten. »Können Sie ein Flugzeug schicken?«, flehte Anthony. Davis versicherte ihm, er sei dabei, sich darum zu kümmern.

Im Stützpunkt der Küstenwache in Montauk erhielt Senior-Maat Jason Walter, der Stationsleiter, die Meldung aus der Sektoren-Kommandozentrale in New Haven und befahl den Einsatz des ersten Schiffs. Es war ein siebenundvierzig Fuß langes Boot, das für Such- und Rettungsfahrten und zur Lebensrettung eingesetzte Arbeitstier der Küstenwache: selbstaufrichtend und für den Einsatz bei Orkanböen und hoher See gebaut, mit einer Höchstgeschwindigkeit von über fünfundzwanzig Knoten und einer Reichweite von bis zu zweihundert Meilen vor der Küste. CG47279, wie die Montauk 47 offiziell heißt, einsatzbereit und mit voller Mannschaft besetzt, stach

---

4   Wie »Mayday«, eine Verballhornung von *M'aidez!*, leitete sich das Pan-Pan-Signal vom Französischen ab: *panne* bezeichnet eine Störung oder einen Ausfall.

um 6.35 Uhr unter dem Kommando von Maat Josh Garsik in See mit der Mission, die PIW – Person im Wasser – John Aldridge zu finden und zu bergen, indem sie den gleichen Kurs von Nord nach Süd fuhr, den die *Anna Mary* am Vorabend genommen hatte. Ungefähr eine Stunde später fuhren Walter und drei weitere Männer mit einem der beiden kleineren Schnelleinsatzboote der Station hinaus. Seit zwanzig Jahren im Dienst der Küstenwache und mit dem Aussehen eines Armeeoffiziers wie aus dem Bilderbuch – groß, breitschultrig und mit einem gewinnenden Lächeln, wenn es gebraucht wurde – war Jason Walter mehr als bereit, das Kommando über die Rettungsaktion vor Ort zu führen, sobald das Suchgebiet erreicht war. Das dritte Boot, ein weiteres 47-Fuß-Rettungsboot, war in Reserve und die Crew einsatzbereit, um gegebenenfalls später am Tag auszulaufen, sollte dem Schwesterschiff das Benzin ausgehen oder die Mannschaft die zulässige Dienstzeit überschreiten.

Drei Boote stellten für den Stützpunkt Montauk eine Ausnahme dar, weil normalerweise nur Personal für ein Boot vorhanden war. Aber der 24. Juli war ein Mittwoch, und mittwochs war Schichtwechseltag – offiziell Dienstwechseltag –, an dem die beiden Einsatzteams Port und Starboard, jedes zehn Mann stark, sich bei der Dienstablösung begegneten. Das bedeutete, dass genau zu diesem Zeitpunkt an jenem Tag zwanzig willige und fähige Einsatzkräfte für die Rettungsaktion bereitstanden. Walter konnte alle drei Boote der Station gleichzeitig mit vier Leuten in Dienst nehmen und hatte immer noch genügend Personal vor Ort übrig.

Da nun aber der Kommandant der Station selbst an der Suche beteiligt war, musste Maat Dennis Heard die Verantwortung an der Heimatfront in Montauk übernehmen. Er traf um 7.00 Uhr ein, wurde kurz über die Lage informiert und mit dem Kommando über die Station betraut, was nicht nur die Koordinierung der laufenden Rettungsaktion betraf, sondern auch sämtliche Einsatz- oder Personalentscheidungen, die sich in diesem oder einem anderen Fall ergeben konnten. Wie Jason Rodocker in New Haven war auch Heard mehr oder weniger neu in Montauk. Er war erst vor wenigen Wochen von Virginia Beach herübergekommen und noch dabei »herauszufinden, wo sich das Mannschaftsdeck befand«, wie er grinsend sagt – wobei »Mannschaftsdeck« in der Sprache der Küstenwache die Kantine bezeichnet.

Anders als Rodocker, der den ganzen Tag vor einem Computerschirm sitzen und nüchterne Daten auswerten würde, befand Heard sich mitten im Geschehen. Schließlich war das hier Montauk – der Ort, aus dem Aldridge und Sosinski stammten, und Hauptquartier der Gemeinschaft der Berufsfischer, zu der sie gehörten. Mit einer Rumpfmannschaft in der Station, ohne ein weiteres Boot, das im Krisenfall eingesetzt werden konnte, und inmitten einer Gemeinde, die schon bald von einer angespannten Wachsamkeit ergriffen würde, stand Heard, ein Veteran zahlreicher SAR-Einsätze, eine Feuertaufe bevor, von deren Ausmaß er nicht zu träumen gewagt hätte. Im Moment nahm er im Funkzentrum hinter der Glasscheibe im fensterlosen Innern des Hauptgebäudes der Station Platz.

In der Zwischenzeit setzt Sean Davis im Kommandozentrum in New Haven seine Bemühungen fort, einem immer noch verwirrten Anthony Sosinski alles zu entlocken, um die Stelle, an der Aldridge über Bord gegangen sein könnte, näher einzugrenzen. Anthony erzählt noch einmal seine Geschichte, als würde es ihm helfen, seine eigene Situation zu begreifen: »Ich sage es genau so, wie es gewesen ist«, erklärt er Davis. »Ich habe mich vier oder fünf Meilen von Montauk entfernt schlafen gelegt, zwischen 20.30 und 21.00 Uhr, und er« – Johnny – »hat das Steuer übernommen. Mein zweites Crewmitglied hat sich auch hingelegt, sodass John als Einziger wach war. Und dann ist er irgendwo über Bord gegangen, und jetzt befinde ich mich sechzig Meilen vor der Küste.«

»Was hatte er an?«, fragt Davis.

»Ehrlich gesagt«, erwidert Anthony, und man hört das Schluchzen in seiner Stimme, »ich weiß es im Moment nicht.«

»Ist er ein guter Schwimmer?«, fragt Davis.

»Ja. Ganz bestimmt«, antwortet Sosinski. »Er ist in Topform. Und er ist ein kluger Kopf.«

Zur gleichen Zeit schwamm Aldridge allerdings nicht, sondern trieb im Wasser. Angestrengt spähte er nach dem Horizont, denn diese dünne Linie war im Augenblick das Einzige, was außer einem riesigen aufgewühlten Wellenmeer seine Welt ausmachte. Wenn er den Horizont sehen konnte, fielen ihm vielleicht Wege ein, die wenigen ihm verbleibenden Möglichkeiten für sein Überleben zu nutzen.

TAGESLICHT

Etwa 6.30 Uhr

Die Sonne geht endlich auf, doch tatsächlich fühle ich mich noch schutzloser als zuvor in der Dunkelheit. Immerhin ist es jetzt hell, und irgendetwas sagt mir, dass es Zeit ist, etwas zu tun.

Finde eine Boje. Das ist eine ziemlich klare, aber beinahe unmögliche Aufgabe. Zum einen kann ich aufgrund des gleißenden Sonnenlichts nur in Richtung Norden etwas erkennen. Noch mehr allerdings verhindern die Wellen, dass ich etwas sehe.

Die Wellen, die Wellen. Ich rufe mir in Erinnerung, dass nicht das Wasser selbst sich bewegt, sondern die darin transportierte Energie, und dass ich gegen diese Energie anarbeite, wenn ich mich bewege. Im Augenblick habe ich nicht vor, gegen diese Energie zu kämpfen. Ich muss bloß mit den Wellen steigen und fallen und den Moment abpassen, an dem es etwas zu sehen gibt. Mein Kinn befindet sich knapp über der Wasseroberfläche, und wenn die Welle mich emporhebt, bleiben mir auf ihrem Scheitelpunkt nur wenige Sekunden, an denen ich über das Wasser schauen kann – meine einzige Chance, den Horizont zu erblicken. Dann zieht mich die Welle wieder hinunter und ich sehe nur noch Wasser.

Für eine sehr lange Zeit sehe ich überhaupt nichts. Ich hüpfe nur auf dem Wasser und recke jedes Mal, wenn ich emporgehoben werde, meinen Hals. Nichts. Mittlerweile habe ich mich wie jeder im Wasser treibende Fremdkörper in ein lebendiges Ökosystem verwandelt, das zahllose Gäste beherbergt. Mein schlaffer Körper ist überall von Seeläusen, Krustentieren und Shrimps bedeckt. Die Sturmvögel schießen wieder auf mich herab. Dazu der ständige Geschmack von Salzwasser. Ich würde alles für kühles, frisches Wasser tun, um diesen Geschmack loszuwerden. Ich möchte unbedingt von der Stelle kommen. Mich bewegen. Aber soll ich das? Ist es nicht sicherer, klüger und im Hinblick auf meine Überlebenschancen ratsamer, sich einfach nur treiben zu lassen und zu warten? Es gibt nichts zu sehen. Ich muss meinen Hals weit strecken, um für einen kurzen Moment den Horizont zu erblicken, und bislang habe ich noch keine Boje gesehen. Was gäbe ich nicht dafür, irgendetwas zu finden, an das ich mich klammern könnte.

Aber selbst wenn ich im Wasser einen Gegenstand entdecke, wie kann ich ihn schwimmend erreichen? Ich denke darüber nach: *Wie soll ich mich vorwärtsbewegen?* Ich kann meine Stiefel nicht loslassen, was bedeutet, dass ich sie mit einer Hand festhalten muss und mir nur ein Arm zum Schwimmen bleibt. Selbstverständlich werde ich zwischendurch den Arm wechseln müssen. Viel wichtiger aber wird es sein, sich mit kräftigen Beinstößen durch die Wellen zu bewegen.

Da erblicke ich für einen kurzen Moment Pete Spongs Boje. Pete ist ein Freund, ein Kumpel, ein Hummerfischer von Point Judith auf Rhode Island. Ich kenne seine Markierungen fast so gut wie meine eigenen. Und jetzt habe ich ihn klar vor Augen: den vertrauten roten Schwimmer, unverwechselbar, mir zuwinkend.

Ich lege los. Es ist Zeit, höchste Zeit. Ich rechne nach, dass es schon eine ganze Weile lang hell ist, bestimmt seit einer Stunde, wenn nicht länger. Die Zeit läuft mir davon.

Ich fülle die beiden Stiefel neu mit Luft, einen nach dem anderen, dann drücke ich sie mit dem linken Arm fest gegen meinen Brustkorb und klemme sie links und rechts unter die Achseln. Ich strecke mich etwas im Wasser aus, stoße mit den Beinen und mache gleichzeitig einen Schwimmzug mit dem rechten Arm und bewege mich vorwärts. Es ist harte Arbeit, die noch dadurch erschwert wird, dass ich mein angestrebtes Ziel fest im Auge behalten muss. Ich verdränge das alles aus meinem Kopf: *Harte Arbeit? Na wenn schon. Du schwimmst oder du bist tot.*

Langsam geht es voran. Ich schwimme ein bisschen, dann muss ich Pause machen, die Arme tauschen, ein Stück weiter schwimmen, wieder Pause machen. Aber ich komme in eine Art von Rhythmus: zehn, vielleicht fünfzehn Minuten angestrengtes Schwimmen, dann eine Pause machen und sich ausruhen. Stück für Stück arbeite ich mich an Petes Boje heran. Nur nicht aufgeben. Ich schwimme eine halbe Stunde lang. Vielleicht eine ganze Stunde. Es ist nicht leicht, mit nur einem Arm zu schwimmen.

Plötzlich taucht eine drei Fuß lange Flosse direkt neben mir auf, sodass mir vor Schreck fast das Herz zerspringt. Ich hatte nicht erwartet, am Tag Haie zu sehen. In der Nacht, ja, aber bei Tag tauchen sie in tiefere Regionen ab. Ich spüre, wie der Fisch direkt unter mir nach oben stößt, die Wasseroberfläche durchbricht und ich in das urgeschichtliche Antlitz eines Mondfischs blicke. Das Tier wiegt mindestens fünfhundert Pfund. Es hat ein kleines rundes Maul und große Augen und ist angeblich der schwerste Knochenfisch des Meeres. Ich habe schon oft Mondfische gesehen. Ich habe sie dabei beobachtet, wie sie mit ihren mächtigen runden Leibern aus dem Wasser springen. Sie jagen

Quallen und dienen Haien als Beute, aber dieses Exemplar ist offenbar daran interessiert, *mich* zu erforschen und hat sich dazu praktisch an meinen Körper geheftet. Ich muss ihm ein paar Tritte verpassen, bis er endlich verschwindet und ich weiter in Richtung der Boje schwimmen kann.

Ich komme ihr definitiv näher, aber das Schwimmen wird immer beschwerlicher. Ich beginne mich zu fragen, ob es das überhaupt wert ist und ob diese Boje überhaupt das geeignete Ziel ist.

Ich bin vielleicht dreißig Meter von ihr entfernt, mehr nicht, aber etwas hat sich verändert. Vielleicht ist die Strömung stärker geworden. Irgendetwas! Die See ist hier rauer. Ich werde von meinem hart erkämpften Kurs abgetrieben, fort von der Boje. Und der Versuch, sie trotzdem zu erreichen, wird zweifellos so viel Energie kosten, dass ich mich völlig verausgaben werde. Die von mir angestrebte Boje markiert das östliche Ende eines Trawls – am Highflyer befindet sich kein Wimpel –, aber die Strömung ist zu stark. Ich beschließe, aufzugeben – eine Stunde harter Arbeit war umsonst. Aber ich muss einen Schlussstrich ziehen und meine verbliebenen Reserven darauf richten, die Boje am westlichen Ende zu erreichen.

Okay. Eine Stunde harter Arbeit hat eine Möglichkeit ausgeschlossen. Zeit, sich neu zu orientieren.

Tatsächlich habe ich etwas Wichtiges gelernt. Ich sehe, wie die Boje von der Strömung nach Westen gedrängt wird. Also treibt die Strömung auch mich nach Westen. Bislang hatte ich nicht einmal daran gedacht, aber jetzt erscheint es mir völlig klar. Wenn ich die Boje am westlichen Ende erreichen will, muss ich in nordöstlicher Richtung schwimmen. Ich muss vor die Boje gelangen, um mich von der Strömung auf sie zutreiben zu lassen.

Eben das habe ich gerade gelernt: Entweder nutze ich die

Strömung, oder sie wird mich daran hindern, mein Ziel zu erreichen.

Ich versuche, mir physisch und psychisch eine Pause zu gönnen, meine Atmung zu beruhigen, den Adrenalinfluss zu verlangsamen. In Kürze werde ich Ausschau nach der westlichen Boje halten und, wenn ich sie sehe, darauf zuschwimmen. Aber nicht geradewegs.

Die selbst verordnete Pause lässt aber auch den Schrecken und den Schmerz erneut in mir aufsteigen. Ich muss sie zurückdrängen, und das gelingt nur, indem ich an etwas völlig Normales, etwas ganz und gar Alltägliches, Unbedeutendes und Belangloses denke. Genau in diesem Moment ist das Alltägliche, Unbedeutende und Belanglose enorm tröstlich, etwas, nach dem ich mich sehne. In meiner Not greife ich nach dem Bild des Staubsaugers auf meiner Veranda, den ich mir von meiner Freundin Pauly geliehen habe. Von welcher Firma war er – Eureka? Hoover? Bissell? War es ein Standstaubsauger? War es ein Dirt Devil? War der Staubsaugerbeutel schon ziemlich voll, als ich das Gerät ausgeliehen habe? Ich muss mich ganz auf diese eine Sache konzentrieren, den Staubsauger. Es ist tröstlich, sich mit einem so alltäglichen Gegenstand zu beschäftigen. Es verringert die Furcht und mildert das Elend, an Staubsauger zu denken, wie sie aussehen und wie sie funktionieren, den Schmutz aufsaugen und mein Apartment blitzsauber halten. Staubsauger sind so normal und so weit weg von all dem hier.

Ich höre ein dumpfes klopfendes Geräusch über mir in weiter Ferne. Ich blicke zum Horizont und sehe einen winzigen Punkt am Himmel. Ein Hubschrauber. Ich bin sicher, dass es ein Hubschrauber ist. Das heißt, Anthony ist wach und hat Alarm geschlagen. Sie suchen nach mir.

Irgendetwas hat sich verändert. Ich glaube, ich fühle mich weniger verlassen. Nicht mehr ganz so allein.

IN DER KOMMANDOZENTRALE

7.28 Uhr

Anthony hatte sich wieder in den Griff bekommen. Der Mann, der Sean Davis gestand, er »drehe durch« und stehe »neben sich«, schien jetzt gefasst und selbstbeherrscht. Vielleicht hatte der ständige Strom von Fragen, die Davis ihm gestellt hatte und die genaue Antworten verlangten, ihn beruhigt. Was auch immer, Sosinski war wieder Kapitän seines Bootes und ganz auf seine gegenwärtige Aufgabe konzentriert: Der US-Küstenwache dabei zu helfen, Johnny zu finden.

Die Situation, wie sie sich Anthony und dem Planungsteam in New Haven um sieben Uhr an diesem Morgen darstellte, war dergestalt, dass Aldridge zuletzt um 21 Uhr am Vorabend gesehen worden war, zu einem Zeitpunkt, an dem die *Anna Mary* etwa fünf Seemeilen südlich von Montauk entfernt war und mit ungefähr sechseinhalb Knoten einen Kurs von 180° fuhr. Für Landratten: Sie fuhr also geradewegs nach Süden mit einer Geschwindigkeit von etwa zwölf Stundenkilometern.

Weil John Anthony um 23.30 Uhr wecken sollte und dies nicht getan hatte, ging man davon aus, dass er vermutlich zwischen 21.00 Uhr und 23.30 Uhr ins Wasser gefallen war, anderenfalls hätte er Anthony schließlich geweckt. Irgendwann innerhalb dieser zweieinhalb Stunden war er über Bord gegangen. Nennen wir das den Ausgangspunkt – die nördlichste Begrenzung des Suchgebiets. Die zweite Markierung, die südlichste Begrenzung, wäre der Punkt, an dem die *Anna Mary* gegen sechs Uhr früh die Maschine gestoppt hatte und umgekehrt war. Geht man von diesen beiden Punkten aus, war Johnny irgendwo zwischen fünf und etwas über sechzig Seemeilen von der Küste entfernt ins Wasser gefallen, eben jene Strecke, die die *Anna Mary* zwischen 21 Uhr am Vorabend und sechs Uhr früh zurückgelegt hatte.

Für eine Suche ist das ein gewaltiges Gebiet – über 780 Quadratmeilen –, mehr als die Hälfte des Gebiets von Rhode Island. Wenn man ein solches Gebiet systematisch durchsuchen möchte, und genau das war die Aufgabe für die an der Suchmission Beteiligten in der Kommandozentrale in New Haven an diesem Morgen, stellen sich zwei grundlegende Fragen: Welche Art von Suchmuster legt man auf das Gebiet an und wie setzt man alle für die Suche zur Verfügung stehenden Mittel – und dazu gehören sowohl die Sucheinheiten mit ihren Einsatzteams und Mitarbeitern wie auch alle übrigen bereitstehenden Ressourcen – am besten ein? Und dann muss das alles natürlich zu einem koordinierten und detaillierten Suchschema zusammengeführt werden, das laufend von SAROPS auf den neusten Stand gebracht und korrigiert wird.

Jonathan Theel, der logistische Koordinator der Mission, war von Anfang an frustriert. Zugegeben, die richtigen Schritte waren eingeleitet worden: Die Dringlichkeitsmeldung war abgesetzt worden und mit der Küstenwache in Montauk und der Flugstation auf Cape Cod war Kontakt aufgenommen worden. Von beiden waren Fahrzeuge unterwegs ins Suchgebiet. Aber ein detailliertes, koordiniertes Suchprogramm lag noch nicht vor, und obwohl, wie Theel selbst sagt, »die Suche ebenso eine Kunst wie eine Wissenschaft ist«, war die langsame Art, in der das SAROP-System anlief, für ihn als verantwortlichen Leiter der Suche ausgesprochen ärgerlich. Dennoch wusste Theel um die Schwierigkeiten einer systematischen Planung, ganz besonders in diesem Fall, in dem es nur eine minimale Gewissheit darüber gab, wo und wann John Aldridge über Bord gegangen war, und sich das Suchgebiet dementsprechend schwer eingrenzen ließ.

Der erste Schritt des Planungsteams war die Bestimmung eines Suchmusters. Die Küstenwache ist bestens geübt darin, aus einer Sammlung von Möglichkeiten für unterschiedlichste Situationen ein geeignetes Verfahren zu entwerfen und anzuwenden: ein paralleles Muster, wenn sich das gesuchte Objekt in einem sehr großen Gebiet befindet, ein Schlangenlinien-Muster, wenn es sich wahrscheinlicher an einem Ende des Gebiets als am anderen befindet, ein Sektoren-Suchmuster, das wie die Speichen eines Rads aussieht, wenn das Zielobjekt schwer zu erkennen ist, eine Schwellensuche bei sehr starker Strömung und jede Menge anderer Vorgehensweisen. Aber wenn man nur sehr wenige Informationen hat und gerade einmal weiß, in welche Richtung das Objekt unterwegs war, als es verlorenging, stellt man ein Strecken-Suchmuster auf, ein sogenanntes *trackline-search-and-return pattern* (TRS), und genau ein solches Muster bereitete die Küchenwache vor.

Zunächst zeichneten sie ein Rechteck entlang der Strecke, die die *Anna Mary* zurückgelegt hatte. In der Mitte der oberen Linie trugen sie den Breiten- und Längengrad der Position ein, an der die *Anna Mary* sich um neun Uhr am Vorabend befunden hatte, und in der Mitte der unteren Linie die Koordinaten für den Punkt, an dem Anthony um sechs Uhr früh das Schiff gewendet hatte. Die Suche würde in beide Richtungen entlang der Linie zwischen diesen beiden Punkten erfolgen.

Um 7.16 Uhr erreichte das 47-Fuß-Rettungsboot, das bereits unterwegs war, die Order, auf einem Kurs von 180°, genau nach Süden, mit der Suche zu beginnen, bis es zwanzig Seemeilen von der Küste entfernt war. Das Rettungsboot würde somit exakt dem Kurs folgen, den die *Anna Mary* bei ihrer Ausfahrt genommen hatte, und die Besatzung würde das Meer nach links und rechts, also nach Osten und Westen, beobachten.

Zur gleichen Zeit fuhr die *Anna Mary* dieselbe Strecke in umgekehrter Richtung ab, wobei Mike Migliaccio oben vom Steuerhaus nach Osten und Westen spähte, während Anthony an der Reling mit dem Funksprechmikrofon in der Hand das Gleiche tat.

Aber wo sollte der MH-60-Helikopter vom Flugstützpunkt Cape Cod mit der Suche beginnen? In der Mitte – genau zwischen dem nach Süden fahrenden Rettungsboot und der nordwärts fahrenden *Anna Mary*? Und was war mit den anderen Fahrzeugen, die sich gerade bereit machten oder schon unterwegs waren, die beiden in der Nähe operierenden Cutter, das zweite Rettungsboot und das Schnelleinsatzboot aus Montauk sowie ein Starrflügelflugzeug? SAROPS arbeitet immer noch an einem genauen Suchprogramm, wie also sollten die Planer in der Zwischenzeit die Fahrzeuge am sinnvollsten einsetzen, um diesen Menschen zu finden? Gibt es irgendeine Möglichkeit herauszufinden, ob er näher zur oberen Grenze des Suchgebiets, der Fünf-Seemeilen-Linie, oder näher zur unteren Grenze, der Sechzig-Seemeilen-Linie, ins Wasser gefallen ist? Und besteht nicht die Gefahr, dass wenn die Fahrzeuge eintreffen und jeder Bereich des Suchgebiets gleichermaßen vorrangig ist, gar nichts mehr vorrangig ist?

Das waren einige der Fragen und Probleme, mit denen Jonathan Theel und die übrigen Männer des Planungsteams an diesem Morgen kämpften, während sie gleichzeitig alles daran setzten, genauere Informationen zu bekommen und den richtigen Plan für die Suche zu entwickeln.

Theel konzentrierte sich auf das Zweieinhalb-Stunden-Zeitfenster zwischen 21.00 Uhr und 23.30 Uhr, dem Zeitpunkt, an dem John zuletzt gesehen worden war, und dem Zeitpunkt, an dem er Anthony hatte wecken sollen. Dieser Zeitraum schien Theel entscheidend, und er beschloss, mit Hilfe von SAROPS eine rasche Wahrscheinlichkeitsberechnung vorzunehmen. Das System errechnete, sechzig Prozent der Fahrzeuge im oberen Bereich einzusetzen, also näher an 21.00 Uhr und der Fünf-Meilen-Linie, und vierzig Prozent im unteren Bereich, näher der Position, an der sich die *Anna Mary* um 23.30 Uhr befunden hatte. Diese Wahrscheinlichkeitsberechnung bildete die Grundlage, auf der im Folgenden das detaillierte Suchprogramm entwickelt wurde.

Um 7.28 Uhr wurde der MH-60-Helikopter angewiesen, auf einer Strecke zwischen fünf und zehn Seemeilen vor der Küste mit der Suche zu beginnen. Vermutlich war er gerade im Einsatzgebiet eingetroffen, als John Aldridge ihn als winzigen Punkt am Horizont entdeckte.

Ähnlich wie der berühmte Black-Hawk-Militärhubschrauber, den man aus dem Kino kennt, ist der MH-60 aus verschiedenen Gründen besonders gut für Such- und Rettungsoperationen geeignet. Zum einen ist er ziemlich geräumig. Der MH-60 bietet Platz für zwei Piloten plus zwei weitere Ausgucker, einer an jeder Seite, sodass mehr Augenpaare das Wasser beobachten – und zwar *ausschließlich* das Wasser. Außerdem ist er laut. Der MH-60 wird von einem Schiffbrüchigen gehört, der auf dem Wasser auf und ab hüpft, und genau das machte John Aldridge an diesem Morgen. Und er kann in geringer Höhe über dem Wasser fliegen, was sowohl den Suchenden als auch den Überlebenden eine bessere Sicht ermöglicht.

Die Besatzung des MH-60 war außerdem angewiesen, am Startpunkt der Suche eine selbstpositionierende Boje abzusetzen, die Daten über die aktuelle Richtung und die Geschwindigkeit der Strömung in diesem Gebiet liefert, zwei bedeutende Faktoren, wenn es darum geht, die Position eines vermissten Objekts zu bestimmen.

Beide Faktoren beschäftigten auch den im Wasser treibenden John Aldridge, der ihren Einfluss auf das Erreichen seines angestrebten Ziels zu berechnen versuchte – vermutlich genau in dem Moment, als er den Punkt am Horizont erblickte, bei dem es sich zweifellos um den MH-60 handelte.

Der Helikopter war nicht allein in der Luft. Die Flugstation Cape Cod hatte auch ein Flugzeug entsandt, die HC-144 Ocean Sentry. Es ist ein auf Mittelstrecken ausgelegtes Aufklärungsflugzeug, das auch ein größeres Gebiet absuchen kann, und es ist mit den neuesten Beobachtungs- und Kommunikationstechnologien ausgerüstet. Der Nachteil ist, dass man aus den Fenstern der Maschine kaum etwas sieht, wenn das Heck höher liegt als der Bug; nur wenn das Heck abgesenkt wird, hat man ungehinderte Sicht. Aber mit der HC-144 und dem mit vier Augenpaaren bestückten MH-60-Helikopter waren John Aldridges Chancen, entdeckt zu werden, deutlich gestiegen[5].

---

5 Um 10.08 Uhr erhielt der pensionierte Oberstleutnant George Drago, aktives Mitglied der Reserve der US-Küstenwache, am Steuer seiner Privatmaschine von der Küstenwache die Erlaubnis, sich an der Suche zu beteiligen, wenn auch in einer anderen Höhe als die HC-144 und der MH-60. Drago war von den Fischereikapitänen Chuck Weimer und Bill Grimm alarmiert worden, die ihn auf dem Flug begleiteten. Die Maschine musste allerdings aufgrund eines technischen Defekts umkehren, bevor sie das Suchgebiet erreichte.

Insgesamt hatten um 8.30 Uhr an diesem Morgen zwei Flugzeuge, ein siebenundvierzig Fuß langes Rettungsboot und ein kleineres Schnelleinsatzboot nach dem in New Haven errechneten Muster die Suche nach John Aldridge aufgenommen, und die beiden Cutter, die *Tiger Shark* und die *Sailfish*, waren unterwegs ins Suchgebiet.

Zur gleichen Zeit hatte Mark Averill, ein Veteran der Küstenwache, der inzwischen als Zivilist Dienst tat und an diesem Tag der befehlshabende Offizier war, beschlossen, dem technikkundigen Jason Rodocker die Bedienung des SAROP-Systems anzuvertrauen und den dadurch frei werdenden Pete Winters, ebenfalls ein Zivilist, für den Funkverkehr mit Sosinski sowie den Besatzungen anderer Fischereiboote, deren Funksprüche nun eingingen, abzustellen.

Der Einsatz pensionierter Veteranen in ziviler Funktion ist einer der klügsten Züge der Küstenwache. Die Zivilisten dürfen bis zu achtzig Stunden innerhalb von vierzehn Tagen arbeiten, werden nachgeschult, um neue Fähigkeiten zu erwerben oder vorhandene aufzufrischen, und bringen für ihren Einsatz sowohl Erfahrung als auch eine gewisse Reife mit. Außerdem »sorgen sie für Kontinuität«, wie Mark Averill sagt, indem sie den unmittelbaren Anforderungen eines Tages wie dem 24. Juli 2013 mit einer Art institutionellem Gedächtnis begegnen – einem ebenso tiefen wie intuitiven Wissen darüber, wie der Rettungsdienst arbeitet und was er leisten kann. Averills Umbesetzung von Rodocker und Winters zeigt exemplarisch den besonderen Wert ziviler Mitarbeiter: Rodocker, der mit Computern und dem Internet aufgewachsen war, verstand sich problemlos auf die Handhabung der vielfältigen Möglichkeiten des SAROP-Systems. Er hatte seine Fertigkeiten während seiner Zeit in Baltimore perfektioniert, wo durch das dichte Netz an Flüssen und Wasserläufen »komplexe Suchgebiete«

entstehen und er jede Menge Erfahrungen mit »komplexen Suchszenarien« sammeln konnte, eine Sache, wie er sagt, »von der ich wirklich etwas verstehe«. Winters war anerkanntermaßen weniger mit den Feinheiten von SAROPS vertraut, aber er ist Berufsfischer und ein Veteran der Küstenwache, ein Mann, der die Fischgründe vor der Küste Montauks bestens kennt, sodass er vielleicht mehr von Anthony erfahren und auf ihn einwirken könnte, weil beide die Sprache der Fischer sprechen. Eine Überlegung, die sich als goldrichtig erweisen sollte.

Anthony hatte seinen Posten nicht verlassen. Er fungierte weiterhin sowohl als Quelle für Informationen aus erster Hand als auch als unermüdlicher Fürsprecher, die Küstenwache zum Einsatz jedes zur Verfügung stehenden Fahrzeugs zu drängen sowie sämtliche Schiffe, Fischerboote, Yachten oder Jollen, die er über Funk erreichen konnte, um Hilfe zu bitten. Während er alles das tat, suchte er gleichzeitig angestrengt das Meer ab, schwankend an die Reling der *Anna Mary* gelehnt, mit freiem Oberkörper und barfuß, am ganzen Leib schwitzend, selbst an den Füßen, wie er sich erinnert, und durch ein langes Kabel mit dem Funkgerät verbunden.

Außerdem war er tief verstört und todtraurig. Sein Co-Kapitän, sein Geschäftspartner, sein Freund seit dem Alter von sieben Jahren, sein Bruder von einer anderen Mutter war irgendwo da draußen auf dem Ozean, allein. Den Gedanken daran, ob Johnny tot oder lebendig war, ließ er nicht zu.

Stattdessen arbeitete sein Hirn fieberhaft. Jede Beobachtung, jeder Funkkontakt mit einem der Fischer, die sich immer zahlreicher an der Suche nach Johnny beteiligten, wurde zu einem möglichen Hinweis, einer weiteren Information für das Planungsteam der Küstenwache, einem Baustein zum Erfolg der Mission. Der Kapitän eines Muschelkutters aus New Bedford, Massachusetts meldete, er »glaube«, die *Anna Mary* sei gegen zwei Uhr früh um das Heck seines Schiffes herumgefahren, bei zweiunddreißig Faden Wassertiefe – also knapp 60 Meter – auf der Loran-Positionslinie 43 640. Wenn das stimmte und es tatsächlich die *Anna Mary* und nicht eines der zahlreichen anderen Fischerboote gewesen war, die zu dieser Zeit in dem Gebiet unterwegs waren, könnte es bedeuten, dass Johnny noch deutlich nach 21.00 Uhr und viel weiter von der Küste entfernt an Bord gewesen war als ursprünglich angenommen. Selbst wenn der Autopilot eingeschaltet ist, muss in der Regel jemand am Steuer sein, wenn ein plötzlich auf der Route auftauchendes Hindernis umfahren werden soll. Anthony leitete die Nachricht ordnungsgemäß an die Küstenwache weiter. Außerdem bemerkte er, dass Johnnys Ölzeug noch an Bord war, die wasserdichte Arbeitskleidung der Fischer. Das hieß, dass Johnny nicht mit Ködern hantiert hatte, weil er dazu das Ölzeug getragen hätte. Auch dies meldete er der Küstenwache. Und er entdeckte noch andere Dinge, etwa das Fläschchen mit Augentropfen zur Behandlung von Johnnys Glaukom, bei dessen Anblick ihn ein stechender Schmerz durchfuhr. Einmal schrie er sogar Johnnys Führerschein an, der auf der Ablage im Steuerhaus lag. »Wo zum Teufel steckst du?«, brüllte er das Foto an.

Positiv hingegen war, dass er sich auf Anhieb mit Pete Winters von der Küstenwache verstand, vor allem deshalb, weil Winters Loran beherrschte, das alte, im Zweiten Weltkrieg entwickelte Langwellennavigationsverfahren, das auf der Messung von Funkimpulsen basiert, die von zwei weit voneinander entfernten Sendern ausgestrahlt werden. Aus der zeitlichen Differenz, mit der die Signale beim Empfänger eintreffen – gemessen in Mikrosekunden –, lässt sich dessen genaue Position bestimmen. Obwohl Loran im militärischen Bereich durch das sehr viel genauere GPS, die satellitengestützte Navigation, ersetzt wurde, ist es innerhalb der Gemeinschaft der Berufsfischer immer noch eine feste Größe – »kein perfektes System«, wie Anthony zugibt, aber ein System, nach dem die Fischer ihre Fahrrouten und die Positionen ihrer Netze und Fallen bestimmen und das deshalb in dieser Gemeinschaft immer noch weit verbreitet ist. Es bedeutete viel, dass er und Winters das Loran-Vokabular teilten, und es bedeutete noch mehr, dass Winters die Gewässer kannte, in denen Anthony und Johnny fischten. Anthony konnte mit der Küstenwache in seiner Sprache kommunizieren und wusste, dass er verstanden wurde.

Wenn Anthony an diesem Morgen ein vorrangiges Ziel verfolgte, dann das, das Suchgebiet zu verkleinern, in dem er und die Küstenwache nach Johnny suchten. Informationen strömten mit etwa der gleichen Geschwindigkeit in sein Hirn, wie sie in die Computer der Küstenwache eingespeist wurden, und diese Informationen wurden mit Hilfe von Anthonys großer Erfahrung und seiner intuitiven Kenntnis des Meeres, der Fischer und Johnnys abgewogen und bewertet. Einige Beobachtungen schienen bedeutsam zu sein – die Geschwindigkeit und die Richtung der Dünung beispielsweise, die davon abhängen, an welcher Stelle des Ozeans man sich gerade befindet. Dort, wo Anthony sich gerade befand, herrschte eine nordwestliche Strömung, während die Küstenwache, die ihre Markierungsbojen näher zur Küste abgesetzt hatte, in ihren Berechnungen von einer nordöstlichen Strömung ausging.

Andere Fakten oder Annahmen mussten verworfen werden, allerdings erst, nachdem er sie gründlich geprüft hatte. Pete Spong meldete den Fund einiger Gegenstände, die er in der Nähe seiner Körbe aus dem Wasser gefischt hatte – einen Plastikkorb mit orangem Geflecht, einen blauen Gummihandschuh, wie Hummerfischer sie verwenden, um ihren Fang aus den Körben zu holen, und einen Pappkarton. Wenn sie von der *Anna Mary* stammten, ließe sich damit vielleicht der Ort näher bestimmen, an dem Johnny über Bord gegangen war. Und tatsächlich! Johnny und Anthony benutzten solche Plastikkörbe, um damit Eis an Bord zu holen – vielleicht hatte Johnny einen ins Wasser gelassen, um irgendetwas heraufzuholen, war gestolpert und ins Wasser gefallen. Aber ohne die genaue Zahl der Körbe an Bord zu kennen, konnte Anthony nicht sagen, ob er zu ihnen gehörte, sodass sich damit nicht viel anfangen ließ. Der blaue Handschuh stammte von einem anderen Hersteller als die, die auf der *Anna Mary* benutzt wurden, und die Pappkartons, in denen sie ihre Köder transportierten, waren ebenfalls andere. Also beides Fehlanzeige.

Dennoch fügte Anthony weiter Teile zusammen, als arbeite er an einem Puzzle, betrachtete jede einzelne Information unter dem Brennglas seines Wissens und seiner Erfahrung und verwarf alles, was nicht passte. Und dann, kurz vor 8.30 Uhr, hatte er plötzlich die Antwort.

Der Schlüssel dazu lag in einer Bemerkung von Pete Spong. Pete hatte ihm erzählt, dass er in der Nacht zuvor gegen vier Uhr früh auf seinem Boot, der *Brooke C*, wach geworden war, sich einen Kaffee gemacht hatte und eindeutig die Lichter der *Anna Mary* in der Ferne vorbeiziehen gesehen habe – die Lichter eines Bootes können bei Nacht ein unverwechselbares Erkennungszeichen sein – und gegen 4.30 Uhr versucht habe, über Funk ein wenig zu plaudern. Pete erinnert sich, dass er leicht irritiert war, die *Anna Mary* um diese Zeit vorbeifahren zu sehen, aber weil ein böiger Wind ging, sei er davon ausgegangen, Anthony und Johnny würden bis zum Morgen mit dem Einholen der Körbe warten. Auf seinen Funkruf habe niemand geantwortet.

Das verriet Anthony, dass Johnny um 4.30 Uhr definitiv nicht im Steuerhaus gewesen sein konnte, denn dann hätte er Pete ganz bestimmt geantwortet.

Da die *Brooke* C sich nach Spongs Auskunft um 4.30 Uhr auf der Loran-Positionslinie 43 565 befunden hatte und Johnny auf den Funkruf nicht reagiert hatte, machte es keinen Sinn, südlich von dieser Linie zu suchen. Mit anderen Worten, die untere Linie des Suchgebiets befand sich nach der ursprünglichen Berechnung viel zu weit südlich. Sie war nach dem Zeitpunkt von Anthonys erstem Funkspruch berechnet worden, als er sich völlig benommen bei der Küstenwache gemeldet hatte – auf der Positionslinie 420, die zur südlichsten Grenze des Suchgebiets erklärt worden war.

Wenig später fiel Anthony ebenfalls ein, dass Johnny selbstverständlich die *Anna Mary* gestoppt hätte, sobald sie ihren ersten Trawl erreicht hatten, der etwa auf der Positionslinie 515 lag. Und er hätte Anthony und Mike geweckt, damit sie mit dem Einholen der Körbe beginnen konnten. Doch diesmal war es anders gekommen, was nur heißen konnte, dass Johnny bei Positionslinie 515 nicht mehr an Bord war. Und durch Pete wusste man auch, dass Johnny auf der Positionslinie 565 nicht mehr ans Funkgerät gegangen war, was letztlich bedeutete, dass man den äußersten Punkt des Suchgebiets um weitere fünfzig Mikrosekunden verkleinern konnte.

Die Geschwindigkeit der *Anna Mary* war ein weiterer bestätigender Faktor in der Gleichung, denn mit etwas über sechs Knoten pro Stunde hätte das Schiff für die mit fünfzig Mikrosekunden berechnete Strecke eine gute Stunde gebraucht.

Rechnete man alles zusammen: Petes Funkspruch um 4.30 Uhr, die Position der *Brooke* C zu diesem Zeitpunkt, Petes Verwunderung darüber, dass die *Anna Mary* um diese Zeit an ihm vorbeifuhr, und die Überlegung, dass sie dann noch eine ganze weitere Stunde gefahren war, so ließ das nur den einen Schluss zu, dass Johnny mit hoher Wahrscheinlichkeit nördlich der Positionslinie 565 über Bord gegangen war.

Damit verkürzte sich die untere Grenze des Suchgebiets um fünf Meilen. Das klingt nach nicht viel, aber wenn man ein Gebiet absucht, das ungefähr fünfundzwanzig Mal so groß ist wie Manhattan Island, zählt jede Mikrosekunde.

Indem Anthony weitere Puzzleteile zusammensetzte, gewann er im Kopf ein noch schärferes Bild dessen, was vorgefallen war. Er erinnerte sich an die ersten schrecklichen Sekunden, als er und Mike Migliaccio an Deck gestürmt waren und ihnen klar wurde, dass Johnny nicht an Bord war. Dabei war Anthony aufgefallen, dass beide Pumpen liefen, sowohl die für das Abpumpen als auch die für das Auffüllen der Tanks, und dass der Abfluss des Tanks an der Steuerbordseite mit einer Kappe verschlossen war, während die Kappe auf dem Tank an der Backbordseite fehlte, was bedeutete, dass dieser Tank gerade abgepumpt wurde. Außerdem standen die Kühlboxen nicht an ihrem eigentlichen Platz, und an einer der Boxen war der Griff abgebrochen. Sein erster Gedanke war, dass Johnny beschlossen hatte, die Tanks etwas früher zu füllen, um dem Schiff mehr Tiefgang zu geben. In dieser Nacht ging eine leichte Dünung, eine Folge des böigen Winds, von dem Pete Spong gesprochen hatte. Mit gefüllten Tanks lag die *Anna Mary* tiefer im Wasser und hatte eine ruhigere Fahrt.

Was aber, wenn Johnny aus einem anderen Grund aufgeblieben war? Anthony dachte dabei an eine Abmachung, die sie tags zuvor vereinbart hatten. Diese Abmachung beruhte auf der Überlegung, dass ihr neu eingebautes Kühlsystem das frisch eingeleitete Wasser pro Stunde um etwa zweieinhalb Grad abkühlte. Die günstigste Zeit, die Tanks zu füllen und das Kühlsystem einzuschalten, war demnach zwei Stunden, bevor sie ihre Körbe auf der Positionslinie 515 erreichten – also etwa zwischen 3.00 Uhr und 3.30 Uhr. Zu diesem Zeitpunkt erreicht die *Anna*

Mary üblicherweise die Vierzig-Faden-Linie, die Stelle, an der der Ozean 240 Fuß tief ist, auf der Positionslinie 600. Sie würden also erst nach Erreichen dieser Linie mit dem Auffüllen der Tanks beginnen, um das Kühlsystem optimal zu nutzen. Anthony spekulierte nun, dass Johnny damit begonnen hatte, die Tanks zu füllen, und dann mitten in der Arbeit unterbrochen worden war. Er hatte sogar eine genaue Vorstellung – und lag damit absolut richtig –, was diese Unterbrechung verursacht hatte. Er ging hinaus auf Deck, sah sich die beiden Kühlboxen an und bemerkte, dass bei der unteren der Griff abgebrochen war. Die Erkenntnis traf ihn wie ein elektrischer Schlag.

Sofort nahm Anthony Kontakt mit Pete Winters im Kommandozentrum der Küstenwache auf und erzählte ihm, wovon er nun überzeugt war. »Ich bin mir inzwischen sicher«, sagte er zu Winters, »dass John in der Nähe der Positionslinie 43 600 über Bord gegangen ist.« Winters begriff sofort, dass dieser Punkt deutlich weiter südlich lag als ursprünglich angenommen, aber dass sich dadurch gleichzeitig die Größe des Suchgebiets erheblich verkleinerte.

»Sieht ganz danach aus, als habe er eine Kühlbox verrücken wollen«, erklärte Anthony der Küstenwache, »und dabei ist der Griff abgebrochen und er ist rückwärts über Bord gegangen. So stellt sich die Lage im Moment dar.«

»Roger. Interessante Geschichte, Captain«, kam die Antwort aus New Haven.

Anthony hatte es geschafft. Johnny war nicht vor 23.30 Uhr ins Wasser gefallen, sondern einige Stunden später, vermutlich in den frühen Morgenstunden, oberhalb einer Wassertiefe von vierzig Faden und auf einer Loran-Positionslinie jenseits der sechshundert.

In der Kommandozentrale in New Haven ordnete Jonathan Theel, unterstützt von Pete Winters' exzellenter Beherrschung der »Seemannssprache«, umgehend die Berechnung eines neuen Suchmusters durch SAROPS an, indem die ursprüngliche Nord-Süd-Verteilung von 60 zu 40 genau umgekehrt wurde, sodass sich die Suche jetzt verstärkt auf das südliche Ende des neu berechneten Suchgebiets konzentrierte.

In der Zwischenzeit hatte SAROPS eine sogenannte Überlebenssimulation durchgeführt, ein entscheidendes Element bei der Planung, weil es den Männern in der Kommandozentrale Auskunft darüber gibt, wie viel Zeit ihnen für ihre Mission zur Verfügung steht. Kleidung kann für die Überlebensfähigkeit eine große Rolle spielen. Genau deshalb hatte Sean Davis von Anthony wissen wollen, welche Kleidung Johnny zum Zeitpunkt des Unglücks getragen hatte, eine Frage, die Anthony nicht hatte beantworten können.

Die Simulation spuckt zwei Modelle aus: die Funktionszeit und die Überlebenszeit. Die Funktionszeit bestimmt das Zeitmaß, in dem eine im Meer treibende Person ihre Hauptmuskeln benutzen, das heißt schwimmen kann. Die Überlebenszeit bezeichnet, wie lange sie ihren Kopf über Wasser halten kann. Für den körperlich fitten, einen Meter fünfundsiebzig großen und hundertfünfzig Pfund schweren John Aldridge errechnete SAROPS ein Best-Case-Szenario von neunzehn Stunden, die er sich vermutlich über Wasser halten konnte, bevor er durch Unterkühlung und/oder Erschöpfung würde aufgeben müssen. Das Funktionsmodell, das die Fähigkeit berechnete, seine Arm- und Beinmuskulatur zu gebrauchen, kam auf einen deutlich geringeren Wert; allerdings war es auch ungleich schwieriger, diesen Wert zu berechnen, ohne genauere Daten über Johnny Aldridges körperliche Verfassung zum Zeitpunkt des Unglücks zu besitzen. Allerdings schätzte man seine Funktionszeit auf nicht mehr als fünf oder sechs Stunden. Die Planer der Küstenwache wissen aber auch, dass der Überlebenswille eines Individuums die Simulationsberechnungen, die allenfalls einen groben Planungsrahmen darstellen, in erheblichem Maße beeinflussen kann. Das Problem ist, dass bisher noch niemand einen Algorithmus entwickelt hat, mit dem sich entweder der Überlebenswille berechnen oder vorhersagen ließe, woran er sich zeigen wird.

Bei John Aldridge zeigte sich der Überlebenswille in diesem Moment in der festen Entschlossenheit, durch die Wellen zur westlichen Markierungsboje am Ende von Pete Spongs Trawl zu gelangen.

Jonathan Theel allerdings konnte davon nichts wissen, als er sich der nächsten Aufgabe auf seiner Liste als Koordinator der Mission zuwandte: der sehr schweren Aufgabe, Aldridges Familie darüber zu informieren, dass John vermisst wurde.

»ES IST ETWAS SCHLIMMES PASSIERT«

9.15 Uhr

John Aldridge II arbeitete wie so oft an diesem Morgen in der Garage. Er hat dort eine kleine Werkstatt eingerichtet, in der er die Werkzeuge repariert, die sein Sohn Anthony für sein Gartenbauunternehmen braucht. Aldridge ist ein unverbesserlicher Frickler. Seine Tochter Cathy beklagt sich liebevoll, dass »bei ihm nichts weggeschmissen wird – alles lässt sich noch reparieren.«

Das Klingeln des Telefons störte ihn kaum in seiner Arbeit. Seiner Gewohnheit entsprechend, sah er nach der Nummer des Anrufers, und da er sie nicht kannte, setzte er seine Arbeit fort und überließ alles andere dem Anrufbeantworter. Fünfzehn Minuten später, nachdem er alles erledigt hatte, hörte er die Nachricht ab und notierte sich die Nummer für den Rückruf.

Es handelte sich um Commander Soundso von der Küstenwache. Aldridge hat ein eigenes Boot, das bei der Küstenwache registriert ist, und nahm an, dass er irgendwelchen Papierkram zur Verlängerung seiner Registrierung nicht richtig ausgefüllt hatte. Als er die Nummer anrief, wurde ihm gesagt, der Commander wünsche ihn zu sprechen und er solle einen Moment in der Leitung bleiben. Er wartete einige Minuten, in denen er sämtliche Formulare im Kopf durchging und herauszubekommen versuchte, wo er vielleicht einen Fehler gemacht hatte – einen anderen Grund für den Anruf konnte es nicht geben –, und dann hatte er Jonathan Theel am Apparat.

Theel hatte einige Erfahrung mit Anrufen dieser Art. Er schätzt, dass er im Laufe eines Jahres ein halbes bis ein Dutzend Mal bei Familien anrufen und ihnen Dinge sagen muss, die sie nicht hören wollen – »leider«, wie er sagt, »viel zu oft«. Er bereitet sich darauf vor, indem er möglichst viel über die anzurufende Person herauszufinden versucht und gleichzeitig alle zur Verfügung stehenden Informationen über die Person zusammenträgt, die Gegenstand seines Anrufs ist. In diesem Fall waren die ihm zur Verfügung stehenden Informationen über den vermissten John Aldridge minimal. Außerdem geht Theel im Kopf durch, wie er sich am Telefon melden wird – indem er sich vorstellt, erklärt, wer er ist, die Situation schildert und beschreibt, welche Maßnahmen die Küstenwache eingeleitet hat. Es ist niemals leicht.

»Ich habe eine schlechte Nachricht für Sie«, sagte Theel, nachdem er sich vorgestellt hatte, und Aldridge spürte, wie ihm die Knie weich wurden. »Ihr Sohn John wird auf See vermisst.«

Das erste Bild, das in Aldridges Geist aufblitzte, war das seines Sohnes unter Wasser, eingeklemmt in der Schiffsschraube. »Wie ist es passiert?«, fragte er Theel. »Hat er sich in einer Leine verfangen?«

»Wir wissen es nicht«, antwortete der Kommandant. »Wir wissen bloß, dass er nicht mehr auf dem Boot ist. Er muss irgendwann vor Sonnenaufgang über Bord gegangen sein, aber wir wissen nicht, wann genau. Wir können nicht sagen, wie lange er schon vermisst wird.« Er fügte hinzu, dass Rettungsfahrzeuge der Küstenwache nach John suchten, ein Rettungsboot sei von Montauk aus aufgebrochen, und ein Flugzeug sei von Cape Cod aus unterwegs.

Theel fragte, ob Aldridge seine Frau auf einem Nebenapparat am Gespräch teilnehmen lassen wolle, aber er lehnte ab. Stattdessen ging er mit dem Telefon in der Hand die Stufen ins Haus hinauf. Er wollte es ihr selbst sagen, aber Theel sollte auch dabei sein.

Addie war in der Küche.

»Es ist etwas Schlimmes passiert«, sagte John.

Ihre Hand fuhr automatisch zum Mund. Sie dachte, *Er war unten in der Garage und hat sich mit einem seiner Werkzeuge verletzt.*

»Was denn?«, fragte sie. »Was?«

»Die Küstenwache ruft wegen Johnny an«, sagte John, und Addie begann zusammenzusinken. John erzählte ihr, was er wusste, wiederholte die Informationen, die Theel ihm noch einmal am Telefon sagte, und riss sich dann soweit zusammen, um sich bei Theel zu bedanken und ihn zu bitten, »uns weiter auf dem Laufenden zu halten«. Dann rief er seine Kinder an.

Cathy Patterson war an diesem Morgen zu Hause mit ihrem Mann Tommy, der als Deputy Sheriff in Suffolk County in der Nachtschicht gearbeitet hatte, und ihrem vierjährigen Sohn Jake. Alle drei befanden sich im ersten Stock ihres im Kolonialstil erbauten Hauses. Es war ein früher Sommermorgen und Tommy und Jake befanden sich in Jakes Zimmer, Jake noch im Schlafanzug, und sahen vom Bett aus einen Zeichentrickfilm im Fernsehen. Cathy hörte die beiden lachen, als sie das Wasser abdrehte und aus der Dusche trat. Sie zog sich ein T-Shirt und Shorts an und wollte gerade ihr hellblondes Haar föhnen, als das Telefon klingelte. Sie hörte sofort an der Stimme ihres Vaters, dass etwas nicht stimmte. Er klang mitgenommen und verstört.

»Die Küstenwache hat gerade angerufen und mitgeteilt, dass

Johnny vermisst wird«, sagte John Aldridge zu seiner Tochter. Der Schlag ließ sie beinahe zu Boden gehen.

»Vermisst? Er wird vermisst?«

In seinem Zimmer eine Tür weiter den Flur entlang hörte Jake das Ende des Gesprächs mit. Er wusste, welchen Beruf sein Onkel ausübte, und spürte, dass etwas Ernstes vorgefallen war. Was nicht weiter verwunderte: Johnny und Jake waren die beiden Mitglieder eines gegenseitigen Fanclubs und sie verband ein besonderes Verwandtschaftsverhältnis.

»Ist Onkel Johnny ins Wasser gefallen?«, fragte Jake seine Mutter. Tommy stand hinter ihm, eine Hand auf der Schulter seines Sohnes. Auch er war wie betäubt.

Cathy nickte bloß. Zu mehr war sie nicht in der Lage.

»Sind da Haie im Wasser?«

Sie nickte erneut.

»Wird die Küstenwache ihn retten?«

»Ja«, sagte Cathy. »Und ich fahre nach Montauk und hole ihn.«

Doch vorher musste sie bei ihren Eltern vorbeischauen. Ihr Haus, wo sie und Johnny und ihr kleinerer Bruder Anthony aufgewachsen waren, war zwei Autominuten von ihrem Haus entfernt. Menschen aus Oakdale neigen dazu, sich nicht allzu weit vom Elternhaus niederzulassen. Ihre Mutter saß weinend auf einem Stuhl, und ihr Vater schritt im Zimmer auf und ab. Sie vermutete, dass er seinen Sohn bereits tot und unter der Erde sah.

Ihr Bruder Anthony und seine Frau Jillian erschienen wenig später. Anthony war mit dem Firmen-Lkw unterwegs gewesen, als ihn sein Vater anrief und seinem jüngsten Sohn auf die gleiche Art die Nachricht mitteilte, wie er es bei seiner Frau gemacht hatte. »Wir haben ein Problem«, sagte er zu Anthony. »Dein Bruder wird vermisst, und es sieht nicht gut aus.« Anthony, obwohl das Nesthäkchen der Familie, ist ein großer, kräftiger Mann, der aber eine dünne Schale besitzt. Bei den Worten seines Vaters brach er zusammen. Wie sein Vater empfand er eine entsetzliche Leere. Wie oft hatte er mit seinem Bruder gefischt; er wusste, wie schnell so etwas passieren konnte. Er spürte sofort, dass Johnny fort war und sah diesen Verlust sein ganzes weiteres Leben überschatten. Zu mitgenommen, um selber zu fahren, bat er einen seiner Mitarbeiter, ihn nach Hause zu bringen.

Nur Cathy schien der Situation gewachsen zu sein. »Ich schalte einfach auf Autopilot«, sagt sie von sich selbst. Sie erinnerte sich daran, dass ihre Schwägerin Jillian nicht nur von Natur aus sanft und fürsorglich, sondern auch von Beruf Krankenschwester war und mit ihrem professionellen Wissen dazu beitragen konnte, eine angespannte Situation zu stabilisieren. *Gott sei Dank*, dachte Cathy. Sie fragte ihren Vater, was genau der Commander der Küstenwache gesagt hatte. Nur, dass es einen Notruf von Anthony Sosinski gegeben hatte, dass er aufgewacht sei und Johnny verschwunden war. Im Augenblick brauchte man nicht mehr zu wissen.

»Ich muss zur Station der Küstenwache in Montauk«, sagte Cathy. Es wurde beschlossen, dass Jillian sie begleiten würde. Das Verhältnis der Schwägerinnen untereinander ist sehr innig, genau wie das zwischen Jillian und ihrem Schwager. Johnny ist der große Bruder, den sie nie hatte, so wie sie Cathys Schwester ist, die sie nie hatte, und Jillian ist sich auch der besonderen Rolle bewusst, die Johnny im Leben ihres Mannes spielt. Der Gedanke daran, wie er vergeblich im Wasser strampelte, wenn er denn noch lebte, war schmerzhaft. Sie wusste auch, dass Cathy, so zäh sie auch war, die auf sie zukommenden Ereignisse nicht allein durchstehen sollte.

Anthony würde bei den Eltern im Haus bleiben und versuchen, dort die Dinge zusammenzuhalten. Die beiden Frauen würden sich einfach in der Küstenwache niederlassen und so lange bleiben, bis Johnny gefunden war, wobei niemand laut sagen wollte, ob tot oder lebendig.

»Bring mir meinen Sohn zurück«, sagte ihre Mutter zu Cathy, als sie aus dem Haus ging. »Bitte, Cathy. Bring meinen Johnny nach Hause.«

»Ganz bestimmt«, versprach sie.

Mit einem Deputy Sheriff verheiratet zu sein, hat gewisse Vorteile. Einer davon ist, dass das Sheriff's Department eine eigene Marineabteilung unterhält, wo man sich gerade bereit machte, die Mission zur Rettung des vermissten Hummerfischers Johnny Aldridge mit allen zur Verfügung stehenden Mitteln zu unterstützen. Cathy und Jillian bekamen eine Polizeieskorte für die gut hundertzwanzig Kilometer lange Fahrt, die normalerweise mindestens anderthalb Stunden dauert, bei starkem Verkehr sogar zwei, und die sie in fünfzig Minuten schafften. Während der Fahrt beobachtete Cathy, wie auf ihrem Mobiltelefon SMS und Anrufe eingingen. Die Nachricht sprach sich herum.

Das war auch gar nicht anders denkbar. Der VHF Channel 16 ist der Standardkanal für die Schifffahrt, der von allen Schiffen mit Sprechfunk sowie von Funktürmen überall entlang der Küste empfangen wird. Jeder, der vor einem Empfangsgerät saß, wusste, was los war. Polizeifunk-Enthusiasten, Amateurfunker und jeder mit einer entsprechenden Computer-Software konnte hören, was passierte, und die Neuigkeiten weiterleiten.

Tony Vincente hörte die Nachricht weder am Computer noch über Funk, sondern durch einen Anruf von Johnnys Bruder Anthony, und er war der Erste außerhalb der Familie, der davon erfuhr. Das ist vermutlich nicht überraschend: Vincente ist seit langer Zeit ein enger Freund der ganzen Familie. Addie Aldridge hat auf Vincentes Töchter aufgepasst, und Johnny, zehn Jahre jünger als Tony, hat für Vincentes Baufirma als Schreiner und Polier gearbeitet. Der Anruf erreichte Vincente auf einer Baustelle, wo er, wie allgemein bekannt ist, nicht gerne von privaten Anrufen gestört wird. Nach diesem Anruf fuhr er in sein Büro und versuchte, seine Fassung wiederzugewinnen.

Wenig später erschien Lucy Catalano. Sie ist eine gute Freundin von Johnny – die beiden sind als Nachbarn in Oakdale aufgewachsen – und hatte noch am Vorabend um neun Uhr mit ihm telefoniert und ihm mitgeteilt, dass Freunde aus Italien auf Hochzeitsreise bei ihr zu Besuch seien und sich freuen würden, ihn kennenzulernen. »Wir legen gerade ab«, hatte Johnny ihr von Bord der *Anna Mary* erklärt. »Übermorgen früh bin ich zurück, dann sehen wir uns.« An diesem Morgen fuhr Lucy mit ihren Gästen zum Strand des Robert Moses State Park. Sie stellte gerade die Liegestühle auf, als ihr Telefon klingelte. Es war ein anderer Freund, der von Tony gehört hatte, Johnny werde vermisst. Die Nachricht war ebenso unfassbar wie niederschmetternd. Irgendwie wurden die Stühle wieder eingeklappt. Lucy und die italienischen Flitterwöchner stiegen wieder ins Auto. Sie fuhr durch Oakdale, und als sie an Vincentes Büro vorbeikam, hielt sie an, schaltete den Motor aus und bat das Paar, einen Moment zu warten. Tony war für sie ein Bindeglied zu Johnny, und sie hatte das Bedürfnis, ihn zu sehen.

Als Lucy eintrat, sah sie Tony schluchzend an seinem Schreibtisch sitzen. Sie ging zu ihm, nahm ihn in den Arm, und beide ließen ihren Tränen freien Lauf. Dann sah er zu Lucy auf und sagte: »Du weißt, dass unser Freund kein guter Schwimmer ist.«

Lucy hielt es nicht länger aus. »Ich muss gehen«, sagte sie. Sie brachte ihre Gäste nach Hause, ging in den Friseursalon, den sie in ihrem Hause betreibt, und machte sich an die Arbeit.

Es war das Einzige, was sie mit sich anzustellen wusste. Zum Glück hatte sie an diesem Morgen einen vollen Terminkalender, obwohl die Hälfte der Kunden, die meisten davon Johnnys Freunde, telefonisch abgesagt hatten.

In der Zwischenzeit hatte Tony Vincente sich wieder gefangen und fuhr zum Haus der Aldridges.

Genau wie Steve D'Amico, der ebenfalls einen Anruf von Anthony erhalten hatte. D'Amico war gegenüber von den Aldridges aufgewachsen – John und Addie Aldridge waren »ein zweites Paar Eltern« für ihn. Er musste bei ihnen sein.

Andere Leute trafen ein. Die ganze Straße entlang parkten Wagen, während Nachbarn und Freunde zuerst vereinzelt, dann in Scharen einfielen, bis zuletzt »halb Oakdale«, wie Cathy Patterson später sagte, im Haus am Ende der Yale Avenue versammelt war.

Die andere Hälfte war, genau wie Cathy, unterwegs nach Montauk.

»JOHNNY LOAD WIRD VERMISST«

6.45 Uhr

Die meiste Zeit des Jahres über verwaist, verwandelt sich Montauk von Juni bis September in die Partymeile der USA. Man muss sich nur die Scharen von Menschen anschauen, die an einem Freitagabend im Sommer aus den Zügen steigen – die Einheimischen sprechen herzlos von »Viehwaggons« – oder sich aus den Billigbussen von Manhattan oder Brooklyn ergießen. Sie alle sind in einen Ort gekommen, der »vom ehemaligen Fischerdorf zu einen Sommerzirkus«[6] geworden ist, wie es eine Reporterin im Fashion & Style-Teil der *New York Times* beschrieben hat. Sehen wir einmal über das »ehemalig« hinweg – ein Zirkus ist es allemal. Chic, glamourös, teuer, verführerisch und auf vielfältige Weise heiß: das ist Montauk im Sommer, und müsste man Zeit und Ort mit nur einem einzigen Wort beschreiben, wäre *überfüllt* unbestreitbar das treffendste.

Keiner weiß exakt die Zahl; nach einem Bericht der Lokalzeitung *Easthampton Star* von 2015 schätzte die *Suffolk County Planning Commission* für den Bereich der Hamptons und Mon-

---

[6] Caitlin Keating: »Keeping Montauk Mellow«. New York Times, 25. August 2016. https://www.nytimes.com/2016/08/25/fashion/jesse-joeckel-whalebone-magazine-surf-montauk.html (Letzter Zugriff 15.3.2017)

tauk einen Anstieg der Übernachtungszahlen von 200 000 im Jahr 1990 auf 262 000 im Jahr 2010[7]. Für ein Dorf mit einer offiziellen Einwohnerzahl von nicht ganz 4000 und einer Bevölkerungsdichte von knapp 140 Personen pro Quadratkilometer ist der Anstieg der Besucherzahlen während der Saison, auch wenn sie nur geschätzt sind, atemberaubend.

Das ist Montauk im Sommer. Es ist das Montauk, von dem man in den Hochglanzmagazinen liest, das Montauk der exklusiven Partys, auf denen man Prominenten wie Alec Baldwin, Billy Joel, Steven Spielberg und Taylor Swift begegnet. Es ist das Montauk, das jeder kennt, die mondäne Welt, die von Klatsch-Reportern ausspioniert und von Gesellschaftskommentatoren analysiert wird.

Aber es ist nicht das echte Montauk. Das echte Montauk gehört den Fischern. Und das war immer schon so.

Die Stadt hat ihren Namen von den Montaukett-Indianern, die hier als Erste siedelten. Sie lebten vom Fischfang und verwendeten Muschelketten als Zahlungsmittel. Lokalhistoriker glauben, dass sie mit ihren Einbäumen auch Wale jagten, und es ist sicher, dass sie jeden Teil des Tieres verwerteten und beispielsweise den Tran als Lampenöl benutzten. Möglicherweise haben die Montaukett sogar den ersten europäischen Siedlern den Walfang beigebracht.

Von Anfang an ist dieser Ort ein Fischerdorf gewesen, und die Fischerei ist bis heute der wirtschaftliche Motor von Montauk. Es ist der Heimathafen der größten Berufs- und Freizeitfischereiflotte im Bundesstaat New York und eine der größten an der gesamten Ostküste – und das trotz der Tatsache, dass

---

7   David E. Rattray: „How Many Are Here? No One Knows". Easthampton Star, 6. August 2015. http://easthamptonstar.com/Living/2015806/How-Many-Are-Here-No-One-Knows. (Letzter Zugriff 15.3.2017)

kleinere Unternehmen wie die *Anna Mary*, lange Zeit die tragende Säule der Fischereiwirtschaft, durch die Verordnungen und Quoten, über die Johnny und Anthony und andere sich beklagen, in vielen Fällen zur Aufgabe gezwungen wurden. Viele der Fischer haben die Vorschriften und Fangquoten nur überlebt, indem sie sich auf Sportfischerei als zweites Standbein verlegt haben und im Sommer Chartertrips für Touristen anbieten, die ihr Anglerglück an Blaubarschen, Fächerfischen, Felsenbarschen, Meerbrassen, Thunfischen oder Flundern ausprobieren wollen. Die Behauptung, dass Montauk die meisten Fangrekorde für Salzwasserfische weltweit hält, ist unwidersprochen.

Die Einheimischen sagen, wenn man nach Montauk kommt, hat man das Ende erreicht. Das trifft buchstäblich zu. Man befindet sich hier am östlichsten Punkt von Long Island, der mit 190 Kilometern längsten und größten Insel der kontinentalen Vereinigten Staaten. Von New York Harbor und New York City in nordöstlicher Richtung verlaufend, erinnert Long Island auf der Landkarte an einen Fisch, dessen Maul in Richtung des Festlands weist, während die Schwanzflosse im Osten sich um die Peconic Bay in eine nördliche und eine südliche Spitze teilt. Die südliche Spitze reicht noch etwas weiter nach Norden, und deren East End ist tatsächlich das Ende.

Auf diesem ungewöhnlich flachen Vorsprung an der Spitze der Landzunge haben sich ungewöhnliche Dinge ereignet. Der Schoner *La Amistad* landete hier im Jahr 1839, und die Aufständischen an Bord, Männer und Frauen vom Volk der Mende, die man in Afrika versklavt hatte, um sie auf den Sklavenmärkten der Karibik zu verkaufen, brachten ihren Fall bis vor den Obersten Gerichtshof, wo sie zuletzt freigesprochen wurden.

In der Zeit der Prohibition war Montauk eine Anlaufstelle für Rum-Schmuggler, die hier ihre Konterbande versteckten, und im Zweiten Weltkrieg wurde fast das gesamte East End zu einer

Militärbasis ausgebaut, deren Gebäude aus der Luft so aussehen sollten, als handle es sich um einen Ferienort an der Küste Neuenglands. Offenbar entsprach das damalige Montauk nicht der Vorstellung, die sich das Militär von einem Ferienort an der Nordostküste machte.

Der Leuchtturm, der sich auf der Landspitze am östlichsten Ende von Montauk Point befindet, ist ein weißer Turm mit einem roten Band. Anders als viele Dinge, die sich mit dieser Bezeichnung schmücken, ist er tatsächlich eine Ikone – ein wesentlicher Bestandteil des Bildes, das auf unzähligen Logos, Postkarten, Selfies, Skizzen, Zeichnungen, Gemälden und Werbeanzeigen zu sehen ist. Das nationale historische Wahrzeichen wurde 1792 von Präsident George Washington in Auftrag gegeben, 1796 in Dienst genommen und erfüllt seither in der einen oder anderen Form seine Aufgabe.

Und das aus gutem Grund. Der Bereich, den der Leuchtturm überblickt, gilt als äußerst gefährlich. Hier, wo der tiefe Atlantik auf das Festland trifft, unterhalb der windzerzausten Dünen, auf denen nur der Strandhafer wächst, ist die Küste voller Felsenriffe und gefährlicher Untiefen. Wenn die Wellen gegen die Flut anrollen, türmen sie sich meterhoch auf und verwandeln den Rückstrom der Brandung in eine weiße Gischt. Mehr als ein Schiff ist hier mitsamt seiner Mannschaft untergegangen. Alle, die die geschützte schmale Ausfahrt des Hafens von Montauk verlassen und sich aufs offene Meer begeben – so wie Johnny und Anthony und ihre Kollegen –, wissen, dass sie eine raue und möglicherweise gefährliche Fahrt um den Point erwartet, bis sie ihre Fanggründe und ihre Körbe erreichen. Falls sie es vergessen sollten, werden sie durch eine acht Fuß hohe und sechshundert Pfund schwere Bronzestatue eines Fischers daran erinnert, die am Fuß des Leuchtturms auf einem sieben Fuß hohen Granitsockel steht. Es ist ein Mahnmal, auf dem die Namen der auf See umgekommenen Fischer des East Ends eingraviert sind – hundertzwanzig bisher.

Anthony Sosinski kennt das Denkmal gut. Er hat sogar eine besondere Verbindung mit ihm. Im März 1993 arbeitete Anthony für einen einarmigen Kapitän namens Pete auf dem Kabeljau-Kutter *Some Pair*. Petes Handikap bedeutete, dass er einen kräftigen Helfer zum Einholen der Netze brauchte, und der drahtige, muskulöse Anthony war genau der richtige Mann. Bevor die beiden Männer an diesem Morgen hinausfuhren, lieferten sie eine Rettungsinsel bei einem Freund von Pete ab, einem jungen Fischer namens Joe Hodnik, der ein Langleinenboot für den Kabeljaufang gekauft hatte und mit seinem Freund und Kollegen Ed Sabo auf Jungfernfahrt gehen wollte. Anthony und Pete hielten bei Hodniks Haus an und wünschten ihm alles Gute. Anthony erinnert sich, dass er ganz leise gesprochen hatte, um Hodniks kleinen Sohn, der noch kein Jahr alt war, nicht zu wecken. Dann waren sie aufs Meer hinausgefahren. Genau wie Hodnik und Sabo.

Die *Some Pair* befand sich vor Block Island, und Anthony hielt Nachtwache, während das Schiff auf dem Wasser trieb, als gegen zwei Uhr früh ein Notruf von Joe Hodnik eintraf, der nach Pete rief, seine Loran-Koordinaten durchgab und brüllte, dass sein Schiff sinke. Ein anderes Boot, die *Provider*, fing den Notruf ebenfalls auf und schickte einen Dringlichkeitsruf an die US-Küstenwache und teilte Hodniks Koordinaten mit. Als Anthony und Pete mit der *Some Pair* an der Stelle eintrafen, kreiste ein Helikopter der Küstenwache bereits in der Luft. Anthony erinnert sich noch, wie das grelle Licht des Suchscheinwerfers den tiefschwarzen Ozean anstrahlte. Die *Some Pair* fuhr zu der Stelle, wo die leere Bootsruhe auf dem Wasser trieb. Sie fanden auch noch einen Stiefel und eine Zahnbürste. Das Schiff war in kurzer Zeit gesunken, und weder Joe Hodnik, gerade sechsundzwanzig Jahre alt, noch der junge Ed Sabo wurden jemals gefunden. Anthony ist sich sicher, dass er der Letzte war, der Hodniks Hilfeschrei hörte.

Der Verlust von Joe Hodnik und Ed Sabo war für die Montauker Fischer der Anlass, 1994 eine Kommission für die Errichtung eines Denkmals einzusetzen, und bei seiner Einweihung im Jahr 1999 las der kleine Junge, den Anthony nicht hatte wecken wollen und der inzwischen acht Jahre alt war, laut den Namen seines Vaters auf dem dreistufigen Sockel des Denkmals vor.

Das Unglück, die beiden Toten und der Nachhall von Joes verzweifeltem Hilferuf in Anthonys Ohren bewirkten noch etwas anderes: sie brachten Anthony dazu, die Fischerei aufzugeben. *Nie wieder!*, beschloss er. Er hängte sein Ölzeug und seine schweren Fischerstiefel an den Nagel, nahm seine Frau und sein Kind und floh mit ihnen nach Pennsylvania – nur weit fort vom Meer und den Fischen und allem, was irgendwie damit zu tun hatte. Nach einer Weile kehrte er zurück, aber nicht nach Montauk und schon gar nicht mit der Absicht, sich wieder aufs Wasser zu begeben. Stattdessen ließ er sich in Southampton nieder und hielt sich von Booten fern. Sein professionelles Wissen machte er sich zunutze, indem er in der Fischabteilung des örtlichen King-Kullen-Supermarkts arbeitete. Sollten andere hinausfahren und Tag für Tag ihr Leben riskieren. Er trat der Gewerkschaft bei, der United Food and Commercial Workers International, und entschied, dass dies der klügste Schritt in seinem Leben war.

Aber er konnte sich nicht fernhalten. Nicht vom Fischen und nicht von Montauk. Nachdem er neun Monate an Land und hinter einer Fischtheke verbracht hatte, war er wieder am East End und zurück auf See.

Das Interessante daran ist, was er über den Einfluss erzählt, den das Leben eines Fischers auf ein Individuum ausüben kann. Ein Teil dieses Einflusses besteht sicherlich in dem schützenden Zusammenhalt der Montauker Fischergemeinschaft mit all ihrer Unterstützung und Solidarität, die sie ihre Mitglieder spüren lässt. Zweifellos gibt es in jedem Beruf oder Job eine Gemeinschaft, ob Maschinenschlosser, Lehrer, Anwälte, Bauarbeiter oder auch Banker. Sie beruht darauf, dass ihre Mitglieder eine gemeinsame, auf ihren Beruf bezogene Sprache sprechen und das gleiche Eigeninteresse teilen. Die Bruderschaft der Montauker Fischer ist das und noch mehr, nämlich eine kollektive Lebensart, von der alle spüren, dass sie in ihrer Existenz bedroht ist, sodass jeder den anderen auf alle nur erdenkliche Weise unterstützt. Es ist beispielsweise weder Zufall noch überraschend, dass der kleine Joey Hodnik heute das ist, was sein Vater vor ihm war – ein Berufsfischer – und fester Bestandteil der Montauker Fischergemeinschaft.

Man muss nicht einmal Fischer sein, um Teil dieser Gemeinschaft zu sein. George Watson, der Besitzer des Docks, ist keiner. Ebenso wenig die Barkeeper im Liar's. Cathy Patterson und ihr Mann Tommy sind beide keine Fischer, und sie leben auch nicht in Montauk. Dennoch gehören sie alle zur Gemeinschaft der Montauker Fischer. Genau wie Jason Walter, der Einsatzleiter der Küstenwachenstation in Montauk während der Suche nach Johnny Aldridge. Zwei Jahre später ging Walter nach einundzwanzig Dienstjahren in Pension, und obwohl er nur die letzten vier Jahre davon in Montauk verbracht hatte, blieben er und seine Familie dort. Hier war ihr Zuhause. Walter kannte bis dahin praktisch sämtliche Kapitäne, sowohl der Sportboote als auch der kommerziellen Flotte, und für alle war er eine bekannte Größe, ein Mann, der ihre Nöte und ihre Lebensart kannte und der ihnen weit über seine dienstlichen Aufgaben hinaus half und sich für sie einsetzte. Jeder in der Gemeinschaft der Fischer verstand und akzeptierte es, dass Jason Walter, geboren und aufgewachsen in den Pocono Mountains in Pennsylvania, dazugehörte.

Nach seiner Pensionierung arbeitete Walter im Leuchtturm am Point, wo er täglich die Touristenscharen zum Denkmal für die vermissten Seeleute strömen sah, auf dem auch der Name von Joey Hodniks Vater zu finden ist. Aber er verstand auch, was dieses Denkmal den Fischern von Montauk bedeutet, die jeden Tag daran vorbeikommen, bei jeder Ausfahrt und der Rückkehr in den Hafen. Für sie ist dieses Denkmal ein greifbares Zeichen für die Kultur und das Erbe ihrer Gemeinschaft und eine Warnglocke, die sie mahnt, niemals die Gefahr zu vergessen, die jenseits des Points auf sie lauert. Die Gefahr ist unvermeidlich, und sie ist zumindest ein Teil dessen, was ihre Gemeinschaft zusammenhält und Montauk eine gewisse Schärfe verleiht, etwas von der Rauheit und Unerbittlichkeit des Lebens auf See, von dem die Einwohner sagen, dass es den Ort von jedem anderen unterscheidet.

Die Singer-Songwriterin Nancy Atlas hat viel über diese Schärfe nachgedacht. Das Wort selbst taucht in ihrem Song *East End Run* nicht auf, in dem Montauk als der Ort beschrieben wird, wohin man flüchtet, wenn die Welt verrücktspielt und man alles hinter sich lassen möchte, aber der Gedanke ist da, nämlich dass es sich um einen Ort weitab vom Zentrum handelt, irgendwo draußen an den Rändern, wo, wie Atlas sagt, vielleicht mehr von einem verlangt wird.

Ganz gewiss ist das Leben in Montauk rauer als an vielen anderen Orten, was der Grund dafür sein mag, dass die Bevölkerungszahl von knapp unter 4000 im 21. Jahrhundert kontinuierlich geschrumpft ist. Nicht einfach rauer, weil die vielen Verordnungen den Fischern das Leben schwer machen, sondern grundsätzlich rauer. Die Temperaturen liegen beständig einige Grade unter denen der Nachbardörfer. Der Nebel ist dichter. Die Küste zerfurchter. Montauk bekommt von ganz New York morgens die erste Sonne ab, aber es ist auch der Ort, an dem es nachmittags als Erstes dunkel wird. Das erste Tageslicht ist der Weckruf, den sicheren Hafen zu verlassen und seine Arbeit aufzunehmen; das letzte Licht kündigt eine lange Dunkelheit an.

Und dann ist da das Sommerspektakel, wenn es einem leichtfällt zu glauben, dass tatsächlich eine Viertelmillion Menschen den Ort überschwemmen, wenn die Geschäfte und Restaurants und Fitnessstudios wie Pilze aus dem Boden schießen und die Partys und Promis nebenan in den Hamptons die der letzten Saison noch übertrumpfen, und das Jahr für Jahr. Bis plötzlich am Ende des Sommers alles in sich zusammenfällt. Der Name Montauk steht nicht mehr für chic und vornehm, sondern bedeutet wieder ein Fischerdorf am Rand der Welt, und wem man erklären muss, wie sich das anfühlt, der sollte lieber woandershin gehen. Der Wandel ist tiefgreifend. Von Gehwegen, auf denen sich die Menschenmassen drängen, und einem Lärm, der niemals abschwillt, verwandelt sich Montauk wieder in ein Dorf mit knapp viertausend Einwohnern, einer Küstenwachenstation und einer wieder friedlichen Main Street, wo man an jedem beliebigen Tag die Zahl der Passanten, die einem begegnen, an einer Hand abzählen kann.

Im November ist es dann beinahe totenstill, und geblieben sind nur die Menschen, die das ganze Jahr hier leben und arbeiten. Das sind die Fischer, die mindestens bis zum Januar hinausfahren und im Februar und März ihre Boote aufs Trockendock holen, um nötige Reparaturarbeiten durchzuführen, damit es im April wieder losgehen kann.

Während der Wintermonate wird ein Besucher es schwer haben, in Montauk ein Hotel oder Motel zu finden. Die wenigen

Restaurants, die nicht bis zur kommenden Saison zugemacht haben, sind nur für wenige Stunden oder am Wochenende geöffnet oder haben nur noch eine Abend-, aber keine Mittagskarte. Niemand muss verhungern: Es gibt einen nicht besonders großen, aber gut sortierten Supermarkt, der bis spät geöffnet hat, damit man auch nach der Arbeit noch einkaufen kann, und der 7-Eleven gleich gegenüber hat rund um die Uhr geöffnet.

Die Tage sind ruhig und unaufgeregt. Die wenigen Unternehmen, in denen das ganze Jahr über gearbeitet wird, schließen dennoch ihre Türen gegen die Kälte, und die Läden sind ganz geschlossen, weil die Kundschaft fort ist. Genau wie viele Geschäftsbesitzer und Händler. Sie alle sind in den Süden gereist – und warum auch nicht? Sie haben vermutlich seit Monaten sieben Tage die Woche und zehn Stunden am Tag gearbeitet. Sie brauchen eine Pause. Sie wünschen sich einen Tapetenwechsel. Sie gehen dorthin, wo sie etwas Ruhe und Platz finden, wo man keinen Koffer voller Kleidung braucht und sich nicht um die Heizkostenrechnung sorgen muss.

George Watson macht das Dock zu und reist in den Süden. Und einige der Fischer tun das Gleiche, darunter Anthony Sosinski. Am ersten Januar, wenn die Fischerei eingestellt wird, fliegen er und sein Vater nach St. John, der kleinsten der US-Jungferninseln, die zu zwei Dritteln Naturschutzgebiet ist, unberührt und gesetzlich geschützt. Sie fahren dorthin, weil John Sosinski sich immer an eine Reise nach St. John erinnerte, als er noch bei der Küstenwache war, und Anthony ihm nach seinem Schlaganfall versprach, jedes Jahr dorthin zu reisen, wenn es ihm wieder besser gehe. Und so verbringen sie die ersten drei Monate des Jahres in einem Haus am Berg, das auf einer über hunderttausend Liter fassenden Zisterne gebaut ist. Dort organisiert Anthony geführte Paddeltouren, bietet Ausflüge mit einem kleinen Segelboot und Tauchgänge in dem türkisklaren Wasser an und versucht sich sogar im Bedrucken von T-Shirts. Regelmäßig fährt er mit seinem Vater zum Strand, stellt den Liegestuhl des alten Mannes ins knöcheltiefe Wasser, und dann beobachten Vater und Sohn die Schmetterlinge, zählen die Schildkröten und halten Ausschau nach Delphinen.

Anthony bezeichnet diese drei Monate im Paradies als seine »Gesundheitsvorsorge«. Dennoch ist er jedes Mal froh, wieder nach Montauk und zu seinem Leben als Fischer zurückzukehren, das er nie lange hat aufgeben können. Am Ende seines Aufenthalts fühlt er sich mehr als bereit, das türkisklare Wasser der Coral Bay gegen die graue Kälte von Montauk einzutauschen, die faulen Tage am Strand gegen die Ausfahrten mit Johnny auf der *Anna Mary*, die Sicherheit aufzugeben und zur gefährlichen Arbeit des Fischfangs zurückzukehren. Und während der Rest von uns erleichtert schaudert, dass jemand anderes eine solche Arbeit für uns übernimmt, ist sie für diese beiden Männer und viele wie sie die einzige Sache, die sie in ihrem Leben tun möchten.

Montauk ist der richtige Ort für Fischer. Wie auch immer die Welt da draußen es sehen mag, Montauk selbst versteht sich als Fischerdorf. Fischer *leben* hier, arbeiten hier, verbringen ihre Freizeit hier – ihr ganzes Leben kann sich an diesem Ort vollziehen. Johnnys Apartment, im oberen Stock eines kleinen, zweigeschossigen Gebäudes, liegt keine fünf Minuten zu Fuß vom Anlegeplatz der *Anna Mary* entfernt. In gerade einmal dreißig Sekunden ist er am Strand. Im Grunde ist alles, was ihm im Leben etwas bedeutet, in Armeslänge. Anthony lebt etwas weiter landeinwärts in einem niedrigen, traditionell mit grauen Ziegeln gedeckten Haus mit einem Garten dahinter, in dem er und sein Vater im Sommer alles anpflanzen: von Bohnen bis Zucchini, Knoblauch bis Paprika oder Erbsen. Das Haus ist ein echter Klassiker: eines von zweihundert original Leisurama-Fertighäusern, die 1963 und 1964 mit kompletter Einrichtung vom Kaufhaus Macy's verkauft wurden. Sie sind Gegenstand eines Dokumentarfilms[8] und wurden 1964 auf der Weltmesse in New York ausgestellt. Ursprünglich für etwa 12 000 Dollar angeboten, liegt der heutige Verkaufspreis für ein Leisurama Haus um ein Vielfaches höher. Wie bei vielen der Häuser wurden auch an Anthonys Haus zahlreiche Modernisierungen und Änderungen vorgenommen, bis es seinen Bedürfnissen entsprach. Es gehört ihm, und von seinem behaglichen Heim aus ist er mit dem Fahrrad in wenigen Minuten am Anleger. Diese Fahrt mit dem Rad ist seine liebste Art, den Tag zu beginnen.

Die Tage in Montauk sind dem Rhythmus der Fischer angepasst. Wer je in einem Fischerort gelebt oder längere Zeit verbracht hat, weiß, dass der Tag dort früh beginnt und das Tuckern der Boote, die den Hafen noch vor dem Morgengrauen verlassen, die eigenen Träume als Hintergrundmusik begleiten. Der Arbeitstag kann sogar noch früher begonnen haben, schon um zwei oder drei in der Früh, wenn die Boote beladen werden und die Motoren stotternd anspringen. Dann kommt das nachmittägliche Entladen, wenn der Fang an Land gebracht, gewogen, auf Eis gelegt und verkauft wird und sich anschließend die Crews in den Bars am Hafen einfinden.

Die Fischer geben in Montauk den Ton an, und es ist das Ethos der Fischer, was hier zählt. »Wir sind alle ein Haufen Spinner«, sagt Fischer Phil Baigent, ein Freund von Anthony und Johnny. Und man kann ohne Übertreibung sagen, dass keiner von ihnen besonders gefühlsduselig ist oder seine Empfindungen offen zeigt.

8 Jake Gorst: Leisurama. Jonamac Productions, USA 2005.

Aber an jenem Mittwochmorgen, dem 24. Juli, schnellte das Gefühlsbarometer in die Höhe, als auf zahllosen Mobiltelefonen SMS-Nachrichten und Voicemails eingingen: *Johnny Load wird vermisst. Er ist auf der* Anna Mary *über Bord gegangen, Little Anthony sucht nach ihm, und die Küstenwache ist unterwegs.*

Helen Battista ist die typische warmherzige, einfühlsame Barkeeperin, die Art von Frau, die man sofort in den Arm nehmen und sich ihr vorbehaltslos anvertrauen möchte. Man frage nur irgendeinen Gast bei Sammys, dem beliebten Restaurant und Pub am Hafen, wo Helen im Sommer fast jeden Tag arbeitet, oder einen ihrer unzähligen Freunde. Helen ist eine besonders gute Freundin von Johnny Aldridge, von dem sie sagt, sie kenne ihn »seit Ewigkeiten«, und sie erfuhr von dem Unglück durch eine SMS ihres Kumpels Ed um 6.45 Uhr. Ed war an diesem Morgen als Crewmitglied einer Chartertour unterwegs und befand sich bereits auf dem Wasser, als der Notruf eintraf und der Kapitän des Charterboots, Richard Etzel, die Tour absagte und wieder umkehrte. »Wir fahren zurück zum Hafen«, erklärte er seinen Kunden und der Crew. Ed tippte sofort die Nachricht an Helen: *Load letzte Nacht über Bord gegangen Suche begonnen Fuck.*

Helen glaubt sogar, die Nachricht schon früher bekommen zu haben, etwa gegen 3.30 Uhr, als sie aus unerfindlichen Gründen aufwachte und nicht wieder einschlafen konnte. Eds Nachricht mehr als drei Stunden später traf sie wie ein Schlag, und sie fühlte sich verängstigt und einsam. Sie wagte nicht, jemanden anzurufen oder eine SMS zu verschicken. Sie wusste, dass sie um Viertel vor sieben morgens keine Gerüchte verbreiten wollte, und die Nachricht zu wiederholen, machte die ganze Sache nur noch schlimmer. Beinahe automatisch zog Helen sich an, nahm den Hund an die Leine und ging den zehnminütigen Fußweg zum Hafen. Drei Fischer und ein paar andere Männer, die Helen alle kannte, standen verloren in der Gegend herum. George Watson vom Dock telefonierte gerade. »Und wenn ihr Himmel und Hölle in Bewegung setzen müsst, um ihn zurückzuholen«, hörte Helen ihn ins Telefon knurren.

»Stimmt es?«, fragte sie einen der Umstehenden. »Haben sie ihn gefunden?«

Es stimmte, er war vermisst, aber zu dieser Uhrzeit hatten sie nicht einmal eine Ahnung, wo genau sie Johnny suchen sollten.

Im Hafen wurde es sehr schnell geschäftig. Einige Charterboote waren bereits mit der zahlenden Kundschaft hinausgefahren. Jetzt lenkten die Kapitäne, genau wie Richard Etzel es getan hatte, die Boote zurück in den Hafen, ließen die Gäste aussteigen – »Tut mir leid, aber das Fischen muss heute ausfallen« –, tankten auf und fuhren wieder raus, um nach Johnny zu suchen. Männer hielten sich im Hafen auf und boten sich an, als Crew auf den Booten mitzufahren.

Helen stand dabei und verfolgte das Geschehen. »Jeder fuhr hinaus«, sagt sie, »wirklich jeder.« Und das hieß, »sie holen ihn.« Schlicht und einfach. Weiter wollte sie nicht denken. *Sie fahren raus und holen Johnny,* sagte sie sich immer wieder. Bis zum Beginn ihrer Arbeit um elf würde sie hier bleiben und den auslaufenden Booten zusehen, die Johnny holten, geborgen zwischen The Dock und dem Anleger, zwischen Watsons aufbrausender Sorge und dem Lärm der Boote, die zu einer Mission aufbrachen.

Laurie Zapolski und Johnny Aldridge begegneten sich erstmals 1994 und waren seitdem mal mehr und mal weniger eng befreundet – »eine, gelinde gesagt, eher sporadische Beziehung«, wie Laurie sich ausdrückt. Dennoch verbindet die beiden eine lange gemeinsame Vergangenheit. Sie besuchten dieselbe

Middleschool und Highschool, kannten dieselben Leute, entstammten einem ähnlichen Milieu und benutzten dieselben Modewörter. In gewisser Weise sahen sie aus wie die sprichwörtlichen Gegensätze, die sich angeblich anziehen: Johnny dunkelhaarig, grüblerisch und zurückgezogen, Laurie mit blonden Haaren, einem fröhlichen, aufgeweckten Gesicht und einem blendenden Lächeln. Tatsächlich aber sind beide willensstarke, sensible, mit beiden Beinen auf dem Boden stehende Charaktere. Als sie sich das erste Mal begegneten, war Johnny Anfang zwanzig, litt unter einem gebrochenen Herzen, was für Menschen Anfang zwanzig nicht ungewöhnlich ist, und hatte wenig Lust, eine neue Beziehung einzugehen.

Laurie räumte alle Bedenken beiseite, und es begann ein fast zwei Jahrzehnte währendes Wechselspiel, bei dem sie mal zusammen und dann wieder getrennt waren. Beide gingen jeweils mit anderen Partnern aus, lenkten ihr Leben in unterschiedliche Richtungen und verfolgten ihre eigenen Ziele. Aber irgendetwas, vielleicht die Stärke ihrer Verbindung, zog sie immer wieder zueinander, ganz egal, wie weit sie sich voneinander entfernten.

Im Sommer 2013 lag die Beziehung wieder einmal auf Eis. Johnny ging mit einer Frau namens Teresa aus, und Laurie lebte meilenweit von Montauk entfernt in einer der Vorstädte im Westen Long Islands, wo sie einen Abschluss in der Bildungsverwaltung anstrebte und gleichzeitig arbeitete.

Von Johnnys Verschwinden erfuhr sie durch einen Anruf Tony Vincentes, der Laurie früh am Morgen in ihrem Büro erreichte. Tony war ein alter Freund und Gitarrist in einer Band, in der sie die Sängerin gewesen war, aber noch nie hatte sie ihn so am Telefon gehört, und was er ihr erzählte, vermittelte ihr ein Gefühl, als sei jemand in ihre Wohnung eingedrungen und habe sie niedergeschlagen. Die Nachricht war zu seltsam, unerwartet und unmöglich. Für einen Moment fühlte sie sich an ihrem Stuhl festgewachsen, unfähig, sich zu bewegen.

Dann drängte sie irgendetwas dazu, im Internet nach einer Navigationskarte für Montauk zu suchen, als könnten die Angaben zu den Meerestiefen oder der Blick auf die unterschiedliche Topographie unter Wasser ihr dabei helfen zu begreifen, was geschehen war, wo Johnny sich vielleicht befand, wenn er noch lebte, was er durchstehen musste und was er dachte. Sie erinnerte sich daran, wie sie einmal mit ihm und Anthony auf der *Anna Mary* hinausgefahren war, um die beiden bei der Arbeit zu sehen. Die gesamte Tätigkeit an Bord war so perfekt geregelt und verlief so reibungslos, dass sie sich für Johnnys Unglück keinen anderen Grund vorstellen konnte, als dass ihn irgendetwas am Kopf getroffen hatte.

Die ganze Sache ergab keinen Sinn. *Ich muss nach Montauk*, entschied sie. Mit dieser knappen Mitteilung an die Belegschaft verließ sie das Büro, fuhr nach Hause, packte eine Tasche, reservierte ein Zimmer und fuhr in einem, wie sie gesteht, quasi hysterischen und vermutlich wenig verkehrstüchtigen Zustand nach Montauk. Sie war sich bewusst, dass Johnny eine Freundin hatte, und obwohl das bedeutete, dass sie nicht zu seiner Familie konnte, sondern sich irgendwo im Hintergrund aufhalten musste, schickte sie zumindest eine SMS an Cathy, um ihr zu sagen, sie sei vor Ort, falls man ihre Hilfe brauche.

Der Morgen schritt voran. Laurie war auf dem Weg zu The Dock.

Die Nachricht von Johnnys Verschwinden verbreitete sich wie ein Lauffeuer innerhalb der Fischergemeinschaft, und einer nach dem anderen, Berufsfischer wie Sportfischer, änderte seinen Plan und beteiligte sich an der Suche nach Johnny. Die Veranstalter von Chartertouren setzten ihre zahlenden Kunden mit der Bitte um Verständnis im Hafen ab, um die Suche aufzunehmen, während andere, die bereits auf See waren, ihren Kurs änderten und sich einer neuen Aufgabe widmeten. Die Sorge um Johnnys Schicksal reichte bis hinab zur Schlepperflotte im Hafen von New York, wo Tom »Boog« Powell, ehemaliger Kapitän der *Wanderlust*, auf der Johnny gearbeitet hatte, Schlepper in der Nähe der Fahrrinne vor Montauk aufforderte, die Augen offenzuhalten.

Frank Braddick war mit einer Gruppe Haifischangler auf seinem dreiundvierzig Fuß langen Sportboot *Hurry Up* unterwegs. Sie hatten gerade einen Makohai gefangen, als Braddick Anthonys Notruf an alle Fischerboote hörte. Umgehend teilte er seinen Gästen an Bord mit, dass sie nun auf Thunfischfang gehen würden, was aber eigentlich hieß, dass sie nach John Aldridge suchen würden, etwa fünfunddreißig Seemeilen südlich von Montauk in Richtung Westen, wo Braddick ihn aufgrund der Strömungsverhältnisse vermutete. Die Freizeitangler an Bord werden vermutlich niemals erfahren haben, dass sie an diesem Tag nach einem über Bord gegangenen Mann gefischt haben.

Paul Stern war ein weiterer Angelprofi, der an diesem Tag von einem Mann zur Thunfischjagd angeheuert worden war, und zwar von Musikikone Jimmy Buffett. Der Schöpfer von »Margaritaville« ist im Sommer häufig mit seiner Yacht *Last Mango* in den Gewässern vor Long Island unterwegs, und er und Stern haben in der Vergangenheit schon mehrfach zusammen gefischt. Sie machten gerade die Leinen los, als Stern und Vinnie La Sorsa, der Kapitän der *Last Mango*, den Notruf der *Anna Mary* hörten. Die *Last Mango* ist ein schnelles Boot, und Stern wusste, dass ein schnelles Boot nützlich sein konnte. Würde Buffett helfen? »Wir tun alles, womit wir die Suche unterstützen können«, sagte dieser zu ihm.

Auch Dan Stavola hatte ein schnelles Boot. Stavola ist kein

Fischer. Er ist Bauunternehmer, aber ebenso ein passionierter Montauker, der schon immer zur Gemeinschaft dazugehörte und der Aldridge und Sosinski gut kannte. Tatsächlich hatten er und Anthony einmal zusammen gearbeitet, und keiner von ihnen macht ein Hehl daraus, dass es kein besonders harmonisches Verhältnis gewesen war. Aber das zählte jetzt nicht. Als Stavola den VHF-Kanal einstellte, zählte allein der verzweifelte Ton von Anthonys Hilferuf. *Mein Boot ist verdammt schnell*, dachte er. *Mal sehen, was ich tun kann.*

Das schnelle Boot war die *Cat in the Hat*, ein fünfzig Fuß langes Fischerboot, von dessen Tower aus man einen weiten Blick über das Wasser hatte und dessen Motor mehr als dreißig Knoten in der Stunde machte. Dan holte sich als Crew Danny Lennox, Eddy Eurell und Donny Ball an Bord, deren eigenes Boot, die *Jen-Lissa*, gleich gegenüber der *Anna Mary* ihren Anlegeplatz hat. Die *Cat in the Hat* verließ um kurz vor 10.00 Uhr den Hafen mit Kurs nach Osten, zur Positionslinie 500. Sie waren in weniger als einer Stunde dort, was selbst Anthony im ersten Moment überraschte. »Ich habe ganz vergessen, wie schnell dein Boot ist«, erklärte er Stavola über Funk. Dan stand am Steuer, während Lennox, Eurell und Ball – zwei von ihnen oben im Tower, der dritte unten auf der Brücke – das Meer in alle Richtungen absuchten. Doch Stunde um Stunde entdeckten sie nichts.

Steven Forsberg von Viking Fleet hatte an diesem Mittwoch seinen freien Tag, an dem er mit seiner Frau und seinem fünfjährigen Sohn auf einem der kleineren Boote der Flotte zum Fischen hinausfahren wollte. Forsbergs Großvater hatte Viking gegründet, ein Charterfischereiunternehmen, für das auch Anthony und Johnny als Teenager und später in ihren Zwanzigern gearbeitet hatten. Forsbergs Vater übernahm das Unternehmen, das heute gemeinsam von Steven, seinem älteren Sohn Steven

Jr. und seinem Neffen Carl geleitet wird. Als er die Nachricht von Johnnys Unglück hörte, alarmierte er die beiden sofort. »Wir müssen los«, sagte er ihnen. Er machte das fünfundsechzig Fuß lange Boot statt des kleineren Boots startklar, und fünfundvierzig Minuten nach Empfang der Nachricht, etwa gegen 10.00 Uhr, umrundete seine fünfköpfige Crew, darunter ein fünf Jahre alter Junge, den Point mit Fahrt auf das offene Meer.

Forsberg gab Vollgas. Er wollte keine Zeit verlieren. Er erinnerte sich an die Zeit, als Anthonys Vater an den Wochenenden für seinen Vater gearbeitet hatte und Anthony ihn begleitet und mit ihm gefischt hatte. Dann war auch Johnny hinzugestoßen, und sie waren ein Trio geworden, drei Jungen, die in jeder freien Minute zum Fischen gefahren waren. Es war eine Freundschaft, die bis weit in die Kindheit zurückreichte und die in diesem Moment so stark war wie eh und je.

Wenn man mit einem fünfundsechzig Fuß langen, voll ausgerüsteten Fischerboot wie das von Forsberg oder mit einem fünfzig Fuß langen Sportboot wie das von Stavola vierzig Meilen aufs Meer hinausfährt und dann »Stunde um Stunde« kreuzt, verbrennt man riesige Mengen Sprit, an deren Kosten man lieber nicht denken möchte. Weder Forsberg noch Stavola, noch sonst irgendwer dachten auch nur einen Moment daran. Zur Hölle mit den Kosten. An diesem Tag dachte jeder nur an Johnny Aldridge, der irgendwo im Wasser trieb, an die Furcht in Anthony Sosinskis Stimme, an den Anruf, den die Aldridges erhalten hatten, und an eine andere Familie – die große Familie der Montauker –, die die Dinge in die Hand nahm.

Steven Forsberg kannte Johnny Aldridge gut. Er wusste, dass Aldridge stark und körperlich in Topform war. Er wusste, das Wasser war warm. Er wusste, es bestand Hoffnung. Aber er hatte schon viele, viele Suchmissionen erlebt, und keine davon war gut ausgegangen. »Man hört nicht oft gute Nachrichten, wenn jemand im Meer vermisst wird«, sagt Forsberg. Aber er wusste ebenso, er würde nicht eher nach Hause fahren, bis man etwas gefunden hatte.

Phil Baigent war derjenige, der Forsberg benachrichtigt hatte. Ursprünglich ein Landei aus Syracuse, New York, sah Baigent das Meer erstmals mit neun Jahren, als seine Familie nach Stony Brook zog. Noch im gleichen Jahr entdeckte er seine Leidenschaft fürs Fischen. Danach konnte ihn nichts mehr aufhalten, nicht einmal sein Vater, der fünf Jahre lang nicht mit ihm sprach. »Man kann niemanden zum Fischer machen«, sagte Phil. »Als Fischer wird man geboren.«

An diesem Morgen tat der geborene Fischer sich mit Al Schaffer, dem Hummerfischer, der einst Johnnys Mentor und Partner gewesen war, zusammen, und sie fuhren in Schaffers Boot hinaus, wobei sie feststellten, dass sie zu einer wachsenden Armada von Booten gehörten, die sich alle an der Suche nach Johnny beteiligten. Es war merkwürdig, dachte Baigent bei der Ausfahrt aus dem Hafen, diese fest zusammenstehende, selbsternannte, exklusive Brüderschaft der Fischer – normalerweise ein »Haufen Spinner«, wie er selbst sagt –, plötzlich todernst und ohne jede Spur spöttischen Sarkasmus zu sehen. Er fragte sich, ob Johnny über den hinteren Rand des Bootes gerutscht war oder ob ihn irgendetwas am Kopf getroffen hatte und er dann ins Wasser gefallen war. *Suchen wir nach Johnny oder suchen wir nach einer Leiche?*, überlegte Baigent.

Es gab Dinge, die seine Stimmung hoben: das Wetter war warm, das Wasser war warm, John war ein Bulle. Allerdings war das Suchgebiet riesig, und dann war da das Denkmal am Point mit den vielen Namen kräftiger, fähiger und kluger Fischer, die es nicht geschafft hatten. Baigent wollte Johnny Aldridges Namen auf keinen Fall auf dem Denkmal für die auf See Vermissten sehen, aber er konnte das Gefühl nicht verdrängen, dass die Chancen nicht gut standen. *Es war ein harter Winter,* dachte Baigent, *mit dem Verlust von Chubby Gray und einer Reihe erschreckender Zwischenfälle. Wir brauchen dringend eine Erfolgsmeldung. Wir haben es verdient.*

Muschelfischer Mike Skarimbas nennt Johnny Aldridge seinen besten Freund. Skarimbas und seine Crew waren draußen auf See und mitten bei der Arbeit, als er »zwischen 7.30 Uhr und 8.00 Uhr« über Funk Anthonys Stimme und ein paar Wortfetzen hörte – »über Bord«, »vermisst« – und sofort wusste, dass sein Freund im Wasser trieb. »Auf der Stelle«, versichert Skarimbas, nahm sein Schiff, die *New Species,* Kurs auf die Trawls der *Anna Mary,* deren Position er sehr genau kannte. Die Crewmitglieder Mario Negro und Sarah Broadwell stiegen aufs Dach der Kajüte und hielten angestrengt Ausschau.

Mike wusste »ohne jeden Zweifel, hundertprozentig, dass Johnny lebte.« Der Grund dafür war einfach. »Weil ich ihn kenne«, sagt Skarimbas. Die einzige Frage in seinem Kopf war, ob sie Johnny rechtzeitig finden würden.

Skarimbas bezog Stellung im Steuerhaus. Er war auf einer Mission, und er würde seinen Platz nicht eher räumen, bis diese Mission erfüllt war. »Ständig sah ich das Bild vor mir«, sagt er, »wie wir in den Hafen liefen und Johnnys Mutter und Vater sahen und ihnen erzählen mussten ...« Skarimbas bringt es nicht fertig, den Satz zu Ende zu führen. Und er gesteht, an jenem Tag mehr als einmal nicht mehr weitergewusst zu haben.

»Es war der reinste Horror für mich«, sagt er. »Es war der schlimmste Tag meines Lebens. Er war mein bester Freund. Ich war den ganzen Tag über ein emotionales Wrack, starrte im Steuerhaus auf zwei Computerschirme und verschiedene Karten und versuchte verzweifelt herauszufinden, wo die Strömung ihn hingetrieben haben könnte.« Auf dem Dach der *New*

Species beobachteten Negro und Broadwell das Meer, und mit jeder weiteren Stunde wurde jeder Zentimeter unbedeckter Haut von der Sonne verbrannt. Sie sagten die ganze Zeit kein Wort zueinander, gesteht Broadwell. Beide wussten, je später es wurde, desto schlechter standen die Chancen für gute Nachrichten, und keiner von ihnen wollte das laut aussprechen. »Ich habe die ganze Zeit über versucht, mich in Johnnys Lage zu versetzen«, sagt Broadwell über die vielen Stunden, in denen sie das Meer absuchten, »und mir vorgestellt, wie er da draußen litt. Aber nach sieben Stunden musste ich darauf gefasst sein, dass wir ihn nicht finden würden.«

Nancy Atlas hatte ihre Kinder bei verschiedenen Leuten abgesetzt und glaubt, dass es etwa gegen 11.00 Uhr war, als sie die SMS von einer Freundin erhielt: *Jemand von der* Anna Mary *ist über Bord gegangen.* Die Nachricht versetzte ihr einen Stoß. Sie ist eng mit beiden Kapitänen der *Anna Mary* befreundet, aber sie selbst beschreibt Anthony als ihren »Ersatzbruder«, der Typ, auf den man sich verlassen kann – immer.

Nancy hatte um fünf Uhr nachmittags einen Auftritt. Wie fast jeden Tag im Sommer: Beginn um fünf, Ende zum Sonnenuntergang. Den Tag über musste sie die Bühne herrichten und das ganze Equipment aufbauen. Außerdem war sie schwanger und wollte sich zwischendurch ausruhen. Aber die Nachricht über Johnny und ihre Angst um ihn verdrängte alles andere. Sie strengte sich an, nach außen optimistisch zu wirken, aber es hatte etwas vom Pfeifen im Walde. In den sozialen Netzwerken rief sie dazu auf, »alle in unsere Gebete einzuschließen«, und gab sich Mühe, nur »positive Energie« auszustrahlen. Jeder verhielt sich automatisch so, denn alle wussten, auch ohne dass man es laut sagte, wie die Sache ausgehen konnte. »Wir leben in Montauk«, sagt Atlas. »Wir wissen, was passiert.«

Es gibt, sagt Nancy Atlas, eine Art Jahreskreislauf für die Menschen, die in Montauk leben, einen Kreislauf, den die Besucher nicht kennenlernen, der aber für die Gemeinschaft der Leute, die hier zu Hause sind, selbstverständlich geworden ist. Im Sommer, sagt sie, »leben alle nebeneinander her.« Das ist die Hauptsaison, in der das Geld hereinkommen muss, die Zeit fürs große Spektakel, wenn »die Fischer fischen, die Kellnerinnen kellnern, die Sänger singen. Im Sommer senkt man den Kopf und ist im Arbeitsmodus.« Ganz anders dagegen sieht es zwischen Oktober und März aus, wenn die Touristen fort sind, der Verkehr fort ist, die Saisonbewohner fort sind und »alle Zeit füreinander haben.«

Aber an diesem Julitag, mitten in der Hauptsaison, wenn die Köpfe am tiefsten gesenkt sind, »stand plötzlich alles still«, sagt Nancy. »Das ganze Sommertheater löste sich in Luft auf, und das Netz der Gemeinschaft breitete sich aus.«

»Netz der Gemeinschaft« ist einer von Nancy Atlas' typischen Ausdrücken, weshalb sie vermutlich auch Songwriterin und Musikerin ist. Aber an diesem Tag schien das Netz der Gemeinschaft geradezu greifbar, es dämpfte die Lautstärke der Touristen, die zur Mittagszeit in die Restaurants einfielen, und verlangsamte das normalerweise hektische Tempo von Kaufen und Verkaufen, von Kommen und Gehen. Der Jahreskreislauf war aus den Fugen geraten, und während die Montauker Gemeinde plötzlich die Verbundenheit des Winters spürte, lag über dem Ort ein eisiges Frösteln.

ZUR WESTLICHEN BOJE

Gegen 10.00 Uhr

Die ganze Nacht über hatte ich mich an die Idee geklammert, eine Boje zu finden. Jetzt habe ich mich völlig bei dem Versuch verausgabt, zu einer zu gelangen, nur um zuletzt zu erkennen, dass die angestrebte Boje für mich unerreichbar ist. Was nun? Was soll ich tun? In meinem Kopf tobt ein Kampf, der fast genauso aufreibend ist wie das Schwimmen. Soll ich weiterkämpfen, um zu diesem unerreichbaren Ziel zu gelangen? Oder soll ich nach einer Alternative suchen? Nur nach welcher Alternative? Welche verdammte Alternative habe ich überhaupt? Und dann die viele Energie, die ich beim Versuch, zu der Boje zu gelangen, einfach vergeudet habe. Schon die bloße Vorstellung, etwas zu vergeuden, egal ob Energie, Zeit oder sonst etwas, macht mich halb wahnsinnig. *Du hast es vermasselt*, sage ich mir. *Wie willst du hier je wieder rauskommen? Oder war es das für dich?*

Aber das sind Gedanken, die einen töten können, und deshalb muss ich sie zum Teufel jagen. Seltsam ist, dass ich weiß, wie das geht. Ich habe gelernt, dass ich die Kraft habe, diese Art von Gedanken aus meinem Hirn zu verbannen. Entweder das, oder ich sterbe. Lasse ich diese Gedanken zu, übernehmen sie die Kontrolle und ziehen mich hinab in das schwarze Loch, und ich sterbe. Aber das kann nicht sein; ich darf es nicht zulassen.

Ich schließe für einige Sekunden die Augen. Ich stelle mir die Gedanken vor, die meinen Tod bedeuten, und ich werfe sie aus meinem Kopf. Einfach so.

Als ich meine Augen wieder öffne, ist sie da. Eine Boje.

Zuerst ist da nur ein kurz aufflackerndes Orange. Der Wimpel an Petes westlichem Highflyer ist orange. Ich lasse mich von der nächsten Welle emporheben, blicke nach unten, und entdecke den roten Polyball. Rote Boje, oranger Wimpel: das ist sie. Das ist Pete Spongs Boje, die das westliche Ende des Trawls markiert. Aber sie ist verdammt weit weg. Ich habe keine klare Vorstellung von der Entfernung, aber ich schätze, es müssen dreihundert oder vierhundert Meter sein. Wie viel ist das? Wie weit ist das? An Land drei oder vier Footballfelder. Nicht mehr als ein Spaziergang um den Block. Das ist wie viel? Ungefähr eine viertel Meile? Eine halbe Meile? Viel weniger. Ein Klacks. *Überleg dir, wie du hinkommen kannst*, sage ich mir. *Denk darüber nach, anstatt ans Sterben.*

Aber der Weg dorthin ist harte Arbeit. Und es geht quälend langsam voran. Sich von der Welle emporheben lassen, die Boje sehen, und wieder runter ins Tal, wo nichts ist als Wasser. Schwimmen, schwimmen, ausruhen. Schwimmen, schwimmen, ausruhen. Stiefel in die andere Hand, und wieder schwimmen. Nur nicht unterkriegen lassen. Halte durch.

Ich schlucke jede Menge Wasser. Mit jedem Atemzug dringt Meerwasser in meinen Mund, und ich weiß, dass ein zu großer Schwall zu einem Verschluss des Kehlkopfdeckels führen kann und ich keine Luft mehr bekomme. Aber wenn ich meinen Mund schließe, dringt das Wasser eben durch die Nase ein. Das ist genauso schlimm, und das Salz sticht. *Stopf dir die Nase*, denke ich. *Egal womit.* Ich überlege, eine Socke zu zerschneiden und mir die Stofffetzen in die Nase zu stopfen. Aber ich will mein Schwimmen nicht unterbrechen. Ich will zu der Boje gelangen.

Dann fällt mir eine andere Verwendung für die Socken ein. Ich merke, dass ich bei meinen einarmigen Schwimmzügen mehr Wasserwiderstand brauche. Ich zerre einen Socken vom Fuß und ziehe mir das nasse Gewebe wie einen Handschuh über. Es funktioniert wie Schwimmhäute und vergrößert die Fläche meiner Hand.

Als mich die nächste Welle emporhebt, sehe ich Pete. Leibhaftig. Sein Boot, die *Brooke C*, ist direkt vor mir. Ich sehe ihn in der Ferne, wie er die Leine seines Trawls abfährt. Er steht an der Reling und sieht aufs Wasser, vielleicht weil er seine Körbe überprüft, vielleicht aber auch, weil er nach mir sucht. Ich unterbreche mein Schwimmen, schreie aus Leibeskräften und winke mit meiner bestrumpften Hand. Nichts. Er kann mich nicht sehen; er kann mich nicht hören. Die Wellen versperren ihm genauso die Sicht wie mir, obwohl er gar nicht weit weg von mir ist, ganz und gar nicht. Ich gleite auf und ab und spähe jedes Mal, wenn ich für einen kurzen Moment etwas sehen kann, nach der Boje am westlichen Ende. Und Sekunden später ist er verschwunden. Ich drehe durch. Womit, in aller Welt, habe ich so viel Pech verdient?

Dann sage ich mir, *also gut, versuche, optimistisch zu bleiben. Mach weiter. Du musst weitermachen.*

Ich schwimme. *Denk daran, zur Boje zu gelangen,* sage ich mir. Plötzlich spüre ich einen leisen Schmerz im Bein – eine Zuckung. Der Vorbote eines Muskelkrampfs. *Vergiss es,* sage ich mir. *Nichts wird dich aufhalten. Kein körperlicher Schmerz wird dich vom Schwimmen abhalten. Niemals. Gib dem Schmerz nach, und du bist tot. So einfach ist das.*

Ich schiebe den Schmerz beiseite, so wie ich zuvor den Zweifel, überleben zu können, aus meinem Hirn verdrängt habe. Ich weiß nämlich auch, wie man mit Schmerzen und körperlichen Beschwerden umgeht. Alle Fischer tun das. Wir müssen es wissen. Fünfzehn Stunden am Stück auf einem schaukelnden Boot inmitten stinkenden Fischschleims und Bergen verschlungener Seile stehen, mit großen, schweißnassen Plastikhandschuhen an den Händen Metallkörbe vom Meeresgrund hinaufziehen, den Fang herausnehmen, ihn messen und die Scheren mit Klebeband umwickeln und dann die Körbe mit Ködern bestücken und wieder ins Meer hinablassen: das ist unser Job. Es gibt keine Alternative, also verschwendest du keinen Gedanken an Schmerzen und körperliche Beschwerden. Du erledigst deine Arbeit, ob bei Kälte und Schneeregen, wenn du kaum mehr siehst, was du tust, oder bei brüllender Hitze, wenn dir der Schweiß in den Augen brennt und du ebenfalls kaum mehr siehst, was du tust. Und wenn wir auf der *Anna Mary* mit einem Trawl fertig und unterwegs zum nächsten sind, angeln wir Thunfisch und Mahi Mahi, wozu wir diverse Angeln auswerfen und beobachten und obendrein zahlreiche Leinen gleichzeitig straff halten müssen. Und nebenbei müssen wir natürlich das Boot steuern, das Wetter beobachten und unsere Kühltanks im Auge behalten. Und dann ist man müde und wund, irgendwo schmerzt es, irgendwo sticht es, es ist zu heiß, es ist zu kalt – vielen Dank für die Information, aber das ist der Job. Und nun zurück an die Arbeit.

Auf dem Bau ist es genauso. Die gleiche Arbeitseinstellung. Hitze, Regen, fliegende Hämmer, herabfallende Bretter, mörderische Elektrowerkzeuge, schreiende Kunden – alles das und noch mehr. Das ist unser Job, und es gibt keine Alternative, als ihn zu erledigen.

Und im Augenblick ist mein Job, im Wasser zu sein, mit einem Arm Schwimmzüge und mit den Beinen abwechselnd

Kraulschläge und Grätschstöße zu machen, und da drüben ist Petes Boje, und das ist alles, was zählt. Nur die Notwendigkeit zählt, zu dieser Boje zu gelangen. Und das bedeutet, dass ich mich sowohl körperlich als auch geistig ganz auf die Notwendigkeit zu schwimmen konzentriere. Weder mein Körper noch meine Gedanken dürfen irgendwo anders sein. Das ist jetzt mein Job. Es gibt nur diesen einen. Also mache ich weiter.

Aber die Boje ist immer noch weit entfernt, und ich komme nur langsam voran. Eine Welle trägt mich nach oben, und da ist die *Anna Mary*. Sie ist ganz nah. Wie habe ich sie so nah verpassen können? Sie fährt auf der gleichen Route nach Norden, die wir zuvor in südlicher Richtung gefahren waren, und Mike steht auf dem Dach und hält Ausschau nach mir. Wieder schreie und winke ich, und wieder hört und sieht man mich nicht. Gleichwohl ist es auf seltsame Art tröstlich, mein Boot zu sehen, und ich kann auch den Helikopter als winzigen Punkt am Himmel erkennen. Die Suche ist definitiv angelaufen; sie gehen nach einem bestimmten Muster vor. *Bleib optimistisch*, sage ich mir immer wieder. *Bleib optimistisch. Sie suchen nach mir. Ich bin nicht so vollkommen verloren, so ganz und gar verlassen wie zuvor.*

Dennoch macht die Gewissheit, dass sie nach mir suchen, mein Schwimmen noch dringlicher. Suchen heißt nicht finden – es bedeutet bloß, dass sie nach mir Ausschau halten. Wenn ich gerettet werden soll, muss ich sichtbar sein, und um sichtbar zu sein, muss ich die Boje erreichen. Ich mache weiter. Schwimmen, schwimmen, ausruhen. Schwimmen, schwimmen, ausruhen. Ich komme näher. Noch näher. Nach geschätzt etwa zwei Stunden bin ich endlich da.

Ich lege eine Hand auf die leuchtend rote Boje und fasse dann das Seil, mit dem sie auf dem Meeresboden verankert ist. Ich kann mein Strampeln einstellen. Zum ersten Mal seit meinem

Sturz von Bord – wie lange ist das her? Sechs Stunden? Sieben Stunden? Noch länger? –, halte ich mich an etwas fest. Zum ersten Mal bin ich nicht mehr allein auf meine körperlichen Reserven angewiesen, um mich in den Wellen zu behaupten.

KOMMANDO UND KONTROLLE

10.00 Uhr

Man sagt, an diesem Tag seien dreiundzwanzig Boote von Montauk aus hinausgefahren – eine Freiwilligenarmada von Berufs- und Sportfischereibooten jeglicher Größe und Bauweise, die alle nur ein Ziel kannten. Für Jonathan Theel, den Einsatzleiter der Mission in der Kommandozentrale in New Haven, stellten die vielen Freiwilligen, die alle ungeduldig in den Startlöchern standen und loslegen wollten, allerdings eine Art Dilemma dar.

Jahrelanges Training und Erfahrung im Umgang mit Such- und Rettungseinsätzen hatten Theel gelehrt, dass die Koordination solcher Missionen mindestens zwei grundlegende Aufgaben umfasste: zum einen die Leitung der Suche selbst und zum anderen der Umgang mit der gesamten Situation. Dazu gehören viele Dinge, die alle wichtig sind, von denen aber keines unmittelbar etwas mit der Planung der Suche und der Entsendung von Rettungsfahrzeugen zu tun hat.

Zum Umgang mit der Situation gehört beispielsweise, in Kontakt mit der Familie zu bleiben und sich möglichst jede Stunde zu melden, was entweder durch Theel persönlich oder durch einen seiner Mitarbeiter geschah. Es bedeutete auch, sich um die betroffene Gemeinde zu kümmern, was an diesem Tag glücklicherweise Dennis Heard in der Station in Montauk übernahm. Der Kontakt zur Öffentlichkeit und zur Presse spielt ebenfalls immer eine Rolle, aber in diesem Fall betraf das wiederum eher die Montauker Station als das Kontrollzentrum in New Haven. Und dann waren da die vielen freiwilligen Helfer, die jede Art von Unterstützung anbieten, wenn jemand in Not ist und Hilfe braucht.

Freiwillige handeln aus gutem Willen, nicht aus Eigeninteresse. Die Großzügigkeit, mit der sie ihre Energie, ihre Intelligenz und ihre Ressourcen einsetzen, ist grenzenlos. Aber der Einsatzleiter einer Rettungsmission darf nicht vergessen, dass die freiwilligen Kräfte nicht unter seiner Kontrolle stehen und seinen Anweisungen nicht zwingend folgen, er aber unter Umständen die Verantwortung für alles trägt, was sie unternehmen.

Aus diesem Grund glaubt Theel, über die Jahre zwei wichtige Grundsätze für den Einsatz von Freiwilligen in Notsituationen gelernt zu haben. Der erste Grundsatz lautet, dass man Freiwillige stets auf eigene Gefahr einsetzt. Umgekehrt gilt aber auch, dass der Verzicht auf den Einsatz Freiwilliger ebenso auf eigene Gefahr geschieht. Die zahlreichen Fischerboote, die sich an der Suche nach John Aldridge beteiligten, waren zweifellos ein Gewinn. Ihre Kapitäne und die Crews kannten das Gebiet weitaus besser als die Offiziere der Küstenwache auf den Rettungsbooten – zwar alle gestandene Seeleute, aber eben nicht vertraut mit den Fischgründen vor Long Island; Gewässer, von denen die Küstenwache wusste, dass dort Strudel und Unterströmungen existieren, die kein Computerprogramm erfassen kann. Außerdem kannten die Freiwilligen sich auch untereinander und konnten sich rasch über das Netzwerk der Fischer verständigen. Und sie kannten John Aldridge und Anthony Sosinski.

Theel war sich besonders des schwierigen Umstands bewusst, einem Fischer dies oder das zu untersagen. Wie er freimütig gesteht, hätte er genauso gehandelt wie die Montauker Fischer und Charterkapitäne. Die Bruderschaft »aller Seefahrenden«, sagt Theel, »folgt ohne Einschränkung der ungeschriebenen Regel, dass man jemandem in Not hilft. Punkt.«

Aber er sah auch die Schwierigkeiten, die der Einsatz von dreiundzwanzig Fischerbooten für die Koordination der Suche bedeutete. Seine besondere Sorge galt der Frage, wie SAROPS mit den Daten von dreiundzwanzig unterschiedlichen Navigationspositionen umgehen würde. Zuletzt entschied er sich für die scheinbar perfekte Lösung, die ihm ermöglichte, das Wissen und die zusätzlichen Augenpaare der Freiwilligen zu nutzen und gleichzeitig zu verhindern, dass sie die Küstenwache in ihrer Arbeit behinderten und möglicherweise den Computer lahmlegten.

Er übertrug Anthony Sosinski das Kommando über die Freiwilligenflotte. Anthony hatte von Anfang an mit den Fischerbooten in Kontakt gestanden, er war ein Kollege und Freund der Kapitäne und, um es noch einmal zu sagen: Er und sie sprachen die gleiche Sprache. Anthonys Aufgabe bestand darin, jedem Boot der Freiwilligenflotte einen bestimmten Bereich innerhalb des Suchgebiets zuzuweisen. Jedes Boot würde im Abstand von jeweils einer halben Meile einen Abschnitt in nördlicher oder südlicher Richtung übernehmen. Auf diese Weise würden die Fischerboote ein Raster bilden, das einen wesentlichen Teil des Suchgebiets abdeckte, und die Gewässer innerhalb dieses Rasters in seiner ganzen Länge und Breite absuchen. Und sie würden alles das in der ihnen eigenen Sprache tun, mit den alten Begriffen des Navigationssystems Loran und dem Jargon der Fischer des Long Island Sound.

Genau das machten sie auch – dreiundzwanzig Fischkutter und Charterboote unter dem Kommando von Anthony Sosinski. Zusätzlich zu den genannten Verdiensten der Aktion sollte

Anthony später beteuern, dass allein die Koordination der Freiwilligenflotte ihn an diesem Tag davor bewahrt habe, verrückt zu werden.

In Shorts und mit freiem Oberkörper stand er auf der Steuerbordseite an der Reling der *Anna Mary*, eine Stelle, von wo aus er gleichzeitig das Meer absuchen und ins Sprechfunkmikrofon sprechen konnte, das durch ein langes Kabel mit dem Funkgerät im Steuerhaus verbunden war. In regelmäßigen Abständen steckte er den Kopf ins Steuerhaus, um die Positionsdaten auf dem Lorangerät zu überprüfen, das sich ebenfalls knapp anderthalb Meter entfernt im Steuerhaus befand, während er abwechselnd ins Mikrofon sprach oder es sich zum Hören ans Ohr hielt.

Die Manöver der Flotte zu koordinieren, bedeutete vor allem, zwischen den einzelnen Sprechfunkkanälen hin und her zu springen und den betreffenden Bereich des Ozeans genauestens zu kennen. Als Erstes hatte Sosinski allen Schiffen der Freiwilligenflotte auf Kanal 16 mitgeteilt, auf Kanal 1 zu wechseln. Das war der Kanal, auf dem die Montauker Fischer gewöhnlich auf See miteinander kommunizierten und folglich die geeignete Frequenz. Kanal 16 benutzte er weiterhin für die Kommunikation mit der Küstenwache, während er über Kanal 22 mit dem Helikopter der Küstenwache verbunden war, der aus der Luft nach Johnny suchte. Das Funkgerät lief im Scan-Betrieb, was bedeutete, dass ein Gespräch auf Kanal 1 dem Kapitän eines Schiffes durch den Zwischenruf »Hey, Anthony, die Küstenwache will dich auf 16 sprechen« unterbrochen werden konnte, er auf 16 umschaltete, anschließend wieder zurück auf 1, um die Freiwilligenflotte zu informieren, dann auf 22 den MH-60-Helikopter nach seiner Position fragte und so weiter.

Bei der Zuteilung der Felder des Suchgitters orientierte er

sich an den geografischen Positionsdaten der Schiffe und an seinen eigenen Berechnungen, wohin die Strömung Johnny zu diesem Zeitpunkt getrieben haben könnte. In gewisser Weise manövrierte er die Flotte mit der Strömung. Als sich beispielsweise ein Freund auf der achtundfünfzig Fuß langen *Bookie*, die fünfzig Meilen südöstlich Torpedobarsche fischte, über Funk meldete, teilte er dem Boot·das östlichste Feld des Rasters zu, weil es am nächsten lag. Außerdem stellte er fundierte Vermutungen an. »Fahrt drei Meilen in Richtung Osten«, wies er etwa ein Schiff an, »und dann seht euch nach Norden und Süden um«, wobei er vorherzusehen versuchte, wohin die Strömung seinen Partner und lebenslangen Freund getrieben hatte, und gleichzeitig hoffte – ohne es zu wissen –, dass er sich irgendwo auf diesem großen Ozean zu einer Boje gerettet hatte.

Das war Anthonys Stellung, und er verließ sie keine Minute.

Genauso wenig wie der sonnenverbrannte Mike Migliaccio, der nur zwischendurch kurz an Deck sprang, um sich eine neue Wasserflasche zu schnappen. Mike »hatte auf dem Dach Wurzeln geschlagen«, wie Anthony es ausdrückt, »und qualmte eine Marlboro nach der anderen«. Die beiden Männer kannten sich, seit Mikes Bruder, von Beruf Koch, bei einem Feuer in einer Wohnung, in der Anthony einmal gewohnt hatte, umgekommen war. Er und Anthony waren sich begegnet, als Mike nach Montauk gekommen war, um zu sehen, wo sein Bruder gestorben war. Mit der Zeit beschloss Migliaccio, ein gelernter Schiffsmechaniker, nach Montauk zu ziehen und wieder als Matrose auf einem Fischerboot anzuheuern. An diesem Tag trug der Mann, der als Doppelgänger von Charles Bronson durchgehen könnte, neben der üblichen Jeans und einem T-Shirt nur eine Kappe zum Schutz gegen die Sonne, während er neben dem Mast zwischen den riesigen Scheinwerfern und den sich kreuzenden Leinen stand. Vor seine Augen hielt er ein Fernglas, dessen Gläser zwei große weiße Kreise auf seinem ansonsten von der Sonne feuerrot verbrannten Gesicht hinterließen.

Es war das erste Mal, dass Mike mit einem solchen Unglück konfrontiert war, und es ging um einen Freund. *Wenn irgendwer es schaffen kann, dann Johnny*, redete er sich ein. Aber mit jeder weiteren Stunde wurde es schwieriger, daran festzuhalten, und Mike wurde zunehmend angespannter.

Nach vier Stunden begann er, an Haie zu denken. Nach sechs Stunden quälte ihn der Gedanke an Unterkühlung. Dennoch hielten ihn Adrenalin und das Gefühl der Freundschaft und Sorge um Johnny fest an seinem Posten. Regelmäßig rief er Ermutigungen von jenseits des Grabes nach unten zu Anthony: »Mein Bruder sagt mir, es wird alles gut. Ich soll die Augen offenhalten.« Nichts anderes machte er seit Stunden. »Ich habe jede Welle im Umkreis von 360 Grad untersucht, wieder und wieder«, sagt Migliaccio. »Ich habe versucht, die Richtung der Strömung zu bestimmen und von wo der Wind kam. Ich habe überall gesucht und jede Menge Boote gesehen« – die Armada der Freiwilligen innerhalb des zugewiesenen Suchgebiets –, »aber es sollte einfach nicht sein.«

In der Zwischenzeit beschäftigte sich das Einsatzteam in New Haven mit den beiden Standardoptionen, die Suche nach Einbruch der Dunkelheit zu verlängern, indem man entweder sämtliche Einsatzfahrzeuge zurückberief und die Suche am nächsten Tag in aller Frühe fortsetzte, oder die ganze Nacht weiterzusuchen. Sie entschieden, die Suche notfalls die ganze Nacht fortzuführen, ausgehend von der Gewissheit, dass die derzeit eingesetzten Fahrzeuge plus die zur Verfügung stehenden Reservekräfte mehr als ausreichend waren. Zu den Reservekräften gehörten die Cutter *Tiger Shark* und *Sailfish*, die später im

Suchgebiet eintreffen sollten und denen Theel das Kommando über die Flotte während der Nacht übergeben wollte[9].

Aber es war noch nicht dunkel. Die Sonne würde erst in einigen Stunden untergehen, und die Boote der Freiwilligenflotte durchkämmten unablässig den Teil des Meeres, den Anthony ihnen zugewiesen hatte, ihr Raster immer wieder auf und ab fahrend, damit sich die Suche der einzelnen Boote nicht überschnitt, während zahllose Augenpaare die See nach Johnny Aldridge absuchten.

Wie ist das, wenn man stundenlang aufs Meer starrt und eine Person im Wasser sucht? Bootsmann Rich Standbridge, ein Coastie, der ausnahmsweise nicht an der Suche nach John Aldridge beteiligt war, sagt, dass es »für die Leute an Bord ungeheuer schwer ist, überhaupt irgendetwas zu sehen. Bevor ich zur Küstenwache kam, habe ich immer gedacht: *Es ist leuchtend orange oder rot oder gelb auf einem blauen Ozean. Das sollte nicht schwer sein.* Aber tatsächlich ist es wie die Suche nach der Nadel im Heuhaufen.« Viele freiwillige Crewmitglieder verbrachten an diesem Tag Stunden im Ausguck und wurden bei der Suche nach dieser Nadel »mächtig von der Sonne verbrannt«, wie Fischer Chuck Weimer bemerkte.

Steve Forsberg glaubt, ihres war das elfte Boot, das von Anthony einem Suchraster zugeteilt wurde. Steven Jr. stand am Steuer, während Carl und Forsberg auf dem höchsten Punkt des Dachs Stellung bezogen. »Achte auf alles«, sagte er zu seinem jüngeren Sohn, auch wenn er im gleichen Moment wusste, wie witzlos die Aufforderung war. In den Wellen des Ozeans nach

---

9   Wie sich herausstellte, erreichten beide Cutter nie das Suchgebiet. Die *Sailfish* wurde beim Betanken aufgehalten, und die *Tiger Shark* hatte ein Antennenproblem und musste in den Hafen zurückkehren. Glücklicherweise wurde keiner der beiden Cutter gebraucht.

dem Kopf eines Menschen zu suchen, war so, als wolle man an einem Sandstrand ein ganz bestimmtes einzelnes Sandkorn finden.

Cathy Patterson und ihre Schwägerin Jillian trafen gegen 10.30 Uhr an der Station in Montauk am Ende der Star Island Road ein. Tommys Partner, Rob Howard, ihre »Eskorte« aus dem Büro des Deputy Sheriff, klingelte am Tor, nannte ihre Namen, und sie wurden eingelassen. Dennis Heard, der aktuelle Einsatzleiter, wurde über ihr Eintreffen informiert und kam, um sie persönlich zu empfangen.

Das Hauptgebäude der Montauker Station ist groß und recht imposant. Es ist ein weißer, zweistöckiger Bau mit einem roten Ziegeldach. Auf dem Dachboden befinden sich zahlreiche weitere Räume sowie ein Aussichtsturm. So weiträumig das Gebäude zunächst erscheint, besteht es doch hauptsächlich aus Büros, Konferenzräumen, einer Kaffeeküche und ähnlichen Hauswirtschaftsräumen sowie den Einsatzräumen der Küstenwache. Für Besucher wie Cathy und Jillian sind keine besonderen Räumlichkeiten vorgesehen. Heard war freundlich und sympathisch und schob die beiden Frauen in die Kommunikationszentrale des Gebäudes, wo Cathy sich an ein halbes Dutzend Leute erinnert, die konzentriert vor einer Reihe riesiger Computermonitore saßen. Heard öffnete die Schublade eines großen Aktenschranks und zog eine Schifffahrtskarte hervor. »Hier ist die *Anna Mary* im Augenblick«, sagte er und streckte den Finger aus. Er zeigte ihnen die Koordinaten, innerhalb derer Johnny vermutlich über Bord gegangen war, und skizzierte das Suchgebiet.

Cathy erinnert sich, dass sie dachte, irgendetwas stimme nicht mit den Koordinaten für die obere Begrenzung des Suchgebiets, als sage ihr eine innere Stimme, dass ihr Bruder weiter draußen in der Nähe seiner ausgelegten Körbe sei. Aber die Männer von der Küstenwache waren die Experten. Sie hatten die Ausrüstung und die vielen Suchgeräte, die Dennis Heard ihr gerade im Einzelnen erklärte: Patrouillenboote, Schnelleinsatzboote, Helikopter, Jets, Cutter und SAROPS. Niemand war so gut informiert wie sie.

Heard musste zurück an die Arbeit und gab Cathy und Jillian in die Obhut zweier Verwaltungskräfte. Das sind Personen, die nicht zum Einsatzteam gehören, sondern sich um Material, Lagerung, Logistik und die Büroarbeit kümmern. Zur Zeit waren zwei der Verwaltungskräfte in der Station Frauen, und Heard hielt es für eine gute Idee, sie Cathy und Jillian an die Seite zu stellen, falls sie ihre Hilfe benötigten. Die beiden Frauen zeigten Cathy und Jillian das Mannschaftsdeck und die Außenterrasse, wo sie sich niederließen und angestrengt aufs Meer hinaussahen.

Immer mehr Menschen trafen in der Station ein, darunter auch Teresa, Johnnys damalige Freundin, und andere Freunde. Auch die lokalen Gesetzeshüter kamen. Das Sheriff Office von Suffolk County war bereits vertreten, da es die Eskorte gestellt hatte, aber es gehörte noch aus einem anderen Grund hierher. Wie es sich für eine Küstenregion gehört, hatte das Büro eine eigene Abteilung für die Meeresaufsicht, die zur East End Marine Task Force gehört. Darunter sind achtzehn Polizeidienststellen aus den fünf größeren Städten sowie zahllosen Dörfern und Weilern des East End sowie der State Park Police und des State Department of Environmental Conservation zusammengefasst. Johnnys Vermisstenmeldung hatte so ziemlich alle Dienststellen aufgeschreckt, und deren Vorsteher trafen nun nach und nach in der Station ein. Das war zweifellos richtig, angemessen und notwendig: da sich bereits zwei Boote der Station im Einsatz und ein drittes in Alarmbereitschaft befanden, wären bei einem weiteren Notfall die Boote der Task Force gefragt.

Im Augenblick allerdings hatten die lokalen Gesetzeshüter jede Menge Fragen an Dennis Heard. Einige davon hatten mit dem aktuellen Informationsstand zu tun und wurden nach bestem Wissen beantwortet, während andere detaillierte Angaben zu den von der Küstenwache getroffenen Maßnahmen betrafen. Heard versuchte auf jede Frage geduldig zu antworten – »Ich wusste, dass sie uns helfen wollten« –, aber er fürchtete, dass es ihn von seiner eigentlichen Aufgabe abhielt, wenn er ständig die gleiche Geschichte vor anderen Leuten wiederholte und den örtlichen Beamten, die »jedes verfügbare Boot in der Umgebung mobilisieren wollten«, versicherte, dass es damit noch Zeit hätte. *Bitte*, wollte er sagen, *wir brauchen eure Boote vielleicht noch, aber im Augenblick besteht dazu keine Notwendigkeit, also geduldet euch und lasst uns unsere Arbeit tun.*

Tommy Patterson traf gegen Mittag ein. Seine Eltern waren gekommen, um auf Jake aufzupassen, und Tommy hatte seine Uniform angezogen und war mit dem Dienstwagen zur Station der Küstenwache gefahren. Dort traf er Cathy und Jillian und andere Freunde, die alle das Gleiche taten, nämlich warten.

Cathys Telefon wurde von SMS überschwemmt. Alle Nachrichten hatten den gleichen Tenor: *Bleib tapfer*. Sie hatte nicht vor, etwas anderes zu tun.

Sie erinnerte sich daran, wie Chubby Gray im Dezember des vorigen Jahrs verunglückt war. Das war eine halbe Ewigkeit her, doch jetzt schien der Verlust ganz frisch und riss ein tiefes, dunkles, kaltes Loch in ihr Herz. Chubby war einer der »Jungs« gewesen, ein Freund von Johnny und Anthony, ein junger Kerl, der sich die alten Veteranen wie ihren Bruder und seinen Partner zum Vorbild genommen hatte. Was den Verlust noch schmerzlicher machte, waren die vielen ungeklärten Fragen: Was genau war passiert? Wie konnte ein Schiff, das baugleich mit der *Anna Mary* war, mit zwei erfahrenen Seeleuten an Bord einfach so verschwinden? Cathy erinnerte sich, wie mitgenommen Johnny damals gewesen war und wie er zu ihr gesagt hatte: »Sollte mir so etwas je passieren, kannst du dich darauf verlassen, dass ich alles tun werde, um zu überleben.« Wie auch immer die Sache ausging, sie konnte sicher sein, dass er mit seiner ganzen Kraft bis zur letzten Minute um sein Leben kämpfen würde. Darauf zählte sie jetzt.

Sie brauchte irgendeinen Hoffnungsschimmer, während sie mit ihrer Familie in Oakdale in Kontakt blieb. Ihr Vater war im Begriff sich einzureden, dass sein ältester Sohn nicht mehr lebte. Vielleicht war er sich dessen auch schon gewiss. Wie auch immer, sie befürchtete, er würde zusammenbrechen. Sich an Johnnys Versprechen klammernd, er werde nicht aufgeben, wollte sie nicht daran glauben, ihr Bruder könne nicht mehr am Leben sein, ja sie ließ allein den Gedanken daran nicht zu. »Ich habe keine Sekunde daran gedacht, er sei tot«, betont sie mit Nachdruck, und sei es auch nur deshalb, weil die Vorstellung undenkbar war. Dennoch schien es so, als könne sie in den vielen Gesichtern um sie herum genau diesen Gedanken lesen. »Wie stehen seine Chancen?«, fragte Tommy eine Gruppe von Coasties, die auf eine Karte starrten. Sie gaben keine Antwort, sondern drehten bloß ihre Köpfe zur Seite. Danach, erinnert sich Cathy, »wollte ich Tommy nicht mehr ins Gesicht sehen. Es hatte den Ausdruck derer, die Johnny aufgegeben hatten«, und das konnte sie nicht ertragen.

Heard schätzt, dass sich mehr als vierzig Personen im Außenbereich der Station aufhielten. Sie pendelten meist zwischen dem Mannschaftsdeck und der Außenterrasse hin und her, und er ging von einem zum anderen, um sie über den neusten Stand zu informieren. Er konnte sehen, was sie durchmachten, und er gab sich alle Mühe, seine eigenen Emotionen unter Kontrolle zu halten. *Erzähl ihnen das, was wir mit Sicherheit wissen*, sagte er zu sich selbst, *selbst wenn es nicht viel ist und du ihnen das Gleiche schon vor einer Stunde erzählt hast.*

Mit seinen sechs Mitarbeitern traf er auch die Vorbereitungen für den Einsatz der Polizeiboote, die im Ernstfall für die sich auf See befindenden Rettungsboote der Küstenwache einspringen würden. Von der Kommandozentrale in New Haven erhielt er die Erlaubnis, das kleine Schnelleinsatzboot unter Kapitän Jason Walter bis zu zwanzig Meilen vor der Küste einzusetzen, eine Ausnahme, weil es hier um Leben und Tod ging und die See ruhig war. Er stand in regelmäßigem Kontakt mit der Kommandozentrale und verfolgte den Funkverkehr zwischen den Booten der wachsenden Freiwilligenflotte. Aufgrund einer vorübergehenden Funkstörung in New Haven musste die Station in Montauk sogar den aktuellen Stand der Freiwilligenflotte weiterleiten. Heard hatte genaue Anweisungen, was er der Familie sagen sollte – und was nicht – und wann ein speziell für den Umgang mit Angehörigen geschultes Team von Psychologen einberufen werden sollte.

Dennis Heard ist ein gelassener, sanftmütiger Mensch mit einer beruhigenden Ausstrahlung. Dennoch gesteht er, dass er die Anwesenheit der Familienangehörigen vor Ort als »stressig« empfand, während er von einer Aufgabe zur nächsten eilte und sich um die Bedürfnisse aller unterschiedlichen Gruppen zu kümmern versuchte. Er wollte sicherstellen, dass sie alle Informationen erhielten, die sie brauchten, gleichzeitig aber die Dinge nicht hörten, die in ihrer aktuellen Situation wenig hilfreich waren. Deshalb war er den Verwaltungskräften dankbar, die auf eine ungezwungene Art mit den Angehörigen redeten, um die er sie nur beneiden konnte.

Maschinenmaat Brian Giunta fühlte sich durch die Anwesenheit der Angehörigen von Johnny Aldridge auf ganz andere

Art gestresst. Einerseits erleichtert darüber, dass er anders als Dennis Heard nicht direkt mit der Schwester des Vermissten zu tun hatte, verstärkte die Gegenwart der Familienmitglieder die Last der Aufgabe, die vor ihm lag. Giunta war an diesem Tag als Maschinist auf dem zweiten 47-Fuß-Rettungsboot eingeteilt, das nach der Rückkehr des ersten Bootes zum Einsatz kommen sollte. Er befand sich an diesem Vormittag in Dienstbereitschaft, und für ihn hatte dieser Einsatz etwas sehr Persönliches. Er kannte die beiden Hummerfischer. Er erinnerte sich an Sosinski – Little Anthony, wie er ihn nannte –, der an der Parade zum St. Patrick's Day mit einem Einrad teilgenommen hatte, ein geborener Spaßvogel. Die Tatsache, dass Johnnys Familie unmittelbar zugegen war, gab seinem Einsatz eine ganz neue Dimension.

In seinen Jahren bei der Küstenwache hatte Giunta nach seinen eigenen Worten »viele Leichen aus dem Wasser gezogen«. Als seine Crew an diesem Morgen des 24. Juli 2013 zusammengetrommelt wurde, um die 47 bei ihrer Rückkehr abzulösen, »sahen wir uns an und wussten, dass alle mit dem Schlimmsten rechneten«.

»Das ist völlig verständlich«, fährt Giunta fort. »Wir haben es hier mit dem Nordatlantik zu tun, der lässt nicht mit sich spaßen.« Aber die Anwesenheit der Familienangehörigen, der Anblick von Aldridges Schwester, die auf der Veranda stand und aufs Meer starrte, »saßen tief«, wie Giunta sagt. In diesem Moment wurde ihm auf dramatische Weise bewusst, dass er – und seine Crew und ihr Training und das einsatzbereite Rettungsboot – in den Augen der Familie eine Rettungsleine darstellten, ihre einzige Hoffnung, Johnny Aldridge lebend wiederzubekommen. Diese Erkenntnis erhöhte die Last der Verantwortung, die auf ihnen allen ruhte, aber sie ließ Giunta auch umso deutlicher spüren, dass er bereit war, diese Verantwortung zu übernehmen.

Cathy fühlte sich ermutigt, als sie hörte, dass eine Flotte einheimischer Fischerboote sich an der Suche beteiligte und Anthony ihren Einsatz koordinierte. Dennis Heard nannte ihre Mobilisierung eine »außergewöhnliche« Reaktion, die es der Küstenwache ermöglichte, sich auf ihre eigenen Ressourcen zu konzentrieren. Cathy sah darin ein gutes Zeichen, während es in der Station zuging wie in einem Bienenkorb – Coasties kamen und gingen, Telefone brummten und zwitscherten, und auf den Computerschirmen leuchteten sich laufend verändernde Grafiken.

Kurz vor 13.00 Uhr bemerkte Cathy allerdings eine Veränderung. Sie spürte einen plötzlichen Stimmungsumschwung, etwas in der Art, wie die Einsatzleiter sich verhielten und einander ansahen. Unter normalen Umständen ist Cathy Pattersons Verstand schon messerscharf; unter den gegenwärtigen Umständen arbeiteten ihre Sensoren auf Hochtouren, und die empfangenen Signale drückten ihr auf den Magen. *Was ging hier vor? Irgendetwas war geschehen, aber was? Verlangsamten sie die Suche? Gaben sie ganz auf? Warum kamen die Dinge in der Station ins Stocken? Das durfte nicht sein.* Cathys »Autopilot« setzte ein. Mit lauter Stimme rief sie alle in der Station zur Ordnung und hielt eine Ansprache. »Dies ist kein gewöhnlicher Fischer«, sagte sie, ihre Stimme angespannt vor Sorge und zugleich unnachgiebig streng. »Dies ist mein Bruder. Geben Sie die Suche nicht auf. Versprechen Sie es mir. Versprechen Sie, nicht aufzugeben.«

Niemand dachte daran, die Suche aufzugeben. Erst zwei Stunden zuvor war der Befehl gekommen, die Suche die ganze Nacht und bis in den Morgen fortzusetzen. Selbst wenn die Boote zum Tanken und Auffrischen der Vorräte zurückkommen und die Crews ihre maximale Dienstzeit erreichen und ersetzt werden müssen, kann eine Suche nur durch einen Befehl auf Distriktebene – der Ebene über den Sektoren – abgebrochen werden, und selbst dann »geschieht das nicht schlagartig«, wie Jason Walter sagt.

Wenig später kehrte Walter selbst zur Station zurück. Sechs Stunden lang waren er und seine dreiköpfige Crew mit dem kleinen Einsatzboot unterwegs gewesen, hatten mit offizieller Erlaubnis außerhalb des eigentlichen Einsatzbereichs weit draußen vor der Küste operiert und trotz der geringen Geschwindigkeit des Boots einen beträchtlichen Bereich abgesucht. Aber es gab immer noch kein Zeichen von Johnny Aldridge, als die Crew erschöpft und ein wenig mutlos zur Station zurückgerufen wurde.

Als sie in die Hafenbucht einfuhren, waren sie erstaunt, am Strand von fünfzig oder mehr Menschen empfangen zu werden. Die Menge drängte sich vor. »Habt ihr ihn gefunden?«, riefen einige. »Habt ihr Johnny gerettet?« Traurig schüttelten sie die Köpfe.

Was Cathy über den plötzlichen Stimmungsumschwung wenige Minuten vor 13.00 Uhr nicht wusste und erst sehr viel später erfahren sollte, war, dass es in der Kommandozentrale in New Haven um 12.45 Uhr zum Absturz von SAROPS gekommen war.

Jason Rodocker führt den Absturz auf eine Datenüberflutung zurück. Das System wurde einfach von den vielen Informationen der Freiwilligenflotte überschwemmt und konnte die Masse der Daten nicht mehr verarbeiten. Jason betrachtete den Absturz als etwas, das einem am Computer passieren konnte – eine alltägliche Erfahrung in seinem Job. »Ich musste so lange weitermachen, bis jemand mich ablösen kam«, sagt er, während seine Finger über die Tastatur fliegen. Bis dahin war es noch eine ganze Weile hin, also fuhr Rodocker den Computer wieder hoch, begann von vorn und machte einfach weiter.

Doch um ihn im Kommandozentrum in New Haven und in der Kommunikationszentrale der Station in Montauk wirkten die plötzlich leeren Bildschirme gespenstisch, und die Mitarbeiter spürten die veränderte Atmosphäre. Mehr als sechs Stunden nach Eingang des Notrufs sein leistungsfähigstes technisches Gerät zu verlieren, noch dazu bei einem sich langwieriger gestaltenden Fall, war ein schwerer Schlag. Jeder spürte, man wäre, bis sich die bunten Pixel auf dem Bildschirm wieder zu Clustern zusammenfügten, was die Suche nach Johnny Aldridge anging, praktisch im Blindflug.

DIE WACHT AN LAND

Nachmittag

Das Aldridge-Haus in Oakdale platzte vor Menschen aus allen Nähten. Sie waren alle gekommen, um John und Addie zu unterstützen und Anthony, der schier verzweifelt schien, Mut zuzusprechen, und der Familie bei dem beizustehen, was auch immer sie in den kommenden Stunden erwartete.

Aber sie waren auch um ihrer selbst willen gekommen. Einmal weil sie das Bedürfnis empfanden, unter Leuten zu sein, die Johnny kannten. Und zum anderen deshalb, weil der heutige Tag sich zusehends »zu einem der schlimmsten Tage meines Lebens« entwickelte, wie Tony Vincente es ausdrückte. Und wer möchte an einem der schlimmsten Tage seines Lebens schon gerne allein bleiben?

Die im Haus Versammelten glaubten nicht daran, dass Johnny nicht mehr lebte. Tony stemmte sich mit aller Kraft gegen diesen Gedanken. Steven D'Amico glaubte nicht eine Sekunde daran. »Ich hatte nicht das Gefühl, dass er verloren war«, erinnert sich D'Amico. »Ich wusste, das Wasser war warm und Johnny würde wissen, was zu tun war. Ich hoffte, er würde sich daran halten.«

D'Amico hatte allen Grund, an Johnny Aldridges starken Willen zu glauben, einen Willen, der ihm zeigen würde, was er tun musste, um zu überleben. Er erinnerte sich an einen Zwischenfall aus der Zeit, als sie sich als Jugendliche herumgetrieben hatten, ein harmloser Spaß, der aus dem Ruder gelaufen war und an dem man nach Meinung D'Amicos den späteren Johnny Aldridge sehr gut erkennen konnte. Die beiden waren damals siebzehn oder achtzehn gewesen, junge Kerle, die zeigen wollten, was sie drauf hatten, und womit konnte man das besser oder auch nur annähernd so laut wie auf Enduro-Maschinen? Steve und Johnny besaßen beide eine, und sie fuhren damit im Wald auf einem großen Berg aus Erde, Schotter und Geröll, den Bauarbeiter dort abgeladen hatten. Es ging darum, wer mit seiner Maschine am höchsten springen konnte, und natürlich hatte es immer auch etwas mit Angeberei und Wettbewerb zu tun.

Steve fuhr als Erster und sprang ziemlich hoch, und als er auf dem Boden landete, drehte er sich um und sah Johnny mit einem Mordstempo »hoch durch die Luft fliegen«. Tatsächlich war Johnnys Sprung so rasant, dass seine Füße auf dem Scheitelpunkt des Flugs von den Fußrasten abrutschten. Er verlor die Kontrolle über das Motorrad, und als er auf dem Boden aufschlug, zog er sich nicht nur jede Menge Kratzer, Schrammen und blaue Flecken zu, sondern die linke Fußstütze schabte über sein Schienbein und riss es bis auf den Knochen auf. Die beiden Jungen erkannten sofort, dass die Verletzung behandelt werden und Johnny schnellstens ins Krankenhaus musste, und weil seine Maschine nicht mehr fuhr, stieg er zu Steven auf den Rücksitz und die beiden fuhren durch die Stadt zur nächsten Ambulanz.

Das war verboten, weil Enduro-Maschinen nicht auf öffentlichen Straßen fahren dürfen, aber zum Glück hielt kein Polizist sie an, und sie erreichten das Krankenhaus ohne weitere Zwischenfälle. Bevor er in der Ambulanz verschwand, bat Johnny Steve allerdings darum, das kaputte Motorrad bei sich zu Hause zu verstecken. Seine eigenen Schrammen konnte er als nicht weiter schlimm abtun, aber er fürchtete, wenn sein Vater die demolierte Maschine sah, würde er erkennen, wie schwer der Sturz gewesen war, und sie loswerden wollen. Und wie Johnny einräumte, »war es nicht der Fehler der Maschine gewesen«, sondern sein eigener, weil er Steve hatte ausstechen wollen. Er war bereit, für seinen Hochmut die Schmerzen zu ertragen, aber er wollte auf keinen Fall sein Motorrad verlieren.

Nun musste Steve im Wohnzimmer der Aldridges an diesen Zwischenfall denken. Er dachte an einen jungen Mann, der immer höher hinauswollte, der seine verdiente Strafe ertrug und nicht darüber jammerte und immer nach Lösungen für ein Problem und einem annehmbaren Ausweg suchte. Er überlegte, dass dieser Typ da draußen auf dem Wasser am Leben sein musste und sich irgendwie durchschlagen würde.

Aber was auch immer man dachte oder glaubte oder vermutete oder hoffte, das Schlimme war, es nicht zu wissen: die Minuten und dann die Stunden vergingen ohne jede Nachricht, eine lähmende Stille statt einer Antwort, und die Ungewissheit, wann es eine Antwort geben würde. In vielen Gesichtern standen die Tränen. Die Leute sprachen mit gedämpften Stimmen, versuchten einander Trost, Aufmunterung und Stärke zu geben. »Macht euch keine Sorgen«, versicherte Tony Vincente Addie und John senior und allen anderen. »Johnny lebt. Er sitzt auf einer Boje und wartet, und schon bald surft er nach Hause zurück. Er lebt.« Je fester man daran glaubte, desto schlimmer erschien das Warten.

Addie Aldridge glaubte fest an eine Rettung. »Er war von Geburt an ein Überlebenskünstler«, sagt seine Mutter über Johnny Aldridge. Er kam mit einer Lungenentzündung zur Welt, und man ging davon aus, dass er die ersten zweiundsiebzig Stunden nicht überstehen werde, selbst nachdem man ihn in ein Krankenhaus mit einer Spezialabteilung für Neugeborene verlegt hatte. Aber Addie glaubte nicht an die Prognose der Ärzte und vergoss keine Träne. »Ich ging einfach davon aus, dass alles gut werden würde«, sagt sie. »Ihm würde nichts passieren, und er würde gesund werden.« Das sagte sie sich damals als junge Mutter mit ihrem ersten Kind, und genau so kam es dann auch. »Er wurde gesund«, sagt sie. »Er schaffte es. Das meine ich, wenn ich sage, er war ein Überlebenskünstler von Geburt an. Ich durfte ihn erst nach fünf Tagen das erste Mal sehen, aber ich wusste, er würde es schaffen.«

Fünfundvierzig Jahre später hielt sie an der gleichen unerschütterlichen Überzeugung fest. Umgeben von Freunden und der Familie, die alle gekommen waren, um mit ihr Wache zu halten, spürte sie die gleiche Gewissheit wie damals. »In meinem tiefsten Inneren hatte ich nicht das Gefühl, er sei nicht mehr bei uns«, sagt sie. »Ich spürte, dass er lebte und dass sie ihn finden würden.« Ihr Johnny würde es schaffen, so wie er es als Säugling geschafft hatte – sie wusste es.

Aber im Augenblick musste man das quälende Warten durchstehen, und niemand konnte erahnen, wie lange es dauern würde.

Wie lange konnte es gehen?, fragten die Leute sich, nicht laut und nicht im Beisein von John, Addie oder Anthony. *Wie viele Stunden konnte jemand ohne Schwimmweste oder sonst etwas im Sommer im Meer überleben? Und wie würde das Ganze ausgehen? Würden sie eine Leiche finden? Oder nur ein Kleidungsstück? Seine Stiefel, die auf dem Wasser trieben? Würde die Küstenwache die Suche einfach einstellen?* Wenn sie Stunde um Stunde suchen und nichts finden, heißt es irgendwann, die Suche wurde abgebrochen. Und es gibt nichts – keinen Leichnam, den man beerdigen kann, keine Spur, kein Überbleibsel, absolut nichts.

Zwischendurch klingelte das Telefon, und bei jedem Läuten

hielten die Leute den Atem an. Familienmitglieder versuchten die Anrufe abzufangen und den Anrufer zu ermitteln. Wenn es die Küstenwache war – ein Offizier rief sie pünktlich zu jeder Stunde an, fast wie beim Stundengebet –, war John Aldridge sich sicher, sie wollten ihm mitteilen, man habe eine Leiche entdeckt. Wenn es nicht die Küstenwache war, dann rief ein weiterer Freund oder Nachbar an und stellte die gleichen Fragen, die sie sich alle stellten, oder drückte die gleichen Sorgen aus, die auch sie teilten. Wie viele Male konnte man von John senior oder Addie erwarten, auf die immer gleichen Fragen zu antworten und dankbar für die Anteilnahme zu sein? Ganz zu schweigen davon, dass beide es im Moment am allerwenigsten brauchten, wenn der Anrufe am anderen Ende der Leitung in Schluchzen ausbrach. Da war es besser, wenn Tante Helen abnahm, oder Onkel Jimmy, oder Leonore von gegenüber, oder Tony Vincente.

Aber Addie ging ans Telefon, als Melanie Sosinski Brown anrief.

Die SMS, die die ältere Tochter von Anthony Sosinski erreichte, während sie mit ihrem Mann Urlaub in Maine machte, war angsteinflößend. Ein Freund ihres Vaters hatte sie um 9.48 Uhr verschickt, und der Text lautete bloß: *Hast du von deinem Dad und Johnny gehört?* Melanie rief ihn sofort an und bekam eine noch erschreckendere Nachricht: »Irgendwer« auf der *Anna Mary* sei über Bord gegangen. Der Freund konnte aber nicht sagen, wer.

Melanie googelte nach Neuigkeiten. Sie war sich sicher, dass irgendein Reporter auf Long Island ihr aus erster Hand sagen könne, wer, wann, wo und wie über Bord gegangen war und was »über Bord gehen« genau hieß, aber sie fand niemanden, der ihr helfen konnte.

Als Nächstes rief sie ihre Schwester Emma in Arizona an. Sie musste es einfach tun. So dürftig die Information auch war, Emma musste benachrichtigt werden, selbst in aller Frühe, zwei Stunden vor der hiesigen Zeit.

Emma kellnerte zu dieser Uhrzeit in einem Bagel-Café und hatte alle Hände voll zu tun. Beim ersten Telefonklingeln bediente sie gerade einen Gast und konnte nicht drangehen. Drei Anrufe später, als sie sah, dass die Anruferin ihre Schwester war, beschloss Emma, zurückzurufen.

Die Nachricht riss ihr den Boden unter den Füßen weg. »Wir wissen nicht, ob es Dad ist oder nicht«, erklärte Melanie ihr, nur dass jemand vom Boot gefallen war und die Küstenwache nach ihm suchte. Aber für Emma, mehr als dreitausend Kilometer entfernt, eine Distanz, über die selbst der banalste Zwischenfall Bedeutung gewinnt, war die Nachricht bestürzend, besonders, weil dieser Zwischenfall alles andere als banal war. Beide Frauen waren mit einem dunklen Bewusstsein von den Gefahren des Fischens aufgewachsen. »Du weißt es, und du willst es nicht wissen«, sagt Melanie. Ihr Leben lang hatten sie Geschichten über das raue Leben auf See gehört, und sie wussten, dass jeder Moment voller Gefahr war. Und jetzt war sie über sie hereingebrochen.

Emma versuchte, nicht in Panik zu verfallen. Aus einer verzweifelten Hoffnung heraus rief sie ihren Vater an, erwischte aber nur die Mailbox. Ihr Boss schickte sie früher nach Hause. Dort angekommen, sah sie auf Facebook nach. Sie folgt so vielen Leuten aus Montauk, schließlich waren sie und Melanie dort aufgewachsen, dass sie überzeugt war, irgendwelche Nachrichten zu finden. Doch sie fand nichts.

Die schlimmsten Befürchtungen der beiden Schwestern sollten noch eine Stunde andauern. Gegen 11.00 Uhr Ostküstenzeit beschloss Melanie, die sicherste Quelle für irgendwelche

Nachrichten müsse die Küstenwache sein, und als sie in der Station in Montauk anrief und ihren Namen sagte, bestätigte ihr ein Offizier, dass es sich bei dem Vermissten um Johnny handelte. Sofort rief sie Emma an. Die Erleichterung bei beiden war erst einmal »überwältigend«, wie Emma sagt, aber die beunruhigende Sorge und Bestürzung waren damit nicht vorbei. Johnny war für die beiden Schwestern wie ein Onkel; keine konnte sich an eine Zeit erinnern, in der Johnny Aldridge und die ganze Aldridge-Familie nicht fest zu ihrem Leben gehörten. Sie dachten an Johnny, der lebte und allein im Meer trieb, und sie dachten an das, was ihr Vater an Bord der *Anna Mary* durchmachte.

Der Offizier der Küstenwache, mit dem Melanie gesprochen hatte, hatte ihr erzählt, dass die Aldridge-Familie informiert sei. Vergeblich suchte Melanie nach einer Telefonnummer von Cathy und Tommy Patterson oder von Anthony Aldridge. Sie wollte mit jemandem von der Familie sprechen, um zu erfahren, was los war. Aber sie lebte schon so lange nicht mehr in Long Island; sie hatte von niemandem dort mehr eine Telefonnummer. Sie überlegte, dass vielleicht ihre Großmutter mütterlicherseits in Arizona die Telefonnummer der Eltern von Johnny Aldridge hatte, und so war es auch. Sofort rief Melanie bei Addie an.

Sie redeten mehrere Minuten lang miteinander. Für Melanie klang Addie »verständlicherweise verzweifelt«, aber genauso liebenswürdig, wie sie sie in Erinnerung hatte und wie alle anderen sie kannten. Sie konnte Melanie sagen, dass Cathy auf dem Weg zur Küstenwachenstation in Montauk war, und sie gab ihr Cathys Nummer, damit Melanie dort anrufen konnte. Melanie ihrerseits konnte Addie lediglich versichern, dass sie und ihre Schwester an ihren weit voneinander entfernten Orten in Gedanken bei ihnen wären.

Die Wacht dauerte an. Gegen Mittag brachte der lokale TV-Sender *News12 Long Island* eine knappe Meldung. Für Anthony Aldridge »war es eine außerkörperliche Erfahrung, den Namen meines Bruders im Fernsehen zu hören. Ich dachte nur, ›Oh, mein Gott, sie haben mich nicht um Erlaubnis gefragt!‹« John Aldridge senior versuchte, seine ohnehin deprimierte Stimmung durch den TV-Beitrag, den der Reporter in der für das Fernsehen typischen Art in die Kamera sprach, nicht noch weiter verdüstern zu lassen; außerdem erfuhr er aus dem Beitrag nichts, was er nicht schon wusste. Addie allerdings schauderte, als sie die Nachricht im Fernsehen hörte. Irgendwie machte sie das Geschehen noch realer.

»Halb Oakdale«, hatte Cathy gesagt, sei im Haus ihrer Eltern versammelt gewesen, und inzwischen lag sie damit ungefähr richtig. Ihre Eltern und zahlreiche andere Personen waren auf der Veranda hinter dem Haus, während drinnen überall Leute saßen oder standen, vom Wohnzimmer ins Esszimmer, in die Küche und wieder zurück gingen, und wiederum andere vor dem Haus auf der Treppe oder auf dem Rasen hockten. Sie alle kannten dieses Haus in- und auswendig, die gemütlichen Armsessel genauso wie die überall an den in warmen Pastelltönen gestrichenen Wänden hängenden Familienfotos oder die Glasvitrine mit den kostbaren Porzellanfiguren. Jeder wollte daran glauben, schon bald wieder wie so oft am Esstisch zu sitzen und eine Tasse Kaffee zu trinken oder im Garten zu grillen oder einen Feiertag zu begehen – aber nicht, um in Trauer und Schmerz zusammenzukommen, die sie alle so mühsam zu unterdrücken versuchten.

Als Helen Battista um sieben Uhr früh zum Hafen ging, nachdem sie kurz zuvor durch eine SMS erfahren hatte, dass Load über Bord gegangen war, lief ihr als einer der Ersten George Watson, der Betreiber des The Dock, über den Weg. Er telefonierte gerade, und er war wütend. Irgendwer – George kann sich an die Person nicht mehr erinnern – hatte ihn einige Minuten zuvor auf dem Fahrrad angehalten und ihm die Neuigkeit von Johnnys Verschwinden berichtet. Watson war wütend, weil so etwas auf einem gut geführten Boot wie der *Anna Mary* oder überhaupt auf einem von fähigen Fischern geführten Boot nicht passieren durfte. Aber auch wenn er gegenüber seinem Gesprächspartner, wer auch immer es war, fluchte, war er nicht wirklich besorgt. »Ich war mir sicher, dass es nichts Ernstes wäre«, sagt Watson. »Johnny wird es schon schaffen. Ich war ziemlich zuversichtlich, man würde ihn schon bald finden.«

Das war seine Reaktion am frühen Morgen gewesen, aber mit jeder weiteren Stunde schwand seine Zuversicht. *Irgendetwas musste passiert sein*, dachte er. *Johnny musste sich irgendwo den Kopf gestoßen haben.* Er hatte vollstes Vertrauen in Aldridge, in seine Fähigkeiten und seine Eignung als Kapitän. Dass er auch bis zum späten Vormittag nicht gefunden worden war, sagte Watson, dass etwas Seltsames vorgefallen sein musste.

George Watson war im Sommer 2013 seit vierzig Jahren Besitzer des Dock. Zuvor hatte er seine Karriere bei der New Yorker Feuerwehr aufgegeben, weil er seit seinem ersten Besuch in Montauk, als er noch ein kleiner Junge war, nichts so sehr gehasst hatte, wie den Ort wieder zu verlassen. Über die Jahrzehnte war er zu einem so festen Bestandteil von Montauk geworden wie der Leuchtturm am Point, aber selbst als The Dock und sein Besitzer zur Touristenattraktion geworden waren, änderte das nichts an der Tatsache, dass Watson die Stadt, ihre Menschen und die »echten Montauker Originale« kennt, von denen er selbst längst eines ist. Er kann sich einfach nicht vorstellen, irgendwo sonst auf der Welt zu wohnen, und in seinen Augen ist Johnny Aldridge eines der besten Dinge an Montauk –

»ein gerader Kerl, den alle mögen«, sagt Watson. »Er ist hier eine feste Größe.«

Die Annahme, die seiner frühen Zuversicht in Johnnys Rettung zugrunde lag – die Vorstellung, »sie würden ihn innerhalb der nächsten ein oder zwei Stunden finden« –, schien allerdings eher auf Wunschdenken zu beruhen. Inzwischen waren fünf Stunden vergangen. Es war Nachmittag. Watsons Hoffnungen hatten sich zerschlagen.

Er war nicht allein mit seinen düsteren Gedanken. Das Dock, das wie üblich zur Mittagszeit geöffnet hatte, füllte sich mit Leuten, deren Hoffnungen auf Johnny Aldridges Rettung einer wachsenden Verzweiflung wichen. Laurie Zapolski war für eine Weile dort, bevor sie ins Sammys zu Helen Battista ging, deren Schicht bis zum Abend dauerte. Die Fischer, die zu spät zum Hafen gekommen waren, um auf einem der Boote mitzufahren, waren dort, und auch einige Leute aus Oakdale, die vermutlich nicht alle in der Küstenwachenstation Platz gefunden hatten. Es herrschte eine beklommene Atmosphäre. Abgesehen von ein paar unglücklichen Touristen waren alle der knapp über dreißig Gäste Freunde von Johnny Aldridge. Für sie alle war es noch zu früh, um zu trauern, andererseits aber auch zu spät, um sich einzureden, man trinke, weil es Mittagszeit war oder aus reinem Vergnügen oder weil man Durst hatte.

Die Gäste im Dock führten die gleiche stockende, sich um wenige Sätze drehende Unterhaltung wie die Menschen im Haus in Oakdale. Was gab es auch schon groß zu sagen? Hier wie dort wurde Wacht gehalten. Und für diejenigen, die daran teilnahmen, fühlte es sich an wie ein Gebet.

LOSLASSEN

Gegen 11.30 Uhr

Ich halte mich an dem Seil der Boje fest, damit meine Muskeln sich nach dem Schwimmen erholen können, aber es ist alles andere als erholsam. Jede neue Welle rollt über mich hinweg und reißt mich unter Wasser. Ich muss genauso den Atem anhalten und gegen eindringendes Salzwasser ankämpfen wie zuvor beim Schwimmen. Zusätzlich biete ich den Wellen jetzt Widerstand und muss mich mit aller Kraft an dem Seil festklammern. Es hat ganz den Anschein, als würden die Wellen den Kampf gewinnen. Auf jeden Fall werde ich ordentlich herumgestoßen.

Das ist kein guter Platz. Vor allem ist es kein hilfreicher Platz. Ich hatte geglaubt, es wäre meine Rettung. Die Boje sollte mir Auftrieb geben und mich leichter erkennbar machen. Aber sie bewirkt keines von beidem.

Sie ist zu groß: Ich kann mich weder daran hochziehen noch meine Arme um sie legen. Ich kann mich nur an dem Seil festhalten, das unter Wasser mit dem Polyball verbunden ist. Das Seil verschafft mir also keinen großen Auftrieb, eine Aufgabe, die meine Stiefel viel besser erledigen, und ich habe das Gefühl, eine Luftballonschnur in der Hand zu halten. Außerdem befinde ich mich beinahe unter der Boje, sodass jemand, der die

Boje aus der Luft sieht, nicht zwangsläufig auch mich entdecken muss.

Unterm Strich habe ich alles gegeben, um hierher zu gelangen, ohne das zu bekommen, was ich mir davon versprochen habe. Dennoch halte ich mich weiter fest, weil mir so zumindest das Schwimmen erspart bleibt und nicht nur meine Beinmuskeln eine Ruhepause brauchen, sondern mein ganzer Organismus sich regenerieren und das Blut wieder überall zirkulieren muss. Ich muss meine Lage neu überdenken, aber erst, wenn ich wieder bei Kräften bin.

Die ganze Zeit über sehe ich Boote in der Ferne und höre den Helikopter in der Luft. Ich weiß also, dass sie nach mir suchen. Allerdings viel zu weit westlich. Der Hubschrauber fliegt ständig hin und her, zweifellos nach einem bestimmten Muster. Aber er fliegt dieses Muster eben nicht hier, wo ich bin. Anscheinend gehen sie davon aus, dass die Strömung mich nach Westen getrieben hat. Sie wissen nicht genau, wann und wo ich über Bord gegangen bin – wie sollten sie auch? –, aber aus welchen Gründen auch immer vermuten sie mich dort drüben, wo ich definitiv nicht bin.

Ich halte mich weiter am Seil fest.

Nach einer, vielleicht auch anderthalb Stunden beschließe ich, dass meine Durchblutung so weit wiederhergestellt ist, wie es eben geht, und sich noch länger an der Boje festzuhalten an meiner Situation nichts verbessern wird.

Was also soll ich tun? Bleiben oder loslassen? Was ist das Beste? Zuletzt läuft alles auf zwei Optionen hinaus: Wenn ich bleibe, bin ich an diesen Ort gefesselt, wo ich mich weitab von den Suchmannschaften befinde und mich nur mit größter Mühe sichtbar machen kann. Wenn ich aber loslasse, eröffnen sich mir vielleicht neue Möglichkeiten.

Schlussfolgerung: Ich muss zu meiner Rettung die Initiative ergreifen und deshalb so schnell wie möglich von hier verschwinden. Ich muss zur nächsten Boje von Petes Trawl schwimmen, noch weiter nach Westen.

Denk nach. Überlege: Welche Dinge können mir dabei helfen? Was habe ich an Ausrüstung? Da wären meine Stiefel, die mir Auftrieb geben, mein Messer – und plötzlich ist mir klar, dass wenn ich diesen Ort verlasse, ich die Boje mitnehmen werde. Die Boje kann mir nutzen, so wie mir die Stiefel und das Messer genutzt haben. Alles, was mir hilft, mein Ziel zu erreichen, muss ich behalten. Ich muss die Boje behalten, weil sie ein großer roter Ball ist und man sie auf dem weiten dunklen Ozean viel besser sieht als mich.

Aber die Vorstellung macht mir dennoch Angst. Ich gebe die Sicherheit – und sei sie auch noch so winzig – eines festen Punkts auf und überlasse mich der Gewalt des Meeres, das immer in Bewegung ist, dessen Wellen mich hin und her werfen und dessen Strömung mich packt und festhält. Loszulassen und sich all dem erneut auszusetzen, ist ebenso unheimlich wie aufreibend.

Es wird auch nicht einfach sein, die Boje loszubekommen. Ich halte meine beiden Stiefel immer noch fest unter die Achseln geklemmt und kann deshalb Arme und Hände nicht frei bewegen. Die Boje ist ein großer roter, gut sichtbarer Ball, aber sie festzuhalten wird ein schwieriges Unterfangen.

Ich bin Rechtshänder, also greife ich mit meiner rechten Hand, die immer noch in einem Socken steckt, das vier oder fünf Fuß lange Seil, das die Boje mit der Hauptleine verbindet, mit der sie am Meeresgrund verankert ist.

Um das Seil durchschneiden zu können, lege ich es in meine linke Hand und ziehe mit der rechten das Messer aus meiner Tasche. Unter beiden Achseln stecken die Stiefel; in der linken Hand halte ich das Seil. *Vorsichtig*, sage ich mir. *Ich muss ganz vorsichtig sein*. Trotzdem mache ich eine unbedachte Bewegung, durch die ich beinahe beide Stiefel verliere. Ich klemme sie noch fester ein, warte einige Sekunden, bis sich mein Atem beruhigt hat, schiebe dann meine Hand in die Hosentasche und packe das Messer. Mit der linken Hand versuche ich das Seil so straff zu halten, wie es das schaukelnde Meer erlaubt. Und dann beginne ich ganz, ganz vorsichtig mit der rechten Hand das Verbindungsseil zu durchtrennen. Ich mache den Schnitt nahe bei der Hauptleine, um ein möglichst langes Stück Seil zu erhalten, und plötzlich ist die Boje frei und zerrt mich mit einem Ruck an die Oberfläche.

Was nun? Ich brauche einen Arm, um die Stiefel festzuhalten, und den anderen, meinen rechten Arm mit dem Sockenhandschuh, zum Schwimmen. Das Seil an der Boje ist knapp einen Meter lang. Nachdem ich das Messer sicher weggesteckt habe, binde ich das Seil mit einem einfachen Überhandknoten um mein Handgelenk. Die Boje ist nun fest mit meinem linken Arm verbunden. Ich beginne zu schwimmen, merke aber sehr schnell, dass ich in den Wellen nicht mit der Boje schwimmen kann. Außerdem stelle ich fest, dass ich sie nicht hinter mir herziehen kann, weil sie mich am Vorwärtskommen hindert. Stattdessen muss ich die Boje vor mir her stoßen. Dazu muss ich sie wie einen Ballon behandeln. Ich muss mir die Wellen zunutze machen, indem ich warte, bis eine Welle den Ball packt und ihn ein Stück voraus trägt. Dann schwimme ich hinterher und stoße den Ball nach vorn, bis die nächste Welle ihn packt, und immer so weiter.

Ich weiß auch, dass ich nur in einem weiten Bogen zur nächsten Boje gelangen kann, indem ich mich in Strömungsrichtung von den Wellen direkt auf die Boje zutreiben lasse. Ansonsten könnte ich seitlich oder hinter ihr vorbeidriften oder sie ganz verpassen. Gegen das Meer anzuschwimmen, ist unmöglich.

Das habe ich auf bittere Weise erfahren und werde es nicht vergessen. Besonders kritisch wird die Aufgabe dadurch, dass ich nicht weiß, was hinter Petes Boje kommt. Seine Fallen sind mir fast so vertraut wie meine eigenen, aber soweit ich weiß, kommen hinter seinem Fanggebiet keine weiteren Markierungen. Ich darf also Petes Boje auf keinen Fall verpassen. Es könnte meine letzte Chance sein. Mit anderen Worten, es geht um alles oder nichts.

Mein Plan ist, die Boje an ihrem Seil knapp einen Meter vorzustoßen und dann hinterherzuschwimmen. Stoßen, hinterherschwimmen. Meter für Meter. Und oben auf dem Wellenkamm jeweils die Richtung überprüfen. Das heißt, einen Meter pro Minute.

Also los.

Der Plan funktioniert genau so, wie ich es mir vorgestellt habe: Ich liege auf der Seite, schwimme mit meinem rechten Arm, eine Welle gleitet an meinem Gesicht vorbei, packt den an meinem linken Handgelenk festgebundenen Ball und trägt ihn vorwärts. Dann mache ich einen weiteren Seitenschlag, und wenn ich den Ball erreiche, befinde ich mich auf dem Kamm der Welle und kann die Richtung überprüfen. Einen Meter pro Minute. Nach etwa sieben Minuten muss ich eine Pause einlegen. Dann geht es weiter. Ich schaue nach der Boje, korrigiere die Richtung, stecke den Kopf ins Wasser und schwimme weiter.

Nach etwa einer Stunde befinde ich mich mitten im Nirgendwo, als ich plötzlich die *Anna Mary* erneut vor mir sehe. Sie zeigt mir ihre Backbordseite, und ich sehe Mikey auf dem Dach stehen und durch ein Fernglas in meine Richtung starren. Ich halte an, brülle, stoße die Boje in die Luft und strample mit den Füßen im Wasser. Warum sehen sie mich nicht? Warum bemerken sie diese ganz und gar ungewöhnliche Boje nicht, außerhalb der Reihe, an einer Stelle, wo gar keine Boje sein sollte? Sie ist auffallend, unerwartet, nicht normal – etwas, das zwei Augenpaare auf jeden Fall sehen müssten. Aber genau das geschieht nicht. Sie sind dort drüben, nicht mehr als vierhundert Meter von mir entfernt, und sie fahren einfach weiter, bis sie verschwunden sind.

Denk positiv, sage ich mir. *Denk positiv. Sie suchen nach dir. Du bist nicht allein, wenn sie nach dir suchen.* Ich kehre zu meiner Mission zurück: einen Meter pro Minute – die Boje vorstoßen, hinterherschwimmen. Mit jeder Minute einen Meter weiter.

Noch nie im Leben bin ich so lange geschwommen, und es ist eine äußerst harte und schmerzhafte Erfahrung. Meine Arme, meine Beine, jeder Muskel meines Körpers tut höllisch weh. Ich spüre die Erschöpfung überall, besonders aber in meinen Beinmuskeln. Sie werden von Krämpfen geschüttelt. Die Schmerzen sind unerträglich, die Muskeln hart wie Beton. Was kann ich dagegen machen? Anhalten und Dehnübungen machen? Die Muskeln massieren? Mir ein Wärmekissen schnappen? Ich strample trotz Muskelkrämpfen weiter und achte nicht auf die Schmerzen, schiebe sie einfach beiseite, weil ich weiterschwimmen muss. Solange die Schmerzen in meinen Beinen mich nicht umbringen, können sie mir gestohlen bleiben, denn ich weiß ohne jeden Zweifel, dass mit dem Schwimmen aufzuhören mich definitiv umbringen wird.

Nach schätzungsweise zwei Stunden sehe ich die Boje. Die nordöstliche Bahn scheint genau richtig. Ich gebe alles, mobilisiere sämtliche verbliebenen Kräfte. Jetzt – ich strecke die Hand nach der Boje aus, bekomme sie zu fassen, halte mich fest. Ich bin da! Ich schnappe nach Luft, während mich ein unglaubliches Glücksgefühl durchströmt. Ich bin völlig aus dem

Häuschen. Ich habe es geschafft! Und plötzlich halte ich mich für Superman. Eine lange, beschwerliche und riskante Prüfung – und ich habe sie bestanden.

Aber mit der Boje am Handgelenk werde ich von den Wellen immer noch unter Wasser gezogen, und das bin ich gründlich leid. Ich will an der Wasseroberfläche sein, anstatt mit den Wogen und der Strömung kämpfen zu müssen. Was wäre, wenn ich die beiden Bojen aneinanderbinde? Ich gleite den Metallstab der Boje entlang bis zum Ball, löse das Seil von meinem Handgelenk und verknote es an dem Ball der zweiten Boje, wieder mit einem Überhandknoten. Dann hebe ich ein Bein über das Seil, sodass ich zwischen den beiden Bojen sitze.

Ich sitze, und ich gehe nicht unter. Ich bin *auf* und nicht mehr nur in Kinnhöhe *an* der Wasseroberfläche und muss meinen Kopf nicht mehr mühsam über Wasser halten. Für einen kurzen Moment überlege ich, ob ich meine Stiefel noch brauche. Ich stelle mir vor, wie angenehm es wäre, wenn ich sie nicht die ganze Zeit festhalten müsste. Aber klar doch, ich brauche sie. Sie waren mein unverzichtbares Rettungspaket, und wie kann ich wissen, was als Nächstes kommt? Warum sollte ich etwas aufgeben, bevor nicht feststeht, wie die Sache ausgeht?

Ich habe jetzt eine bessere Sicht. Ich sehe den Helikopter. Ich höre die hin und her fahrenden Boote. Warum sind sie nicht näher bei mir? Warum kommen sie nicht her und sehen mich?

Ich spüre ein leichtes Zittern und merke, dass mir kalt wird. Jetzt weiß ich wieder, warum ich die Stiefel brauche. Ich erinnere mich, wie warm sie sich anfühlten, als ich sie gegen meine Brust gepresst hielt. Das Wasser um mich herum ist warm, also lasse ich die Stiefel voll Wasser laufen und drücke sie an mich, um mein Inneres zu wärmen. Ich muss meine Körpertemperatur stabil halten, und die Stiefel sind eine Art Neoprenanzug.

Ich weiß, dass meine Beine ziemlich hinüber sind. Die Muskelkrämpfe in beiden Beinen während des Schwimmens waren beinahe unerträglich. Ich sage bewusst *beinahe*, weil ich sie schließlich doch ertragen habe. Aber es fühlt sich an, als wäre ich am Ende meiner Kräfte und als könnte ich von meinen Beinen nicht mehr viel erwarten.

Ich spüre auch, wie sich die Haut in meinem Gesicht spannt. Ich weiß, dass ich überall verbrannt sein muss. Dies ist das erste Mal, dass ich an einen Sonnenbrand denke. Nicht, dass ich irgendetwas dagegen hätte unternehmen können, und auch jetzt kann ich nichts dagegen tun. Ich will gesehen werden.

Apropos sehen, meine Augen bereiten mir einige Sorge. Ich habe ein Glaukom im linken Auge und bin vor etwa einem Monat daran operiert worden. Im Prinzip hat der Arzt ein Drainageröhrchen unter die Bindehaut implantiert, damit das Kammerwasser abfließen kann und der Augeninnendruck gesenkt wird. Zusätzlich habe ich Augentropfen verschrieben bekommen, die täglich verabreicht werden müssen, und das Fläschchen befindet sich irgendwo auf der *Anna Mary*. Es ist bestimmt nicht übertrieben, zu sagen, dass das Salzwasser, die Sonne und alle anderen Strapazen des heutigen Tages meinen Augen nicht gutgetan haben.

Ansonsten aber bin ich okay. Vorausgesetzt, man nimmt es nicht so genau. Wenn ich meine körperlichen Abnutzungserscheinungen anerkenne, laufe ich Gefahr, mich geschlagen zu geben. Das ist beängstigend, denn wenn ich mich geschlagen gebe, überlebe ich den heutigen Tag nicht und muss alle geistigen Qualen noch einmal durchmachen – all die Sorgen um die Leben derer, die ohne mich auskommen müssen: meine Eltern, meine Freunde, mein Neffe Jake. Wenn ich mir selbst sage, dass ich körperlich und geistig am Ende bin, wird das Sterben zu einer einfachen Sache. Ich muss mich einfach nur in die Tiefe gleiten lassen. Am Leben zu bleiben, ist viel schwerer, und ich muss daran glauben, dass ich es schaffe, dass ich stark genug bin, zu überleben. Und ich glaube daran.

Meiner augenblicklichen Einschätzung nach bin ich unglaublich durstig und hungrig, grundsätzlich aber okay. Der Durst ist ziemlich quälend. Ich habe nur Meerwasser getrunken, und zwar jede Menge. Trotz aller Bemühungen, nichts zu verschlucken, war der permanente Ansturm der Wellen und der Strömung zu mächtig, um meinen Kopf trocken über Wasser zu halten. Es bestand einfach keine Möglichkeit, sich dagegen zu wehren. Ich denke an die unzähligen Wasserflaschen, die ich beim Fischen an unserem Boot vorbeitreiben gesehen habe, nur ein Teil des Mülls, den die Menschen achtlos ins Wasser werfen. Aber wo ist der Müll, wenn ich ihn brauche? Ich habe nicht den kleinsten Fetzen Abfall gesehen, seit ich vor – ich muss überlegen, zehn Stunden? – über Bord gegangen bin.

Natürlich würde ich mit Heißhunger über einen Hamburger herfallen, aber ebenso würde ich mit meinem Messer oder auch mit meinen bloßen Händen und Zähnen einen der Mahi Mahis töten, die mich neugierig umkreisen. Es sind faszinierende Tiere, deren Schuppen in bunten Farben schimmern, und sie könnten mich mit Protein und Flüssigkeit versorgen, aber sie sind viel zu flink, als dass ich einen erwischen könnte. Sie sind wie funkelnde Blitze, die davonschießen, bevor ich auch nur die Hand gehoben habe.

Zu allem Übel ist Pete Spong so pingelig mit seiner Ausrüstung, dass er sämtliche Algen von seinen Bojen geschabt hat. Sie sind alle blitzeblank. An dieser Boje ist nichts, das ich essen könnte.

Ich überlege, nach Hause zu schwimmen. Warum nicht? Den ganzen Tag habe ich geglaubt, sie würden mich finden und retten. Jetzt, da ich nicht mehr kämpfe und einfach nur abwarte, sehen die Dinge auf einmal anders aus. Vielleicht ist nach Hause zu schwimmen die einzige Lösung. Geht das? Ich habe das Gefühl, dass mich nichts mehr wirklich beunruhigt. Ich bin seit etwa zehn Stunden im Wasser, habe gut acht Stunden bis hierher gebraucht – warum sollte ich da nicht in zwanzig Stunden bis nach Hause schwimmen?

Die Antwort steckt bereits in der Frage: Ich bin bereits seit zehn Stunden im Wasser, habe in acht Stunden einen Großteil meiner körperlichen Energie und wer weiß wie viel meiner mentalen, emotionalen und psychischen Ressourcen verausgabt. Die Tatsache ist, dass ich weder in zwanzig Stunden noch überhaupt je nach Hause schwimmen kann.

Ich halte meine Hand gegen die Sonne und zähle blinzelnd die Handbreiten, die zwischen den unteren Rand der Sonne und den Horizont passen – eine Methode, mit der man ohne Hilfsmittel die Zeit bis zum Sonnenuntergang bestimmen kann. Eins, zwei, drei.

Wenn es in drei Stunden dunkel wird, ist es besser, diese Boje nicht zu verlassen. Noch eine zweite Nacht irgendwo auf dem Meer zu treiben, wäre zweifellos eine schlechte Idee. Also gut. Ich bleibe hier und warte ab, was geschieht.

Ich bin so auffällig, wie es eben geht. Ich sitze zwischen zwei Bojen, und zwei Bojen so nahe beieinander sind ungewöhnlich und es wert, näher untersucht zu werden. Ich hüpfe immer noch wie verrückt auf und ab, aber ich befinde mich an der Meeresoberfläche und werde nicht mehr unter Wasser gezogen. Jetzt, da ich Zeit zum Nachdenken habe, denke ich an alle Verstorbenen, die ich kenne. Werde ich sie wiedersehen, oder ist all das Gerede vom Leben nach dem Tod Blödsinn, wie ich vermute?

Soll ich eine Botschaft in meine Stiefel ritzen? Wenn ich ins Wasser sinke und sterbe, werden die Stiefel an der Oberfläche treiben und vielleicht einen letzten Gruß an meine Eltern übermitteln. Ich überlege, was ich sagen soll. Sie sollten wissen, was geschehen ist, aber das wäre ein langer Brief. Vielleicht sage ich einfach nur, dass ich mein Bestes gegeben habe und sie liebe. Ich beginne, mit dem Messer Buchstaben ins Gummi zu ritzen, aber es funktioniert nicht.

Ich werde die Nacht hier verbringen. Das steht fest. Ich muss mich also so hinsetzen, dass ich zwischen den Bojen schlafen kann. Sollte ich herunterfallen, wird der Sturz ins Wasser mich wecken. Ich habe die Hoffnung, dass irgendwer vorbeikommt – ein Fischer auf dem Weg zu seinen Körben –, ein Licht auf die ungewöhnlich nahe beieinander stehenden Bojen richtet und mich sieht. Wenn ich wach bin, werde ich hallo sagen, und wenn ich schlafend vornüberhänge, wird er mich wecken und mich retten. Ich weiß allerdings auch, dass es einem vor lauter Erschöpfung irgendwann egal ist, ob man aufwacht oder nicht, und dann kann einen auch der Sturz ins Wasser nicht mehr wecken.

Ich sehe den Helikopter im Westen. Dann fliegt das Rettungsflugzeug nicht weit von mir entfernt vorüber. Es ist klar, dass es mich nicht sieht, aber es scheint einem Muster zu folgen. Ich drehe mich auf dem Seil um, sodass ich ihm auf dem Rückflug entgegensehe.

Die Maschine dreht und fliegt wieder in meine Richtung. Dieses Mal noch näher als zuvor. Ich sehe ihr geradewegs entgegen und winke. Aber sie sieht mich auch dieses Mal nicht.

GEFUNDEN

14.46 Uhr

Der MH-60-Rettungshubschrauber arbeitet so, dass das SAR-OPS-Suchmuster aus der Kommandozentrale – in diesem Fall New Haven – in den bordeigenen Navigationscomputer eingegeben und von diesem in einen per Autopilot gesteuerten Flugplan umgesetzt wird. Dies ist mit der Überlegung verbunden, sagt Ray Jamros, der Pilot des MH-6002, der um 6.30 Uhr am Morgen von der Station in Cape Cod gestartet ist, »die Flugarbeit zu minimieren und die Suchtätigkeit zu maximieren.« Von kurz nach sieben Uhr früh an, als der Helikopter an der zugewiesenen Einsatzstelle eintraf, haben vier Augenpaare das Meer nach John Aldridge abgesucht.

Jamros, Copilot Michael Deal, Bordmechaniker Ethan Hill und Rettungsschwimmer Bob Hovey haben an diesem Tag jede Menge »Zeug« im Wasser gesehen – Schildkröten, Haie, Bojen, allen möglichen Unrat –, aber nichts, das einem Menschen, weder tot noch lebend, geähnelt hätte. In mehr als sieben Stunden in der Luft hatten sie vier Suchmuster abgeflogen. Die maximale Flugzeit für die MH-60 beträgt acht Stunden, sodass der Crew noch ein letzter Versuch bliebe. Copilot Deal hatte berechnet, dass es noch zwanzig Minuten bis »Bingo Fuel« waren – in der Fliegersprache der Punkt, an dem ein Flugzeug gerade genug Treibstoff hat, um zum Stützpunkt zurückzufliegen –, und forderte von der Kommandozentrale in New Haven über Funk die Koordinaten für ein neues Suchmuster an.

Aber beim Team in New Haven herrschte Trübsal. SAROPS war abgestürzt und von Rodocker neu gestartet worden, aber es würde einige Stunden dauern, bis das System ein neues Muster errechnet hatte. Das hieß nicht, dass die Suche beendet war – weder die der Küstenwache per Boot und Flugzeug noch die der Freiwilligenflotte –, aber es bedeutete, dass ein neues Suchmuster auf der Grundlage der neuesten Daten in absehbarer Zeit nicht zur Verfügung stände. Einsatzleiter Mark Averill, der sich außerhalb der Kommunikationszentrale mit Jonathan Theel über Pläne unterhielt, die Suche über Nacht fortzusetzen, wies Sean Davis an, die Helikoptercrew zu informieren, »zum Stützpunkt zurückzufliegen und aufzutanken«, damit man die Suche mit einer neuen Crew wiederaufnehmen konnte, sobald SAROPS ein neues Suchmuster ausspuckte. Deal konnte die Enttäuschung und Niedergeschlagenheit in Davis' Stimme hören.

»Wir nähern uns der maximalen Flugdienstzeit«, wandte Deal ein. »Wenn wir zurück zur Basis fliegen, war's das, aber noch haben wir Sprit für eine halbe Stunde, also gebt uns eine kurze Suchstrecke, die wir abfliegen können.«

Das erschien den Coasties einleuchtend. Einsatzleiter Averill ging zum SAROPS-Monitor, sah über Jason Rodockers Schulter hinweg auf den Bereich des Bildschirms, wo die Partikel sich am dichtesten drängten, suchte den Mittelpunkt und notierte dessen Längen- und Breitengrad. Anschließend zog er mit dem Finger eine gerade Linie von der Position des Helikopters nach Osten bis zur Grenze der Drift und ergänzte sie um Linien nach Norden und Süden. Die Fingerzeichnung lieferte genau das, worum Deal gebeten hatte: eine einfache Suchstrecke, auf der

der MH-60 zunächst zehn Meilen in südsüdöstlicher Richtung durch das Zentrum des Suchgebiets, dann zehn Meilen in nördlicher Richtung und anschließend in nordnordwestlicher Richtung fliegen würde, bevor er das Suchgebiet verließ und nach Cape Cod zurückkehren würde. *Hier haben Sie Ihr Suchmuster*, hieß das praktisch. *Fliegen Sie nach den genannten Koordinaten, suchen Sie dreißig Minuten in diesem Bereich weiter und fliegen Sie anschließend nach Hause.*

»Achten Sie auf die Bojen, wenn Sie welche sehen«, schlug Averill vor. »Schiffbrüchige halten sich gerne an etwas fest.« Die Crew des MH-6002 hatte den ganzen Tag über genau das Gleiche gedacht: *Mein Gott, wenn ich da draußen wäre, würde ich nach irgendetwas suchen, woran ich mich festhalten könnte.*

Um 14.46 begannen sie die Suchroute abzufliegen, und um kurz vor drei sah Ray Jamros einen roten Ball mit dem in die Luft ragenden Stab des Highflyers und etwas, das aussah wie ein winkender Arm.

»Ich sehe ihn! Ich hab ihn!«, rief Jamros. »Mark mark mark!«

Der Ruf ertönte um genau zwei Minuten vor drei am Nachmittag des 24. Juli 2013. Es war das Signal für Mike Deal, einen Knopf zu drücken, der die aktuelle Position des Helikopters festhielt. Im gleichen Moment vollführte Jamros eine scharfe Drehung und brachte den Hubschrauber in der Luft zum Stehen. Aus einer Höhe von zunächst dreißig und dann fünfzehn Metern über dem Wasser sah die erschöpfte vierköpfige Hubschraubercrew einen wild winkenden, im Wasser strampelnden und sich vermutlich die Lunge aus dem Leib schreienden Typen und wusste, dass sie ihren Mann gefunden hatte. »Es war das großartigste Gefühl überhaupt«, sagt Mike Deal. Alle Müdigkeit war verflogen. Das Küstenwachenteam war hellwach und im Einsatz.

Binnen Sekunden waren sie die Rettungscheckliste durchgegangen. Rettungsschwimmer Bob Hovey hatte es so eilig, dass er auf den vorgeschriebenen Neoprenanzug verzichtete. Als ausgebildeter Rettungssanitäter wusste er aus Erfahrung, dass die Erleichterung über die bevorstehende Rettung den Blutdruck eines Menschen so weit senken kann, dass er bewusstlos wird, weshalb er nicht mehr Zeit mit Vorbereitungen verschwenden wollte als unbedingt nötig. Hovey tauschte nur schnell Flughelm und Stiefel gegen seinen Schwimmhelm mit Maske und Schnorchel sowie Schwimmschuhe und Taucherflossen.

Hovey wusste auch, dass ein Ertrinkender sich panikartig an seinen Retter klammern und dadurch beide gefährden kann. Im Kopf ging er deshalb noch einmal rasch alle Griffe durch, die er bei der Küstenwache gelernt hatte – uralte Kampfsporttechniken, mit denen man sich aus der Umklammerung eines Gegners im Wasser befreien oder die Kontrolle über eine Person erlangen konnte, die hysterisch reagierte.

Mit Helm und Flossen, aber immer noch im Fliegeranzug, war Hovey bereit und wartete nur noch darauf, dass der Helikopter die richtige Position fand.

»ES IST VORBEI«

14.58 Uhr

Der Jet, der an mir vorbeigeflogen ist, ist längst verschwunden. Ich starre wieder auf den Helikopter in der Ferne, der leider immer noch am falschen Ort nach mir sucht. Die Minuten verrinnen, der Tag schreitet voran. Zehn Minuten vergehen. Zwanzig. Dreißig Minuten. Vierzig Minuten. Ich überlege, wie ich mich am Highflyer festbinden kann, damit meine Familie, sollte der schlimmste Fall eintreten, meinen Leichnam bergen und beerdigen kann. Ich möchte nicht einfach auf den Meeresgrund sinken und nie gefunden werden.

Inzwischen ist mir kalt, und ich habe auch ein wenig Angst einzuschlafen. *Nicke ein, und du bist tot*, denke ich. Also strenge ich mich an wachzubleiben.

Erneut höre ich das donnernde Geräusch des Helikopters, und es scheint auch nicht mehr so weit entfernt zu sein. Es scheint sogar näherzukommen. Mehr noch, es kommt *direkt* auf mich zu. Ich werfe einen Stiefel in die Luft und schlage mit den Händen und mit dem zweiten Stiefel auf das Wasser. Ich platsche und winke wie verrückt und schreie mir die Seele aus dem Leib. Was ganz und gar idiotisch ist. Wer sollte mich bei all dem Lärm schon hören?

Der Helikopter ist jetzt genau über mir. Er steht über mir

in der Luft. Ich kann auf der Unterseite die Buchstaben USCG lesen, und ich sehe jemanden aus der offenen Tür an der Seite der Kabine zu mir hinabspähen. Sie sehen mich!

Es ist vorbei. Ich bin gerettet. Es ist tatsächlich vorbei. Ich atme einmal ganz tief durch.

Der Helikopter bewegt sich ein Stück zur Seite, weil der Druck der Rotoren mich unter Wasser drücken könnte. Er ist noch ein Stück tiefer gegangen, und als ich mich umdrehe, sehe ich einen Mann, der an einem Seil herabgelassen wird. Ich warte auf ihn. Er tippt mir auf die Schulter. »Sir«, sagt er laut und deutlich, »ich bin Rettungsschwimmer der Küstenwache, können Sie sich zu mir umdrehen?« Ich folge seiner Bitte. Ich sehe ihn an und weiß, dass ich mein Leben zurückhabe.

Ich glaube, er fragt mich, ob alles okay ist, ob ich verletzt bin und ob ich meine Stiefel loslassen kann, damit sie sich nicht in gefährliche Geschosse verwandeln.

»Ob ich okay bin?«, rufe ich. »Verdammt, ich könnte noch zwei Tage durchhalten.«

Aber das stimmt nicht, und als der Typ mir sagt, »Sir, wir haben alles unter Kontrolle. Machen Sie sich keine Sorgen. Wir kümmern uns um Sie«, lösen sich schlagartig sämtliche Muskeln in meinem Körper. Die Entspannung fühlt sich wie eine warme, goldene Flüssigkeit an, die durch jede Ader und jedes noch so kleine Gefäß meines Körpers rinnt, von meinem Hirn durch meinen Rumpf bis in meine Zehen und jede einzelne Fingerspitze. Ich bin so erschöpft, dass ich nur halb wahrnehme, wie meine Stiefel davontreiben.

Der Rettungsschwimmer fasst mich unterm Kinn, als mir meine Stiefel einfallen.

»Meine Stiefel!«, sage ich zu ihm. »Sie haben mir das Leben gerettet. Können wir sie holen?«

Er zögert eine Sekunde. »Klar doch«, sagt er und schwimmt

mit mir hinüber, schnappt die Stiefel und drückt sie mir in die Hände. Dann zieht er mich zu der Stelle, von wo aus wir an Bord gehievt werden sollen.

Der Schwimmer streckt seinen Arm mit der Handfläche nach innen in die Höhe und signalisiert einem Mann, der sich seitwärts aus dem Helikopter vorbeugt, den Korb herunterzulassen. »Sir«, sagt mein Retter – noch nie in meinem Leben bin ich so oft hintereinander mit »Sir« angesprochen worden –, »wir werden Sie jetzt hochziehen, und ich möchte Sie warnen, der Abwind der Rotorblätter sticht im Gesicht, als würde jemand mit einem Luftgewehr auf Sie schießen, also schauen Sie nicht nach oben.« Er macht eine Pause. »Und noch etwas Wichtiges: Halten Sie Ihre Arme und Beine im Korb und bleiben Sie ganz ruhig, wenn er zu schaukeln beginnt. Der Bordmechaniker dort oben hat alles im Griff.«

Der Korb landet direkt neben mir auf dem Wasser. *Die Küstenwache rettet mich nicht nur,* denke ich, *die machen das obendrein zentimetergenau.*

Der Schwimmer rollt mich in den Korb. »Halten Sie Ihre Hände drinnen, ganz egal, wie heftig er schwingt, nur gut festhalten«, sagt er, und dann werde ich nach oben gezogen. Ich bin noch ganz euphorisch über meine Rettung, aber als ich in über zehn Metern Höhe in der Luft schaukle, muss ich trotzdem die Augen schließen. Ich mag auch keine Achterbahnfahrten.

Im nächsten Moment holt der Bordmechaniker den Korb in die Kabine und zieht mich heraus, sodass ich auf den Knien lande. Ich setze mich auf den Boden, und der Bordmechaniker lässt den Haken erneut herunter. »Bitte, benachrichtigen Sie mein Boot«, sage ich zum Copiloten. Er reicht mir ein Headset. Ich höre, wie er dem Kommandozentrum mitteilt, Kontakt zu Anthony herzustellen. »*Anna Mary, Anna Mary,* bitte kommen. Hier spricht die Küstenwache.«

»Küstenwache, hier spricht die *Anna Mary*.« Es ist Anthonys Stimme. Unverkennbar.

»*Anna Mary*, wir haben John Aldridge. Er lebt und ist wohlauf.«

»Sie haben ihn? Sie haben ihn? Er lebt?«

Ich kann die Freude und die Erleichterung in Anthonys Stimme hören. Ich kann sogar die lauten Jubelrufe der mit ihm über Funk verbundenen Kapitäne hören. Ich habe nur ein Headset und kann deshalb nicht antworten, aber das ist nicht weiter schlimm, denn im Moment fehlt mir dazu sowohl die Kraft als auch der Wille.

Der Copilot wirft mir aus dem Cockpit eine Flasche Wasser zu. »Sie haben einen starken Lebenswillen«, sagt er zu mir. Ich bringe keinen Tropfen Wasser hinunter. Mein Mund fühlt sich an, als wäre er komplett zugeschwollen. Immerhin kann ich sprechen. »Ich werde von zu vielen Menschen geliebt, um einfach zu sterben«, antworte ich dem Copiloten.

Dann ist auch der Rettungsschwimmer wieder an Bord, und wir fliegen los. Ich fühle mich großartig, wie aufgedreht. Die Männer müssen mich für total übergeschnappt halten. Sie selbst scheinen kaum glauben zu können, dass sie mit mir sprechen. Sie alle sind meine Retter, und nacheinander lerne ich ihre Namen: Ray und Mike, die beiden Piloten im Cockpit, und hinten mit mir Ethan, der Bordmechaniker, blond und mit Brille, und Bob, mit dunklen Haaren, der mich aus dem Wasser gezogen hat. »Wir können leider nicht nach Montauk«, sagt Hovey. »Wir müssen Sie nach Cape Cod fliegen.«

Ich bin dehydriert und stark unterkühlt, und ich spüre, wie ich mit meinem geschwollenen, salzverkrusteten und verbrannten Gesicht über beide Ohren grinse. »Es ist mir ganz egal, wohin Sie mich bringen«, sage ich, und die Männer lachen. Cape

Cod, Cape Hatteras oder das Kap der Guten Hoffnung – mir ist jedes Kap recht. Ich kann es kaum fassen, was für einen Spitzenjob die Küstenwache macht: erst setzen sie Boote, Flugzeuge und sonst was in Bewegung, um mich aus dem Wasser zu ziehen, und dann entschuldigen sie sich auch noch dafür, dass sie mich nicht vor der Haustür absetzen. Ich lebe, ich bin gerettet, ich bin auf dem Weg nach Hause, ich habe mein Leben wieder und ich könnte ausflippen. Totaler Wahnsinn! Wahnsinn, am Leben zu sein, und Wahnsinn, in diesem Helikopter zu sitzen. Ich sehe aus dem Fenster und beantworte die Fragen der Crew. Adrenalin schießt durch meinen Körper, aber es ist ein völlig anderes Adrenalin als das von vor zwölf Stunden, als ich sicher war, sterben zu müssen, das Adrenalin schierer Todesangst entsprang und mein Herz wie verrückt hämmerte. Der jetzige Adrenalinstoß ist reine Euphorie, intensiv und anhaltend. Es fühlt sich unbeschreiblich gut an.

Die Männer wollen wissen, was genau passiert ist und wie es war, im Wasser zu treiben. »Waren Sie tatsächlich zwölf Stunden im Wasser?«, fragte einer von ihnen. »Ja doch, aber wissen Sie, es war halb so schlimm«, höre ich mich antworten.

»Wissen meine Eltern, dass ich über Bord gegangen bin?«, frage ich, und als sie nicken, sage ich scherzend: »Mist! Meine Mutter zieht mir den Hosenboden lang.« Aber ich weiß, dass sie in den letzten Stunden ganz bestimmt nicht wütend auf mich gewesen ist. Ich mag gar nicht daran denken, was sie und mein Vater durchgemacht haben.

»Darf ich ein Selfie machen?«, fragt Hovey und holt mich in die Realität zurück. Ich zittere. Obwohl ich sonnenverbrannt bin, ist mir kalt. Irgendwer legt mir eine Decke um, und der Copilot, Mike Deal, macht ein Foto von mir. Ich bin einfach nur jemand, der gerade ein paar nette Leute kennengelernt hat, und weder sie noch ich können es recht fassen.

Als wir uns dem Landeplatz auf Cape Cod nähern, sehe ich einen Krankenwagen auf dem Rollfeld. Etwa ein Dutzend Coasties stehen Spalier, und etwas weiter links steht eine weitere Gruppe Leute. Zum ersten Mal geht mir auf, dass mein Verschwinden nicht nur Anthony und mich beschäftigt hat.

Ich ziehe meine Stiefel an, damit ich sie nach der Landung nicht schleppen muss, aber an Laufen ist nicht zu denken. Die Haut an den Innenseiten meiner Schenkel ist vom Sitzen auf dem Seil wundgescheuert, und meine Beinmuskeln streiken verständlicherweise. Meine Retter greifen mir unter beide Arme und bringen mich zum Krankenwagen. Fotoapparate klicken, Blitzlichter flackern, und dann liege ich auf dem Rücken im Krankenwagen, und man erklärt mir, dass meine Körpertemperatur knapp 35° beträgt – kein Wunder, dass ich friere.

Auf einer Trage rollt man mich ins Krankenhaus in einen Bereich, der aussieht wie ein Triageraum und wo das reinste Chaos herrscht. Vermutlich, weil gerade Hochsaison auf Cape Cod herrscht und die Leute alle möglichen bescheuerten Dinge tun, durch die sie im Krankenhaus landen, genau wie ich. Alle hängen sie an ihren Handys, und ich frage einen von ihnen, ob ich mal kurz telefonieren dürfte – ich müsste meine Mutter anrufen.

Wie jeder andere auch, habe ich keine Telefonnummer mehr im Kopf, außer der von meiner Mutter. Wenn ich jemanden anrufen will, drücke ich einfach im Telefonbuch auf seinen Namen. Ich weiß auch, dass meine Eltern beide nicht ans Telefon gehen, wenn es sich um einen unbekannten Anrufer handelt. Meine Mutter wird die Nummer nicht kennen, aber ich versuche es trotzdem.

Sie geht dran. »Hallo?«

»Ma! Hast du mich vermisst?« Sie bricht in Tränen aus. »Ma«, sage ich, »du hast doch nicht geglaubt, du könntest mich so leicht loswerden, oder?«

»Wie geht es dir?«, fragt meine Mutter.

»Mir geht's gut.«

»Alles in Ordnung? Wie geht es dir?« Ich merke, dass meine Mutter mir nur halb zuhört. Sie nimmt nur meine Stimme wahr, und dass ich lebe. Das genügt. Ich verstehe das. Für sie reicht es zu wissen, dass ich am Leben bin.

»Ma, mir geht es ausgezeichnet. Wirklich. Weißt du, die Stiefel haben mir das Leben gerettet.«

»Wie gut. Es ist so schön, deine Stimme zu hören. Wie geht es dir? Bist du sicher, dass alles in Ordnung ist?« Sie redet einfach so daher. Es ist ihr egal. Sie will nur meine Stimme hören.

»Aber ja, ganz bestimmt.«

Ich gebe das Telefon zurück, weil ich plötzlich in einen Raum geschoben werde, wo die Sanitäter sich an die Arbeit machen. Tests, noch mehr Tests, und Infusionen, die warme Flüssigkeiten in meinen Körper pumpen. Mein Sonnenbrand entspricht Verbrennungen zweiten Grades, erklärt man mir. Meine Netzhaut ist verbrannt, und ich habe wunde Stellen vom Seil und einen Ausschlag unter meinen Achseln, der vermutlich von den Gummistiefeln stammt. Sie geben mir einen Eiswürfel gegen meinen Durst, der wie Feuer auf meiner Zunge und am Gaumen brennt. Erst anderthalb Stunden später kann ich wieder schlucken.

Das Krankenhaus ist so überlaufen, dass sie mich aus dem Zimmer schieben – vermutlich weil sie es für jemanden brauchen, der wirklich krank ist – und ich einen Platz auf dem Flur neben der Schwesternstation bekomme. Dort liege ich mit meinen Infusionsbeuteln und warte darauf, dass mein Flüssigkeitshaushalt wiederhergestellt wird. Niemand kümmert sich um mich. Niemand wäscht mir das Salz von der Haut oder gibt mir neue Kleidung. Schließlich spreche ich jemanden auf dem Weg zur Schwesternstation an und klage über meine wundgescheuerten Arme. »Können Sie mir vielleicht eine Salbe oder etwas anderes bringen?«, flehe ich. Zuletzt erscheint eine Schwester mit einer Kühlsalbe.

Offenbar wird das Personal dadurch daran erinnert, mich woandershin zu schaffen. »Wir haben ein Zimmer für sie«, sagt der Pflegedienstleiter oder wer auch immer und schiebt mich in eine Art Vorratskammer, an deren Wänden jede Menge Krücken hängen. Zumindest ist es hier ruhig.

Dann bekomme ich Besuch vom Pressesprecher des Krankenhauses. Er teilt mir mit, dass eine Reporterin von *Newsday*, der Tageszeitung von Long Island, da sei und ob ich mit ihr sprechen wolle. Aber ja. Mit Vergnügen. Sie kommt zu mir in den engen Vorratsraum, und ich erzähle ihr meine Geschichte.

GERETTET

15.05 Uhr

»Sie haben ihn!«, platzte Sean Davis mit der Meldung hinaus, die ihm der MH-60-Helikopter über Funk mitteilte, und die Männer in der Kommandozentrale in New Haven standen auf, jubelten und klatschten die Handflächen gegeneinander.

»Warten wir auf die Bestätigung«, sagte Einsatzleiter Mark Averill, obwohl auch er lächelte. Auf keinen Fall würde Averill die Nachricht an seinen Chef, Jonathan Theel, weiterleiten, bevor er nicht sicher wusste, dass Aldridge lebte und sicher in den Händen der Küstenwache war. Theel wiederum würde die Adridge-Familie ebenfalls erst dann anrufen, wenn die Meldung zweifelsfrei bestätigt war.

Aber Davis' Ruf über Funk wurde auch in der glasgeschützten Kommunikationszentrale der Station der Küstenwache in Montauk empfangen, wo Jason Walter, der die Station leitete, nachdem er von seinem Einsatz mit dem kleinen Rettungsboot zurückgekehrt war und nun den Bedürfnissen aller in der Station versammelten Gruppen gerecht zu werden versuchte, ebenfalls auf eine Bestätigung der Fakten wartete. Zum einen wusste Walter aus Erfahrung, dass zwischen der Entdeckung einer Person im Wasser und der Bergung und dann dem anschließenden Transport dieser Person mit dem Hubschrauber zum Krankenhaus eine Menge passieren kann. Er kannte Geschichten, in denen man Schiffbrüchige lebend gefunden hatte, sie dann aber im Korb oder an Bord des Helikopters gestorben waren, weil die Belastungen für den Körper einfach zu groß gewesen waren.

Sein Zögern wurde aber auch durch die Tatsache verstärkt, dass sich draußen auf der Sonnenterrasse etwa zwanzig Familienangehörige und Freunde von John Aldridge und Anthony Sosinski aufhielten – alle gestresst, angespannt und zutiefst besorgt. Reporter verschiedener Medien riefen in der Station an und baten um »Informationsupdates«. Und die Vertreter der lokalen Polizeibehörden sahen den Coasties weiter über die Schultern, bereit »zu helfen« oder die Operation gegebenenfalls kurzfristig zu übernehmen. Unterm Strich würde Jason Walter daher nichts tun, bevor er nichts Genaueres gehört hatte als »Anscheinend hat ein Helikopter ihn entdeckt!«

Er rief die Kommandozentrale in New Haven an.

In der Zwischenzeit hatte Averill gegenüber Theel und Kommandant Heather Morrison, dem Einsatzleiter für den Sektor Long Island Sound, bestätigt, dass Aldridge tatsächlich lebte und wohlauf sei, unterkühlt, aber ansprechbar, glücklich über seine Rettung und augenblicklich auf dem Weg zur Flugstation Cape Cod und dem Weitertransport ins Krankenhaus. Theel fragte Averill noch einmal, ob er sich dessen sicher sei, und er gesteht, dass er bei Averills Bestätigung eine Gänsehaut spürte und er umgehend zu den anderen in die Kommandozentrale eilte, um sich mit ihnen zu freuen.

Dann rief er die Station in Montauk an und erklärte Jason Walter, er solle die Familie ins Gebäude holen und am Telefon die Mithörfunktion einstellen. Walter sagte sich, wenn das Telefon auf Mithören gestellt werden sollte, konnte es sich nur um eine gute Nachricht handeln, aber natürlich konnte er nicht hundertprozentig sicher sein. Er ging hinaus auf die Terrasse und bat Cathy, sie und alle Familienangehörigen sollten in sein Büro kommen. Kommandant Theel aus dem Kommandozentrum in New Haven wolle mit ihnen sprechen.

In dem Augenblick bekam Cathy Angst. Sie rief nach Tommy, der unten beim Anleger der Station war. Er kam über den Rasen zur Terrasse gerannt, damit sie sich an ihm festhalten konnte, wenn es nötig wäre. Dann gingen alle vier – Cathy, Tommy, Jillian und Teresa – hinein. Cathy erinnert sich an den Gang durch einen langen Flur bis zu Walters Privatbüro, der ihr wie der endlose Gang der Angeklagten vor der Verkündung ihres Urteils erschien. Sie standen im Kreis um den Schreibtisch und warteten, während Walter die Mithörtaste drückte. Es war so still, dass man das Geräusch einer herabfallenden Nadel gehört hätte, als Jonathan Theel sich mit militärischer Strenge am Telefon vorstellte. Zuerst dachte Cathy, sie würde einer Routinemeldung zuhören, Name, Dienstgrad, Vorgangsnummer – ein einstudierter Text aus dem Betriebshandbuch. Dann sagte Theel: »Wir haben John Aldridge gefunden« – er ratterte die genauen Koordinaten herunter –, »und er ist gesund und außer Gefahr.« Den Rest der Meldung, dass Johnny auf dem Weg nach Cape Cod zur medizinischen Behandlung sei und nicht nach Montauk geflogen werden konnte, bekam Cathy nur noch halb mit.

Cathy, Tommy, Jillian und Teresa reagierten wie alle Menschen, die sich freuen: sie kreischten und weinten und fielen einander in die Arme, gleichermaßen erleichtert wie aufgekratzt, nachdem die Anspannung von ihnen abgefallen war. Die Coasties teilten ihre Euphorie. Für alle in der Station war es ein großartiger Tag. Früher am Nachmittag, als sie bemerkte, dass den ganzen Tag über niemand etwas gegessen hatte, hatte Cathy Tommys Kollegen Rob losgeschickt, Pizza zu holen. Die Pizza traf genau rechtzeitig ein und wurde unter den Coasties und Besuchern verteilt.

Theel hatte Cathy gebeten, fünf Minuten zu warten, bevor sie ihre Eltern oder sonst jemanden informierte. Er empfand es als eine Pflicht, die die Küstenwache John und Addie Aldridge schuldete, besonders weil er derjenige gewesen war, der ihnen am Morgen die schlimme Nachricht überbracht hatte. Cathy gab seinem Wunsch gerne statt.

Aber Theels Anruf kam eine Winzigkeit zu spät. Im Haus in Oakdale hatte Onkel Jimmy eine SMS von einem pensionierten Polizisten bekommen, der die Neuigkeit über das Informationsnetz erfahren hatte, das alle ehemaligen Polizisten miteinander verbindet. Theels Anruf bestätigte John und Addie und allen anderen Wartenden in Oakdale, was Onkel Jimmys lauter Ruf verkündet hatte: ihr Junge lebte und war gerettet.

Cathy wartete die versprochenen fünf Minuten und schickte dann eine Rund-SMS an die etwa neunzig Personen, die sich im Laufe des Vormittags bei ihr gemeldet hatten. Im Dock, im Sammys, rund um den Hafen, überall auf dem East End, an einem Ferienort in Maine und im Haus einer jungen Frau in Arizona brachen Jubelrufe aus, als die Nachricht eintraf.

Cathy, Tommy, Jillian und Teresa fuhren zu Johnnys Apartment in Montauk. Sie packten frische Kleidung für ihn ein und tranken Bier aus seinem Kühlschrank. Dann machten sie sich auf den Weg nach Cape Cod.

Nachdem der Krankenwagen mit John Aldridge davongefahren war, wartete die Crew von Helikopter MH-6002 auf die Rückkehr des Flugzeugs zur gemeinsamen Einsatznachbesprechung. Außerdem nahmen sie Kontakt zum Rettungsteam in der Kommandozentrale in New Haven auf, um sich darüber zu verständigen, was anders hätte laufen können: beim Militär geht es immer darum herauszufinden, was man hätte besser machen können. Die Diskussion dauerte eine ganze Weile, denn es gab Einiges zu sagen.

Aber die geschäftsmäßige Einsatznachbesprechung, das bloße Abhaken von Punkten entlang einer Liste, konnte die starken Emotionen der vier Männer, die Aldridge gefunden und mit der Präzision eines Uhrwerks gerettet hatten, nicht ausblenden. Für Ethan Hill war die Erfahrung, Johnny lebendig und unversehrt gefunden zu haben, »ein Energiestoß«, und auch nur kurz mit ihm gesprochen zu haben – in der lauten Kabine des Helikopters ohnehin überaus schwierig –, war »umwerfend«. Copilot Mike Deal sagt, Aldridge die Hand zu schütteln sei »einer der stolzesten Momente während meiner Zeit bei der US-Küstenwache« gewesen. Man kann mit Sicherheit davon ausgehen, dass Jamros und Hovey das Gleiche empfanden.

Die meisten Crewmitglieder, die in irgendeiner Art an der Rettung teilgenommen hatten, waren rechtzeitig zu Hause, um die ganze Geschichte in den Abendnachrichten zu sehen und sich bewusst zu machen, was sie geleistet hatten und was dies für ein Menschenleben bedeutete. Am nächsten Morgen erschienen alle wieder pünktlich zum Dienst.

John Sosinski stieg gegen drei Uhr nachmittags aus dem Bus vom Seniorenheim, so wie er es in den Monaten, die er und sein Sohn Anthony in Montauk verbringen, an jedem Tag unter der Woche macht. Zu Hause freute er sich wie gewöhnlich auf die Vier-Uhr-Nachrichten im Fernsehen, in denen er das Neueste vom Tag erfahren würde. Aber noch vor Beginn der Sendung rief seine Enkelin Emma ihn an und informierte ihn über das Ereignis an diesem Tag, das unmittelbar mit John Sosinski zu tun hatte. »Daddy ist okay«, versicherte sie ihm. »Johnny lebt, und Daddy ist auf der *Anna Mary* und es geht ihm gut.«

Der Anruf war eine weitere kluge Tat Emmas. Das erste Bild in den Vier-Uhr-Nachrichten an diesem Tag zeigte Johnny Aldridge, wie er am Seil in den Hubschrauber gehievt wird. Ohne Emmas Anruf hätte John Sosinski sofort gedacht: *Was ist mit meinem Sohn passiert und wo ist das Boot?*

Sein Sohn befand sich auf dem Boot und brachte es nach Hause.

Mike Skarimbas war immer noch auf Suchmission, als über Funk gemeldet wurde, man habe Johnny gefunden. »Ich habe laut losgebrüllt«, sagt Skarimbas schlicht. Zuvor war er einigermaßen besorgt gewesen, als die Küstenwache die Freiwilligenflotte nach Osten geschickt hatte, eine Entscheidung, der er zwar folgte, auch wenn er sie nicht nachvollziehen konnte. *Nichts treibt hier nach Osten*, dachte er bei sich. Doch auch als er erfuhr, dass Johnny westlich des Gebiets, in das man ihn geschickt hatte, gefunden worden war, störte ihn das wenig. Ihm war es völlig gleich, wie er gefunden worden war, wo genau, oder wer ihn gerettet hatte. Sein bester Freund war in Sicherheit, und Mike Skarimbas brüllte vor Freude.

»Denn normalerweise läuft die Sache so nicht«, sagt Skarimbas. »Immer, einfach *immer* ist es andersherum. Das war eine absolute Ausnahme. Absolut unnormal.« Er macht eine Pause. »Erst war es der schlimmste Tag meines Lebens, und dann wurde er zum besten Tag meines Lebens.«

Gegen zehn Uhr abends liefen die *Anna Mary* und die Fischerboote der Freiwilligenflotte im Hafen von Montauk ein. Für Anthony war die Verzögerung vielleicht eine gute Sache, weil sie ihm Zeit gab, von der emotionalen Anspannung »herunterzukommen«, die sich seit sechs Uhr früh, als Mike ihn geweckt und ihn über Johnnys Verschwinden informiert hatte, in ihm aufgebaut hatte. Sein Körper hatte völlig verrückt gespielt. Zuerst hatten ihn Kälteschauer durchjagt, dann war ihm der Schweiß aus allen Poren gebrochen und er hatte den ganzen Tag über einen säuerlichen Geschmack im Mund gehabt. Er hatte sämtliche Emotionen unterdrückt – vielleicht war das der Grund, warum er auch an den Füßen geschwitzt hatte – und sich ganz auf die Suche konzentriert. Als Johnny gefunden wurde, war er gerade zur anderen Seite der Freiwilligenflotte unterwegs, nachdem er ausgerechnet hatte, dass wenn Johnny zwischen acht und zehn Stunden mit einer Geschwindigkeit von einem halben Knoten pro Stunde im Wasser getrieben war, er sich dort befinden könnte. Seine Gedanken kreisten um die Wind- und Strömungsverhältnisse und wie sie die verbleibenden Stunden Tageslicht am besten für die Suche nach seinem Partner nutzen konnten.

Als er hörte, dass die Küstenwache ihn hatte, war das für ihn ein genauso heftiger Schlag wie zuvor die Nachricht seines Verschwindens – bloß viel, viel besser. Er war, wie er sagte, »völlig drüber weg«.

Er vergleicht die körperliche Wirkung mit dem Gefühl, das er einmal bei einem Helikopterflug durch den Grand Canyon empfunden hatte. »Der plötzliche Sprung in die Höhe, nach dem ersten zögerlichen Abheben, fühlt sich wie ein körperlicher Schock an«, sagt er. »Ich kann es nicht erklären, aber dies war etwas Ähnliches. Ein Gefühl, als würde mein Körper ruckartig in die Höhe gerissen.«

Etwa vierzig oder noch mehr Menschen erwarteten Anthony und Mike Migliaccio und den Rest der Freiwilligenflotte an diesem Abend am Hafen, darunter auch Nancy Atlas. Die wartende Menge bildete ein langes Spalier, um den heimkehrenden Kapitänen und Crews zu applaudieren und sie in den Arm zu nehmen. Der lauteste Applaus und die heftigsten

Umarmungen gehörten Anthony. Atlas erinnert sich an einen großen, kräftigen Kerl, der Anthony fest an sich drückte und den Leuten erzählte, wie gut Anthony die Freiwilligenflotte dirigiert hatte und wie wichtig diese Aufgabe gewesen war. Die Küstenwache stimmte dem zu. Jason Walter erklärte offiziell, »durch die Crews der Fischerboote konnten wir die Suche auf einen sehr viel größeren Bereich ausdehnen«, was erheblich zum Erfolg der Mission beigetragen hat.

Nachdem Johnnys Rettung bestätigt worden war und sie sich auf dem Heimweg befanden, hatten Anthony und Mike ihre Leinen ausgelegt und zwei Thunfische gefangen, die Anthony noch an Bord filetiert hatte. Jetzt verteilte er im Hafen von Montauk fangfrischen Atlantik-Thunfisch an alle, die ihn willkommen hießen.

Sogar der Mond stand an diesem Abend am Himmel – »prachtvoll, beinahe rötlich, ganz still, bezaubernd«, sagt Nancy Atlas. Sie sah den Mond lange an und folgte dann den anderen ins Dock, um zu feiern.

DIE FOLGSAME TOCHTER

25. Juli 2013

Meine Schwester schaute gestern Abend noch spät – es war kurz vor Mitternacht – mit Tommy, Jillian und Teresa im Krankenhaus vorbei. Sie kamen aus Montauk, wo sie seit dem frühen Morgen in der Station der Küstenwache gewesen waren. Sie waren gestern Nachmittag zwischen vier und halb fünf Uhr losgefahren, mit wenig mehr als den Kleidern, die sie am Leib trugen. Kein Geld, ein fast leerer Tank, nicht einmal eine Zahnbürste. Die Fahrt von Montauk war alles andere als ein Katzensprung: sie mussten drei Fähren nehmen, und als sie endlich ankamen, waren sie sich nicht sicher, welches Krankenhaus es war. Cathy war zum ersten Mal auf Cape Cod – und dies war ganz bestimmt kein Luxus-Ferienwochenende. Aber es war ihr egal. Sie wirkte sogar ein wenig wie in Trance, befreit von der Last der Sorgen, die sie mit sich herumgetragen hatte. Alle vier schienen unendlich glücklich und befreit. Ich war so froh, sie zu sehen.

Dann fuhren sie zu ihrem Motel, und ich versuchte zu schlafen. Ich wusste aus Erfahrung, dass Krankenhäuser keine besonders guten Orte dafür sind. Immer ist etwas los, die hellen Lichter im Flur, die Schwestern, die nach den Infusionen sehen, der Lärm. Ich glaube, ich habe fast gar nicht geschlafen. Jetzt, früh am Morgen, kommen die Ärzte zur Visite und sagen, ich sei wohlauf und könne nach Hause. Zur Bestätigung rollen sie mich aus dem Vorratsraum in den Wartebereich neben dem Krankenhauseingang. Gott sei Dank hat Cathy mir ihr Handy dagelassen. Ich tippe auf Tommys Nummer und erzähle ihnen, dass sie mich so schnell wie möglich abholen sollen. Cathy und die anderen sitzen gerade beim Frühstück in einem Diner und können es kaum fassen. *Beeilt euch*, dränge ich. Im Eingangsbereich geht es noch chaotischer zu als gestern Abend, nicht zuletzt deshalb, weil die PR-Leute des Krankenhauses alle möglichen Fragen über mich beantworten müssen.

Sie müssen ihr Frühstück hinuntergeschlungen haben, denn schon wenig später spazieren sie durch den Eingang, und wir können losfahren. Ich setze mich beinahe automatisch auf den Vordersitz neben Tommy, der fährt. Dort habe ich am meisten Platz, was angesichts meiner verbrannten Haut, der wundgescheuerten Leiste und meinen schmerzenden Muskeln am sinnvollsten scheint. Es bedeutet aber auch, dass die drei Frauen hinten sitzen müssen, was zum einen wenig bequem ist, und ich ihnen obendrein den Rücken zuwende – der Frau, die meine Freundin ist, meiner Schwägerin, die allen eine große Stütze war, und meiner Schwester, der ich so viel verdanke, obwohl ich das ganze Ausmaß ihres Einsatzes noch gar nicht kenne.

Das also ist die Situation auf der Nachhausefahrt, nachdem ich beinahe im Meer ertrunken wäre: mit mehr oder weniger deutlichem Abstand zu zwei meiner engsten Familienangehörigen und zu einer Beziehung, von der beide Beteiligten wissen, dass sie nicht gut funktioniert. In gewisser Weise ist es der beste Weg, in die Normalität zurückzukehren. Dennoch schaue ich mit dem gleichen Gefühl der Ehrfurcht, das ich gestern im Helikopter empfunden habe, aus dem Fenster auf die vorbeigleitende Landschaft. Es scheint, als müsse ich mich immer noch daran gewöhnen, am Leben und wieder »zurück« zu sein. Ich glaube, ich sage auf der ganzen Fahrt nicht viel.

Der Verkehr hält sich in Grenzen. Selbst an einem Donnerstag fahren die meisten Leute in Richtung Cape, während wir möglichst schnell von dort weg wollen. Nach zwei Stunden erreichen wir New London. Von hier werden wir mit der Fähre über den Long Island Sound nach Orient Point auf dem Nordfinger der Insel übersetzen und dann weiter in westlicher und südlicher Richtung nach Oakdale fahren. Am Fähranleger treffe ich zufällig die Reporterin des *Newsday* wieder, die mich gestern Abend interviewt hat, Nicole Fuller. Auch sie ist auf dem Weg nach Hause.

Von New London aus gehen Fähren in die unterschiedlichsten Richtungen – nach Block Island, Fishers Island, Martha's Vineyard. Die Fähre nach Orient Point verkehrt halbstündlich, sodass wir nicht lange warten müssen. An Bord gehen wir alle sofort in die Bar, obwohl ich nur Wasser trinken kann und schon dankbar bin, überhaupt wieder schlucken zu können. Die Leute sehen mich an, als würden sie mich wiedererkennen. Es ist ein seltsames Gefühl.

Die Überfahrt dauert anderthalb Stunden, und bei unserer Ankunft am Anleger werden wir von einer Nachrichtencrew erwartet. Ich erfahre außerdem, dass Reporter bei uns zu Hause aufgekreuzt sind – mein Vater wurde auf CBS und in *Newsday* zitiert. Ich habe mit ihm am Telefon gesprochen. Ich denke, er ist okay, aber ich möchte sie alle persönlich sehen. Erst dann weiß ich wirklich, ob es ihnen gut geht.

Zurück im Auto, sind wir keine Stunde mehr von ihm, meiner Mutter und allen anderen im Haus entfernt. Ich kann es kaum erwarten. Ich möchte meine Eltern sehen, oder vielmehr möchte ich, dass sie mich sehen und die feste Gewissheit haben, dass ich lebe und es mir gut geht und ich zurück in meinem Elternhaus bin. Als wir in unsere Straße einbiegen, sehe ich fünfzehn, vielleicht sogar zwanzig Übertragungswagen vor dem Haus meiner Eltern stehen. Mikrofone, Kabel, Satellitenschüsseln – es sieht aus wie eine Szene aus einem Science-Fiction-Film.

Kameras surren und Reporter rufen, als der Wagen in unsere Auffahrt fährt. Ich bin kaum aus dem Auto ausgestiegen, als mein Neffe Jake mir mit einem erstickten Schrei in die Arme springt. »Jakie, Boy«, sage ich. »Jakie, Boy.« Ich sehe meine Eltern auf mich zukommen, und im nächsten Moment drückt mich mein Vater fest an sich. »Erst jetzt ist es wirklich wahr«, sagt er. Meine Mutter drückt Cathy, die irgendetwas zu ihr sagt, und jetzt ist sie bei mir und drückt mich. Danach kommt mein Bruder Anthony. Er ist zwar mein kleiner Bruder, aber er ist größer als ich, und es kommt mir vor, als halte er mich noch fester als mein Vater, während wir uns abwechselnd in die Höhe heben. Ohne ein Wort. Wozu auch? Es genügte, sich zu umarmen und den Atem anzuhalten. Jeder kennt den Ausdruck »Freudentränen«. Das hier waren welche.

Die Kameras surren immer noch, und die Reporter sind auch noch alle da. Ich nehme Jake auf den Arm und erzähle den versammelten Reportern dies und das, was auch immer – dass ich froh bin, zu Hause zu sein, dass es sich gut anfühlt, dass die Stiefel mich gerettet haben, war es das jetzt? Die Stiefel, sicher, aber wie ich bereits meiner Schwester gesagt habe, hat mir auch der Gedanke, Jake nicht groß werden zu sehen, die Kraft zum Durchhalten gegeben.

Ich gehe ins Haus. Es sind so viele Leute da, und es werden immer noch mehr.

Und es rücken auch noch weitere Reporterteams an. Nach einer Weile gehe ich wieder vor die Tür und beantworte den Neuankömmlingen ihre Fragen. Tatsächlich wollen sie alle das Gleiche wissen, und ich gebe auch immer wieder die gleichen

Antworten. Ich beginne mich zu fragen, wie lange dieses Spiel noch so weitergeht und ich die immer gleichen Dinge wiederhole. Stiefel. Küstenwache. Familie. Das ist es, was alle hören wollen: dass ich deshalb überlebt habe, weil ich meine Familie nicht enttäuschen wollte. Die Geschichte steht und wird munter verbreitet.

Mittlerweile ist im Haus eine richtige Feier zugange und die Stimmung ist fast ausgelassen. Ich bin einigermaßen überwältigt zu sehen, wie viele Leute die Vorstellung, ich könnte sterben, berührt hat. Ich weiß, es ist ein Klischee, aber ich habe trotzdem das Gefühl, man weiß erst, wie viel man den anderen bedeutet, wenn man eine ähnliche Situation durchgemacht hat. Und ich denke auch, dass ich jetzt, da ich beinahe alles verloren habe, ein wenig besser verstehe, was Verlust bedeutet. Ich sehe meine Eltern an und versuche mir vorzustellen, was sie zu verlieren fürchteten. Ich weiß, ich kann das nicht wirklich ermessen, aber zumindest kann ich ihm durch das, was ich durchgemacht habe, näher kommen. Ich bin überglücklich, aber auch aufgewühlt.

Das alles sind keine Gedanken für eine Party. Außerdem habe ich in der vergangenen Nacht wenig und in der Nacht davor gar nicht geschlafen. Es ist Donnerstagabend, und ich bin praktisch seit Dienstagmorgen wach. Vermutlich bin ich ziemlich fertig. Ich fühle mich auch etwas bedrängt durch die viele Aufmerksamkeit, die ich im Moment am allerwenigsten gebrauchen kann. Ich gebe meiner Schwester Cathy ein Zeichen, dass ich von hier verschwinden muss, und wir fahren zu ihrem Haus. Dort ist immer ein Schlafzimmer für mich frei, und zur Feier des Tages gibt es auf der Veranda Blumen, Ballons und eine Flasche Champagner. Wir denken, es ist okay, dass wir die Party verlassen haben. Schließlich hatte Cathy pflichtbewusst das gemacht, worum unsere Mutter sie gebeten hatte: Sie hatte mich zurück nach Hause gebracht.

DANACH

Sommerende 2013

Später an diesem Abend, als Johnny im Haus seiner Schwester im Bett lag, aber noch nicht schlief, klopfte es plötzlich an seiner Tür. Es war Anthony. Johnny sprang aus dem Bett, und die beiden Männer umarmten sich. »Alles in Ordnung?«, fragte Anthony. »Alles in Ordnung«, erwiderte Johnny. Der Austausch war gewohnt knapp, aber ebenso typisch war, dass beide Männer wussten, was gemeint war.

Anthony betrachtete seinen Partner genauer. Er sah tatsächlich ganz okay aus. Zugegeben, das Gesicht war verbrannt und die Nase pellte. Aber er war da, und er lebte.

»Wie geht's deinen Augen?«, fragte Anthony.

»Alles okay.« Dann fügte Johnny hinzu: »Ich bin müde.«

»Yeah, das kann ich mir vorstellen«, sagte Anthony. Der Mann hatte seit vier Tagen keinen richtigen Schlaf mehr bekommen. Er musste vollkommen erschöpft sein, und er konnte es immer noch nicht ganz fassen, am Leben zu sein.

Anthony dagegen war hellwach und konnte seine Freude kaum unterdrücken. Er selbst sagt, er hatte an diesem Abend in Cathy Pattersons Haus das Gefühl, »einem Toten gegenüberzustehen«. Den ganzen vorherigen Tag über hatte er instinktiv gespürt, Johnny niemals wiederzusehen. Immer wieder hatte er in seinem Kopf den Schrei von Joe Hodnik gehört, jener junge Fischer, dessen Tod den Anstoß für die Errichtung des Denkmals für die vermissten Seeleute am Montauk Point gegeben hatte. Selbst als er am Funkgerät gestanden, die Koordinaten überprüft und Anweisungen an die Freiwilligenflotte gegeben hatte, hatte Anthony in Gedanken stets die gähnende schwarze See vor Augen, in der Hodnik und Ed Sabo vor vielen Jahren ertrunken waren. Auch Chubby Gray ging ihm nicht aus dem Kopf, der junge Mann aus Maine, dessen Boot das Schwesterschiff der *Anna Mary* gewesen war und der erst sieben Monate zuvor auf See umgekommen war. Anthony hatte beide Männer gekannt, die noch jung und voller Lebenskraft waren, und ihr furchtbarer Verlust hatte den ganzen Tag wie ein Alp auf ihm gelastet, sodass er sich nahezu sicher war, Johnny wäre tot, eine Gewissheit, die durch alles, was er über das Meer wusste, und durch seine gesamte Lebenserfahrung bestärkt wurde. Jetzt mit dem lebenden Johnny Aldridge in einem Zimmer zu sein, war eine so ungeheure Erleichterung, dass er spürte, wie sein Herz regelrechte Freudensprünge machte.

Er blieb nicht lange. »Schlaf dich aus«, sagte er zu Johnny.

Am nächsten Tag ging Johnny Aldridge zum Mittagessen ins McGovern's Bar & Grill, einer Institution in Oakdale, um jenen Hamburger zu essen, den er sich in seiner Phantasie vorgestellt hatte, als er im Wasser war und sich verzweifelt an eine Boje geklammert hatte.

Cathy hatte mit der Zustimmung ihres Bruders auch dessen Exfreundin Laurie Zapolski eingeladen, die an den Tisch kam und zu Johnny sagte: »Ich brauche jetzt eine Umarmung.«

Die bekam sie.

Die spontane Party im Haus von Johnnys Eltern am Abend seiner Rückkehr hatte zum einem in einem engeren Kreis stattgefunden und war nach Ansicht vieler auch noch keine angemessene Feier für das gewesen, was vorgefallen war. Es war noch jede Menge Dampf im Kessel.

Das Ventil wurde zuerst mit einer Party in Oakdale am Samstagabend, dem 27. Juli 2013, geöffnet. Es war eine Party von und für die Gemeinde – die Freunde, Nachbarn und Familienmitglieder, mit denen Johnny aufgewachsen war. Gefeiert wurde auf zwei aneinandergebundenen Lastkähnen auf dem Connetquot River, auf denen genug Platz für das Partyvolk, die Vorräte und die Band war. Besagte Band waren die Bedrockers, entlang der Südküste und am East End weithin bekannt, und man kann ohne Übertreibung sagen, dass Leadsängerin Laurie Zapolski und Gitarrist Anthony Vincente den Auftritt ihres Lebens hatten und sich das Herz aus dem Leib sangen und spielten. Praktisch die ganze Stadt war da, abgesehen von den ein oder zwei Personen, die krank im Bett lagen, und so ziemlich jeder trug ein T-Shirt mit der Aufschrift »Load Lives« auf dem Rücken. Getränke kreisten, der Grill zischte, und die Band spielte einen Song nach dem anderen. Die Leute hatten allen Grund zu feiern, und falls jemand eine Erinnerungsstütze brauchte, flog etwa eine Stunde nach Beginn ein Flugzeug über sie hinweg, das ein riesiges Spruchband mit der Aufschrift »Welcome Home, Johnny Load. Rock, Lobster« hinter sich her zog. Die Idee dazu hatte Vinny Passavia, ein alter Freund der Familie, der die Maschine gechartert hatte. Die Party ging bis in die frühen Morgenstunden.

Genau wie die Strandparty in Montauk zwei Tage später, am Montag, dem 29. Juli. Sie fand am Navy Road Beach in der Bucht von Montauk statt und gehörte in erster Linie den Fischern. Veranstalter waren Anthony und Mike Migliaccio, die an diesem Tag etwa zweihundert Leute empfingen, darunter viele Veteranen der Freiwilligenflotte, die erst einige Tage zuvor nach Johnny gesucht hatten. Musik machten lokale Musiker wie Joe Delia und Thomas Muse, zusammen mit Muses Frau, Nancy Atlas, und ihre Bühne war das Deck der *Anna Mary*, die nicht weit vom Strand vor Anker lag. Überall am Strand brannten Feuerschalen und tragbare Grills, und die Kühlboxen waren bis zum Rand mit Drinks gefüllt. Nach dieser Party war bei allen die Luft raus. Für Montauk will das schon etwas heißen.

Anschließend gingen Johnny und Anthony zurück an die Arbeit.

Bis Oktober war die Beziehung zu Teresa vorbei. Johnny und Laurie kamen wieder zusammen, und sie stellte ihm ein Ultimatum: entweder wir meinen es ernst und für immer, oder wir lassen es.

Sie entschieden sich für die Ernst-und-für-immer-Option.

Im Dezember dieses folgenreichen Jahres, an einem vermeintlich unseligen Freitag, dem dreizehnten, fand in der Montauker Feuerwache ein höchst erfreuliches Ereignis statt. Der Kommandant der US-Küstenwache für den Sektor Long Island Sound, Captain Edward J. Cubanski, verlieh den Mitarbeitern der Montauker Küstenwachenstation die Auszeichnung Meritorious Team Commendation für ihren Einsatz bei der Rettung von John Aldridge. Anwesend waren alle Mitarbeiter der Küstenwache, die am 24. Juli vor Ort und auf die eine oder andere Weise an der Rettung beteiligt gewesen waren; Aldridge selbst; Anthony Sosinski und sämtliche Kapitäne und Crewmitglieder der Freiwilligenflotte, die an diesem Abend dabei sein konnten. In der Verleihungsurkunde war vom »Pflichteifer« und der »exzellenten Einsatzleistung« der Coasties die Rede, aber alle Anwesenden waren sich bewusst, dass diese Worte gleichermaßen auf die Fischer zutrafen, die nach einem der ihren gesucht hatten, und nicht zuletzt auch auf Sosinski und Aldridge selbst.

EPILOG

Drei Jahre, nachdem er sechs Stunden lang befürchtet hatte, sein Sohn sei ertrunken, erzählte John Aldridge senior einem Interviewer, er habe seit diesem Tag keine Nacht mehr durchgeschlafen. Jeden Abend, wenn er die Augen schließt, rechnet er fest damit, irgendwann in der Nacht wegen des immer gleichen Alptraums aufzuwachen – jenes Alptraums, den er am 24. Juli 2013 durchlitten hat.

Seine Frau sagt, sie erlebe die Erfahrung nicht mehr jeden Tag im Geiste, wie sie es lange Zeit nach dem Ereignis tat, aber wenn etwas die Erinnerung weckt, muss sie sich ins Gedächtnis rufen, dass ihr Sohn lebt und wohlauf ist.

Beide sorgen sich heute mehr um seine Arbeit auf dem Meer als früher. John senior gesteht, dass er seinen Sohn nach der Rückkehr von jeder Ausfahrt anruft und es einmal klingeln lässt. Danach legt er auf, denn das Klingeln bestätigt ihm, dass das Telefon funktioniert und Johnny heil zurück ist.

In der ersten Woche, nachdem sie ihren Bruder nach Hause zurückgebracht hatte, litt Cathy Patterson unter Magenschmerzen. Es dauerte Tage, bis die Anspannung nachließ. Auch sie rief ihren Bruder in den folgenden drei Wochen mindestens einmal täglich an, bis ein Freund ihr sagte, sie treibe ihn damit in den

Wahnsinn. Heute sagt sie, sie mache sich keine Sorgen mehr, wenn ihr Bruder auf See ist, aber die psychische Wunde ist noch lange nicht verheilt. Allein die Erwähnung des Tages, an dem ihr Bruder über Bord ging, bringt sie zum Weinen. Das Gleiche geschieht, wenn sie bei einem Besuch in Montauk an der Station der Küstenwache vorbeifährt.

Für Anthony, den Jüngsten der Geschwister, will das Trauma einfach nicht vergehen. »Es gibt keinen Tag in meinem Leben, an dem ich nicht an die Ereignisse von damals denke«, sagt er. »Ich denke ständig daran.« Anthony ist das Nesthäkchen der Familie, der kleine Bruder. Jeder, der in seiner Kindheit zu einem älteren Geschwisterteil aufgeschaut hat, wird verstehen, was er sagt. Es ist nicht so, dass er sich Sorgen um Johnny macht – obwohl er die Gefahren auf See kennt, vertraut er auf die unbestrittenen Überlebensfähigkeiten seines Bruders. Aber er erlebt jeden Tag wieder, was er als »den schlimmsten Tag meines Lebens« bezeichnet, den bestürzenden Moment, an dem er »tatsächlich fühlte, was es hieß, dass Johnny nicht mehr lebte«. Johnny selbst sagt Anthony, er solle sich »am Riemen reißen«, aber das kann er nicht. Anthony kann die Erinnerung einfach nicht verdrängen. »Es ist wie ein Brandzeichen«, sagt er, unauslöschlich in sein Gedächtnis eingebrannt.

Laurie Zapolski, nun Johnnys feste Lebenspartnerin, sagt, die Erinnerung an den Tag, an dem Johnny über Bord ging, überfalle sie hinterrücks und ohne dass sie einen Grund dafür ausmachen kann. Es sei wie ein Film, der plötzlich in ihrem Kopf ablaufe und ihr jedes Mal einen Stoß versetze.

Wenn man mit irgendeinem von Johnnys Freunden spricht – ob mit der liebenswerten Helen Battista, dem brummigen Zyniker George Watson oder dem treuen Mike Skarimbas, mit dem Jugendfreund Pat Quinn aus Oakdale, der mittlerweile fünftausend Kilometer entfernt in Oregon lebt, oder mit Tony Vincente, der in Oakdale geblieben ist, mit all jenen Freunden, die das Leben inzwischen von allen Seiten kennengelernt haben – und den Tag erwähnt, an dem Johnny verschwand, dauert es nicht lange, bis die Leute feuchte Augen bekommen.

Das Erlebnis wird sie alle ihr Leben lang verfolgen.

Das ist natürlich und wissenschaftlich erklärbar. Die psychischen Symptome einer posttraumatischen Belastungsstörung – PTBS – sind ein Phänomen, von dem jeder schon gehört hat.

Die Wahrscheinlichkeit, dass Johnny Aldridge noch einmal ein Unglück auf See erleben wird, geht statistisch gesehen natürlich gegen null. Außerdem geht es Johnny Aldridge gut. Er ist fit und gesund und wieder dort, wo er sein möchte, und macht den Job, den er liebt. Aber Statistik und Logik sind hier ohne Bedeutung. Flashbacks, die plötzliche Erinnerung an ein traumatisches Erlebnis, sind die Hauptsymptome einer PTBS, ein klassisches Anzeichen, dass das Individuum das Ereignis und die damit verbundenen Qualen erneut durchlebt.

Zufällig, unvorhergesehen, irreal – in jeder erdenklichen Hinsicht treffen alle drei Begriffe auf Johnny Aldridges Sturz über Bord zu. Dabei ist er jemand, der dem Zufall keine Chance gibt, der ständig Vorkehrungen gegen das Unvorhergesehene trifft und der wenig oder gar keine Geduld mit allem hat, was über die Realität hinausgeht. Überaus penibel in allen Details seiner Arbeit, lässt Johnny keine Vorsichtsmaßnahme aus. Man kann seine Uhr danach stellen.

Dann geht er hin und zerrt an einem Plastikgriff, der prompt abbricht, und das Universum, von dem man ohnehin glaubte, es werde von Zahnstochern zusammengehalten, stürzt komplett in sich zusammen. Es stürzt zusammen, weil er, mehr noch als jeder andere, wusste, dass diese Möglichkeit existierte. Er wusste, dass der Griff locker war, und wenn jemand, dem nie auch nur eine Kleinigkeit entgeht, eben dieses Detail übersieht, gerät die Welt, die zuvor für uns alle sicher und berechenbar war, völlig aus den Fugen. Das ist der Alptraum, der die Leute, die unter Flashbacks leiden, nie wieder loslässt: der Alptraum, in dem man sich sagt, *Du meinst, der Boden, auf dem ich stehe, könnte jede Sekunde nachgeben?*

Die beiden einzigen betroffenen Personen, die nicht unter Flashbacks oder Alpträumen leiden und auch keine Anzeichen von posttraumatischen Störungen aufweisen, sind Anthony Sosinski und Johnny Aldridge selbst. Anthony sagt, es sei einfach nicht seine Art, sich an Dinge zu hängen, die vorbei und nicht mehr zu ändern sind. Er ist immer jemand gewesen, für den das Glas halb voll ist, und er ist froh über sein Leben, so wie es ist, anstatt sich darüber Gedanken zu machen, was hätte sein können. Er hat seinen Anteil an Nackenschlägen und Verlusten mitbekommen. Er hat, wie er sagt, genügend Leichen aus dem Wasser gezogen und den Verlust so vieler Freunde erlebt, um bis an sein Lebensende Angst und Sorge zu empfinden.

Was nicht heißen soll, dass Anthony jenen Tag oder den Verlust, der für viele Stunden höchst real erschien, vergessen hätte. Er vergisst ihn nie, und die Erinnerung schmerzt bis heute. Selbst Jahre nach dem Ereignis kann die bloße Lektüre eines Branchenberichts, demzufolge die Zahl der unbeobachteten tödlichen Unfälle durch Überbordgehen »in der Hummerfischerei an der Nordostküste besonders hoch ist«, ihm einen Schauer über den Rücken jagen.[10]

Letzten Endes jedoch ist Anthony froh, am Leben zu sein, zwei gesunde Töchter zu haben, deren Lebenswege seine

---

10 Centers for Disease Control and Prevention: »Commercial Fishing Safety: Falls Overboard«. www.cdc.gov/niosh/topics/fishing/fallsoverboard.html (Letzter Zugriff 15.3.2017)

kühnsten Erwartungen übertreffen; ein Haus zu besitzen, für seinen Vater sorgen zu können, Teilhaber der *Anna Mary* zu sein und seinen Lebensunterhalt mit Fischen zu bestreiten. Er ist nicht der Typ, der sich lange mit dem aufhält, was am 24. Juli 2013 beinahe passiert wäre. Er kümmert sich mehr um das Hier und Jetzt.

Für Johnny Aldridge mag einer der Gründe, warum er nicht von Alpträumen und Flashbacks geplagt wird, darin liegen, dass er derjenige ist, der das Ganze am eigenen Leib erfahren und damit von Anfang bis Ende in Echtzeit durchlebt hat. Es ist Erinnerung für ihn, nicht bloß ein böser Traum. Vielleicht sind deshalb auch die Stiefel, die sein Leben gerettet haben, immer noch bei ihm im Schrank – und werden es immer sein.

Er erinnert sich, dass er den Coasties im Helikopter gesagt hat, die zwölf Stunden im Wasser seien »halb so schlimm« gewesen. Es war eine dämliche Bemerkung, und trotzdem sieht er die gleiche Vorstellung auf den Gesichtern mancher Leute, wenn sie ihn ansehen. Er weiß, was sie denken: *Zwölf Stunden im Meer an einem ruhigen Tag? Wie schlimm kann das schon gewesen sein?* Er will dann immer sagen: *Schluckt ihr erst mal zwölf Stunden lang Salzwasser. Und dann kommt wieder und sagt mir, wie es war.* Er erinnert sich an den zwölf Stunden währenden Kampf in seinem Kopf zwischen Aufgeben und Durchhalten. Er weiß, wie er diesen Kampf gewonnen hat, aber er fragt sich immer noch, ob er je wieder Wellen betrachten kann, ohne gleichzeitig ihre Strömungsrichtung und Geschwindigkeit zu berechnen und sich daran zu erinnern, wie er auf solchen Wellen geritten ist und gegen sie angekämpft hat.

Auf jeder Fahrt zu den Hummerkörben folgt die *Anna Mary* dem gleichen Kurs und kommt genau an der Stelle vorbei, an der Johnny über Bord gegangen ist. Es ist die Stelle, an der die Erinnerung ihn einholt. Wenn die *Anna Mary* vor Tagesanbruch ausgefahren ist, denkt er um 6.00 Uhr früh, dass er am 24. Juli 2013 genau um diese Zeit bereits drei Stunden im Wasser gewesen ist und gegen die Wellen und seine eigene Angst und Verzweiflung gekämpft hat. Um drei Uhr nachmittags denkt er vielleicht, *Wie habe ich nur so lange im Wasser durchgehalten?* In diesen Momenten sieht er alles wieder vor sich, spürt das Wasser auf seinen Schultern und Haaren, in Ohren, Augen und Mund und erinnert sich, wie anstrengend es gewesen ist. *Wie habe ich das geschafft?*, fragt er sich. *Wie habe ich so lange durchhalten können?*

Als er drei Jahre nach seiner Rettung eines Nachts erneut alleine an Bord der *Anna Mary* Wache schob, beschloss Johnny, einen der Pappkartons für den Köder ins Wasser zu werfen, um zu sehen, wie lange es dauern würde, bis er in der Dunkelheit verschwände. Es war genau die Stelle, an der er über Bord gegangen war. Auch die Bedingungen waren die gleichen – eine ruhige Sommernacht, sämtliche Lichter auf der *Anna Mary* eingeschaltet und sogar ein bisschen Mondlicht. Aldridge baute seine Videokamera auf, drückte auf Aufnahme und warf den Wellkarton am Heck über Bord.

Nach siebzehn Sekunden war er verschwunden. »Das ist eine lange Zeit«, sagt er, »um sein Leben dahinschwinden zu sehen.« Es ist nicht schwer, sich die Angst vorzustellen, »der Karton zu sein«, wie er es ausdrückt. Er hält einen Moment inne, in dem er die Angst erneut spürt. »Verrückt«, sagt er dann.

Aldridge redet auch viel über seine Erfahrung, was ein weiterer Grund dafür sein mag, dass er nicht von Alpträumen heimgesucht wird. Ständig wird er von Leuten darauf angesprochen. An den meisten Tagen nickt er bloß mit dem Kopf und beantwortet ihre Fragen. Er kann sich dem Erlebten stellen, und das mag die bösen Träume in Schach halten.

Er spricht auch häufig bei öffentlichen Anlässen, etwa auf

Versammlungen der Küstenwache, vor Schülern oder vor Publikum bei öffentlichen Veranstaltungen. Und reden, wie die Psychologen uns erklären, kann eine Art Therapie für die negativen Folgen posttraumatischer Belastungsstörungen sein. Niemand weiß genau, warum das so ist. Vielleicht, weil wenn man etwas »nach außen« tragen will, man es zuerst einmal aus seinem Inneren hervorholen muss, wo es vor sich hin schwärt, um es gewissermaßen der heilenden Kraft des Sonnenlichts auszusetzen. Vielleicht gewinnt man Kontrolle über den Alptraum, wenn man davon erzählt. Vielleicht übergibt man jedes Mal, wenn man die Geschichte erzählt, einen kleinen Teil davon an die anderen und muss die Last nicht mehr ganz allein tragen. Was auch immer es sein mag, Johnny erzählt die Geschichte seit Jahren.

Er war der Hauptredner auf der Pacific Marine Expo 2014, hat zahlreiche Online- und Print-Interviews gegeben, ist offizieller Sprecher für Sicherheit an Bord und hat in einem YouTube-Video für die Küstenwache von seiner schweren Prüfung erzählt. Es gibt vermutlich kaum etwas, das er nicht für die Küstenwache tun würde. Binnen einer Woche nach seiner Rückkehr nach Montauk hatte Johnny mit allen Leuten der Küstenwachenstation gesprochen, meist in Begleitung seiner Familie, die Kekse mitbrachte und ihnen dankte. Die enge Verbindung existiert bis heute, auch wenn ein Großteil des Personals inzwischen gewechselt hat. Er hat auch das Kommandozentrum des Sektors in New Haven besucht, das koordinierende Nervenzentrum seiner eigenen Rettungsmission. Auch hier arbeiten mittlerweile andere Leute, aber alle freuen sich, von Johnny Aldridge zu hören – er ist das Paradebeispiel für eine erfolgreiche Such- und Rettungsaktion.

Eine Zeitlang rüttelte Johnny Aldridges Unglück die Gemeinschaft der Montauker Berufsfischer wach, mehr für die

Sicherheit an Bord zu tun. Es wurde viel von persönlichen Peilsendern gesprochen, sogenannten Emergency Position-Indicating Radio Beacons (EPIRBS), der den Such- und Rettungsdiensten die Position eines Vermissten mit einer Genauigkeit von fünfzig Metern anzeigt, und die bereits lange vorgeschriebenen Rettungswesten wurden zumindest einmal durchgelüftet. Wachalarmgeräte lagen vorübergehend im Trend. Man stellt einen Alarm auf einen Rhythmus von fünf-, zehn- oder fünfzehnminütigen Abständen ein, und wenn die wachhabende Person nicht auf das Signal reagiert, wird der Alarm ausgelöst. Aber die Peilsender sind teuer, Rettungswesten sind unbequem und stören beim Einholen der Körbe, und viele Fischer, darunter auch Anthony, haben keine Lust auf ein Alarmgerät, das ständig piept, sodass die Montauker Fischer langsam aber sicher in den alten Schlendrian verfielen. Geblieben hingegen ist die Erinnerung an das, was jemandem, den jeder kennt und schätzt, widerfahren ist, und allein das hat die Fischer, die schon aus Notwendigkeit vorsichtig sind, noch wachsamer werden lassen. Sie sehen ihn als lebendes Beispiel dafür, was ihnen allen passieren kann, und erkennen, wie verwundbar sie sind.

Das gilt auch für die Crew der *Anna Mary*. Johnny Aldridge besitzt einen Peilsender, aber er trägt ihn eher im Winter als im Sommer bei sich. Anthony hat erst gar keinen, nicht einmal im Sommer. »Wenn du im Winter über Bord gehst«, sagt er, »bist du ohnehin tot.« Der Wachalarm, den sie angeschafft haben, ist in die Unterwelt der elektronischen Geräte verbannt worden. Zumindest sind beide Männer vorsichtig geworden, was das Arbeiten allein an Deck angeht, wenn alle anderen schlafen – vereinfacht gesagt, sie tun es nicht. Und es gibt eine bemerkenswerte äußere Veränderung an Bord: das Heck ist jetzt nur noch offen, wenn die Körbe eingeholt werden. Die restliche Zeit über ist es mit einer neu angebrachten Heckklappe gesichert.

Persönlich verbindet die beiden Männer weiter eine Freundschaft und Geschäftspartnerschaft, die als leuchtendes Beispiel eines »Bunds reiner Seelen« gelten kann, von dem Shakespeare spricht. Verbunden durch ein gemeinsames Unternehmen, durch die Vergangenheit und durch die Leidenschaft für das Fischen, die sie beide teilen und einander nicht erklären müssen, lebt dennoch jeder sein eigenes Leben und verfolgt seine eigenen Interessen. Sosinski widmet sich ganz der Pflege seines Vaters, mit dem er die Winter auf St. John verbringt, seinem »persönlichen Paradies«. Seine beiden Töchter, inzwischen längst erwachsen und selbstständig, die eine als Sozialarbeiterin, die andere als Kosmetikerin, und der bislang einzige Schwiegersohn in der Familie stoßen gewöhnlich irgendwann im Laufe des Winters dazu, und mit den ersten Enkeln wird sich die Runde noch vergrößern. Wenn er in Montauk ist, engagiert sich Anthony für die LICOP, die Long Island Communities of Practice, eine gemeinnützige Organisation, die ganzjährig Bildungs- und Sozialprogramme sowie Freizeitangebote für behinderte Kinder und ihre Familien anbietet. Sein besonderes Interesse gilt der Arbeit mit autistischen Kindern und ihren »hypergestressten Eltern«, wie er sagt. Er hat Bowlingausflüge und Staffelläufe veranstaltet und Schwimm- und Surfunterricht für autistische Kinder gegeben. Niemanden, der ihn kennt, wird es überraschen, dass er sehr gut darin ist, und er widmet sich seiner Aufgabe mit Leidenschaft.

Zwei Jahre, nachdem er sein Missgeschick sicher und wohlbehalten überstanden hatte, erlitt Johnny Aldridge auf der *Anna Mary* einen Unfall mit der Seilwinde, mit der die Hummerkörbe vom Meeresgrund hochgeholt werden. Dabei verlor er das oberste Glied des Mittelfingers seiner rechten Hand. Erschrocken und angewidert – und vermutlich im Zustand eines leichten Schocks – warf Aldridge das winzige Körperteil über

Bord, sodass er sich an das fehlende Glied gewöhnen und zahllose Handgriffe neu lernen musste, die vorher automatisch funktionierten. Auch das hat er erfolgreich gemeistert.

Laurie Zapolski allerdings vermutet, dass der Schock und der Zorn in dieser Situation die verspätete Reaktion auf das war, was er bei seinem Sturz ins Wasser hätte empfinden müssen. »Damals hatte er keine Zeit dafür«, sagt sie, und deshalb ließ er es mehr oder weniger beim Verlust eines Teils seines Fingers heraus, mit dem er täglich konfrontiert wird.

Diejenigen, die ihn am besten kennen, sehen einige Veränderungen an Johnny Aldridge. Mike Skarimbas ist sich sicher, dass »er auf manche Dinge anders reagiert als früher«. Grundsätzlich aber ist er der Gleiche geblieben.

Nach wie vor genießt er es, in Montauk zu leben, lange Spaziergänge am Strand oder in den Wäldern zu unternehmen, mit seinem Neffen Jake mit dem Boot hinauszufahren, ein kleines Schleppnetz auszuwerfen und zu sehen, was Jake an Bord zieht. Im Winter, wenn die Tage rauer werden, reisen er und Laurie gerne in wärmere Gegenden. Für den Rest des Jahres ziehen sie jedoch das East End und die vielen Annehmlichkeiten vor, die ein Leben am Meer bietet – die Zeit am Strand, Krebs- und Muschelfang, Radfahren im flachen Gelände und manches mehr. Vielleicht als Gegengewicht zu der vielen Ruhe verfolgt Johnny gerne die professionellen Drag-Racing-Rennen der National Hot Rod Association, entweder am Fernseher oder live auf den Rennbahnen in der Nähe. Er liebt es, »von so vielen Pferdestärken umgeben zu sein«. Und er hat ein neues Hobby: er ist dabei, eine alte Corvette wieder flottzumachen, eine Frickelarbeit, für die sich sein akribisches Wesen bestens eignet. Aldridge hält auch weiterhin Vorträge über das, was ihm widerfahren ist, aber wann immer er Gelegenheit dazu hat, geht er fischen.

Johnnys Erlebnis gehört zum Leben beider Männer. Außerhalb ihrer Familien und der Bewohner des East End ist es das, was die Leute mit ihrem Namen verbinden. Johnny Aldridge droht sogar ganz darauf reduziert zu werden. Diejenigen, die ihn kennen, sagen, es sei genau andersherum: er hat dem Ereignis seinen Platz zugewiesen, nicht umgekehrt. Die breite Masse mag das anders sehen.

Eine Sache, in die die breite Masse durch die Geschichte von Johnny Aldridge einen guten Einblick bekommen kann, ist die US-Küstenwache, ein Zweig des Militärs, von dem die wenigsten etwas wissen und sich auch keine Gedanken darüber machen, erst recht nicht diejenigen, die nicht an der Küste oder am Wasser wohnen. Die Berufsfischer haben die Küstenwache, die ihre Aktivitäten kontrolliert, grundsätzlich auf Abstand gehalten. Einem bekannten Spruch nach ist die Küstenwache bei der Crew eines Fischerboots nur dann gern gesehen, wenn ein Schiff oder die Mannschaft in Not ist. Das ist verständlich. Aber als der Fischer Johnny Aldridge in größte Not geriet, konnten seine Kollegen aus erster Hand sehen, wozu die Küstenwache fähig ist.

Ebenso konnte das ein breiteres Publikum sehen, als die Geschichte von Johnny Aldridge vorübergehend landesweit die Schlagzeilen bestimmte. Selbst für diejenigen, die das Geschehen unmittelbar miterlebten, war die Leistung der Küstenwache eine Offenbarung. Anthony Sosinski staunt, dass die US-Regierung, über die sich alle beklagen und an der einige seiner Bekannten kein gutes Haar lassen, praktisch alles stehen und liegen ließ und in Form des am wenigsten bekannten Zweigs des Militärs, der US-Küstenwache, ein erstaunliches Aufgebot an Rettungsfahrzeugen und die fähigsten Köpfe auf dem Gebiet der Seenotrettung in Marsch setzte, um, wie Sosinski sagt, »diesen einen Menschen zu finden und zu retten!« Es ist nicht bekannt, dass irgendwer sich darüber beschwert hätte, die Rettung von Johnny Aldridge sei eine Verschwendung von Steuergeldern gewesen. Ganz im Gegenteil: man muss Johnny Aldridge nicht kennen, um es für gut angelegtes Geld zu halten.[11]

Dennoch bleibt eine zu klärende Frage im Zentrum der Rettungsmission für John Aldridge, die sich nicht so leicht abtun lässt, und zwar die Diskrepanz zwischen der fortgeschrittensten Such- und Rettungstechnik weltweit und dem unberechenbaren und unvorhersehbaren Überlebenswillen eines Menschen, der Gegenstand einer Suche ist.

Die analytischen Fähigkeiten von SAROPS, den vermutlichen Standort eines vermissten Objekts – in diesem Fall John Aldridge – zu berechnen, sind zweifellos außerordentlich. Dennoch liegt der Berechnung und Verarbeitung der gigantischen Datenmenge die Annahme zugrunde, dass das Suchobjekt sich mit der Strömung bewegt, was im Falle eines Floßes mit Sicherheit und im Falle eines Menschen, ob nun mit oder ohne Schwimmweste, mit hoher Wahrscheinlichkeit zutrifft. Normalerweise wird SAROPS die erste Rettungseinheit anweisen, von einem mittleren Strömungswert auszugehen, und die An-

---

11 Wie teuer war es letztendlich? Die US-Küstenwache kalkuliert bei Inlandseinsätzen mit einem festen Stundensatz für die bei der Mission eingesetzten Fahrzeuge; diese umfassen sämtliche unmittelbaren Kosten, Zusatzkosten sowie allgemeine und administrative Kosten. Wenn man allein die unmittelbaren Kosten für die von der Küstenwache eingesetzten Fahrzeuge addiert – ein Lebensrettungsboot, ein Schnelleinsatzboot, ein Helikopter, ein Flugzeug und zwei Cutter –, ergibt das stündliche Kosten von $ 28 662 für die Rettung von John Aldridge. Bei einem achteinhalbstündigen Einsatz liegt der Gesamtbetrag bei über $ 240 000. Darin enthalten sind natürlich noch nicht die Zusatz- und Verwaltungskosten für das Personal, die Nutzung des NOAA-Satelliten und die administrativen Funktionen von der nationalen Kommandozentrale abwärts, die für die Suche und Rettung von Johnny Aldridge ausgegeben wurden.

gaben anschließend ständig korrigieren und aktualisieren, um die Suche immer mehr zu verfeinern und Überschneidungen der Suchmanöver zu vermeiden. Die von SAROPS ausgegebenen Suchmuster bei der Aldridge-Mission folgten genau dieser Strategie. Tatsächlich ging man zunächst von einem Mittelwert aus, weil man zu Beginn der Suche nicht mehr wusste, als dass Johnny nicht an Bord war, zuletzt am Vorabend um 21.00 Uhr gesehen worden war und keine Schwimmweste trug. Niemand wusste, wann, wo, wie oder warum er über Bord gegangen war, noch, ob man nach einer lebenden Person oder einem Leichnam suchte. Als Anthony und die SAROPS-Techniker dann Zeitpunkt und Ort von Johnnys Unglück näher eingrenzen konnten, passte das System die Suche den neuen Gegebenheiten an – bis SAROPS abstürzte. Tatsache aber ist, dass man immer davon ausging, Aldridge würde, ob lebendig oder tot, mit der Strömung treiben, entweder weil er ihr nichts entgegenzusetzen hatte oder weil sein lebloser Körper von der Strömung davongetragen würde. In gewisser Weise ist das die logische Ausgangsposition, von der die Planer bei der Suche ausgehen mussten und die sie mit den eingehenden Daten abgleichen und präzisieren konnten. Jede andere Grundannahme hätte zu einem reinen Rätselraten geführt.

Aber wie wir inzwischen wissen, trieb Johnny Aldridge nicht einfach mit der Strömung. Manchmal kämpfte er dagegen an, und manchmal machte er sich die Strömungsverhältnisse, die SAROPS so brillant berechnete, für seine eigenen Zwecke zunutze. Das hatte unter anderem zur Folge, dass die zuerst vom Computer errechneten Suchmuster Johnny weiter westlich vermuteten und die Einsatzfahrzeuge der Küstenwache entsprechend dorthin orderten. Johnny wusste das, aber die Coasties und die Crews der Freiwilligenflotte, die stundenlang mit den Augen das Meer absuchten, konnten es nicht wissen.

Um keine Missverständnisse aufkommen zu lassen: Johnny Aldridge wurde innerhalb des von SAROPS ermittelten Suchgebiets gefunden – »wir hatten ihn auf dem Schirm«, wie ein Coastie es ausdrückt. Und wie bereits an anderer Stelle in diesem Buch erwähnt, gibt es keinen Algorithmus, der den menschlichen Lebenswillen ermessen, das menschliche Hirn sondieren oder menschliche Vorsätze erahnen könnte.

Von dem Moment an, als er seine Stiefel mit Luft füllte und seine Panik bezwang – »Panik ist dein sicherer Tod«, wie Mark Averill sagt –, war John Aldridge Herr dessen, was er tat. Die Stärke seines Geistes hielt ihn am Leben – die Fähigkeit, die in ihm aufsteigende Angst und Verzweiflung zu unterdrücken und alles auszuschalten, was sein Überleben gefährden konnte –, und allein das ist es, was ihn ausmacht. Er benutzte seinen Verstand, um seine Emotionen zu kontrollieren und um abzuwägen, was er als Nächstes tun würde. Er entschied sich dafür, sich so sichtbar wie möglich zu machen. Die Küstenwache mit ihren enormen technischen Möglichkeiten und einer Flotte von Einsatzfahrzeugen konnte unmöglich seine Gedanken lesen oder seine Entscheidung erahnen. Was sie tun konnte, war, die gesammelten Daten auszuwerten, die Suche einzugrenzen und weiterzumachen. Die Rettung kam, als beide Akteure, Aldridge und die Küstenwache, einander begegneten.

Deshalb soll Sean Davis, Einsatzspezialist der US-Küstenwache und die »Stimme« der Such- und Rettungsmission nach Johnny Aldridge, das letzte Wort haben: »Wir waren entschlossen, nicht eher aufzugeben, bis wir ihn gefunden hatten«, sagt Davis, »und er hat lange genug durchgehalten, damit wir genau das tun konnten.«

Anthony Sosinski, Sheepshead Bay, Islip, New York, acht Jahre alt und etwa genauso groß wie der Fisch.

Johnny Aldridge in den Wäldern von Vermont, Spätherbst 1990.

Mike Migliaccio macht sich bereit für die Ausfahrt mit der *Anna Mary*.

Johnny mit einem frisch gefangenen Hummer.

Die *Anna Mary* fährt aus dem Hafen.

ie *Anna Mary* an ihrem Liegeplatz im Hafen von Montauk.
ier noch mit offenem Heck.

nthony und Johnny auf der *Anna Mary* bei den Vorbereitungen für die Ausfahrt,
esmal mit Heckklappe.

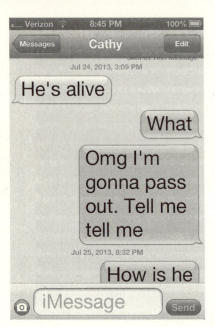

Johnny wird an Bord des MH-60 gehievt.

Cathys SMS, gesendet von der Küstenwachenstation in Montauk, nachdem sie erfahren hatte, dass ihr Bruder lebte.

Wieder Zuhause. Johnny und sein Neffe Jake Patterson vor dem Haus der Aldridges in Oakdale auf Pressefragen antwortend.

ettungsschwimmer Bob Hovey und der Gerettete an Bord des MH-60, .Juli 2013.

Anthony zieht einen Highflyer mit Johnnys Slogan »Load Lives« aus dem Wasser.

Pete Spongs Decksmann zeigt den Knoten, mit dem Johnny die beiden Polybälle aneinanderband.

nthony beim Filetieren des auf der Rückfahrt gefangenen Thunfischs, . Juli 2013.

Die Botschaft am Himmel während der Party in Oakdale anlässlich der Rettung von Johnny.

George Watson, Montauker Original und Besitzer der legendären Bar *The Dock*.

George Watsons offizielle Mitteilung auf der Tafel im Dock, dass Johnny es geschafft hat.

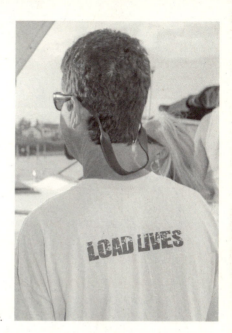

Johnny Aldridge in passendem Outfit auf seiner Party in Oakdale.

Die erste Segnung der Flotte im Jahr nach Johnnys Rettung.

Johnnys erste Ausfahrt nach seiner Rettung, zurück an Bord der *Anna Mary*, bei ruhiger See und untergehender Sonne.

DIE AN DER SUCHE NACH JOHNNY ALDRIDGE BETEILIGTEN EINRICHTUNGEN UND FAHRZEUGE

Der Such- und Rettungsfall wurde am Morgen des 24. Juli 2013 um 6.22 Uhr Ostküstenzeit ausgelöst, als ein Notruf des Fischerboots *Anna Mary* empfangen wurde. Das erste Rettungsfahrzeug, das siebenundvierzig Fuß lange Motorrettungsboot der Station Montauk, wurde um 6.54 Uhr zu Wasser gelassen, und die Suche aller Fahrzeuge endete um 15.05 Uhr, als der Helikopter MH-6002 der Küstenwache meldete, Aldridge sicher geborgen zu haben. Die achteinhalb Stunden lange Suche umfasste einen Bereich von 1700 Quadratkilometern, bevor der MH-6002 Aldridge etwa 43 Seemeilen südlich von Montauk, New York entdeckte. Die folgenden Einrichtungen und Fahrzeuge kamen bei der Suche und erfolgreichen Rettung zum Einsatz:

US-Küstenwache

Station New Haven

Die Kommandozentrale für Operationen der Küstenwache im Bereich Long Island Sound – auch Sektor Long Island Sound genannt – einschließlich der Südküste von Long Island und der

Ostseite des Hafens von New Haven. Neun Stützpunkte, strategisch über den Sektor verteilt, sind der Zentrale unterstellt. Das gesamte Personal umfasst knapp fünfhundert aktive Einsatzkräfte, zweihundert Reservisten und zwölfhundert freiwillige Helfer.

Station Montauk

CG-47279, 47 Fuß langes Motor-Lifeboat (MLB) für Einsätze bei Unwetter mit orkanartigen Winden und sechs Meter hohen Wellen. Dieses neuartige, ganz aus Aluminium gefertigte Boot trotzt Stößen mit der Wucht der dreifachen Erdbeschleunigung und übersteht auch eine komplette Rolle im Wasser, indem es sich binnen zehn Sekunden bei voller Funktionstüchtigkeit sämtlicher Instrumente von selbst aufrichtet.

Länge: 14,60 Meter
Breite: 4,27 Meter
Tiefgang: 1,37 Meter
Leistung: 870 PS bei 2100 U/min

Das MLB ist für schnelle Rettungseinsätze bei schwerer See konstruiert. Es kann Seegang bis zu zehn Metern, Brandung bis zu sechs Metern und Windgeschwindigkeiten bis zu fünfzig Knoten aushalten. Der Rumpf besteht aus dreizehn wasserdichten Schoten; damit kann das Boot sich selbst in nur dreißig Sekunden aufrichten. Ausgerüstet mit modernster elektronischer Motorsteuerung, Kraftstoffmanagementsystemen und integriertem Anzeigenpult mit unter anderem vier Steuerständen, ist das MLB das ideale Rettungsboot für Einsätze unter schwierigsten Wetterbedingungen. Augenblicklich werden 117 dieser Boote landesweit von der Küstenwache betrieben.

CG-25540, 25 Fuß langes Schnelleinsatzboot (RB-HS) mit Aluminium-Rumpf und fester schaumgefüllter Ummantelung.

Länge: 7,62 Meter
Breite: 2,59 Meter
Tiefgang: 0,99 Meter
Leistung: 450 PS

Coast Guard Air Station Cape Cod

Die Air Station der US-Küstenwache in Cape Cod (ASCC) ist die einzige Flugbasis der Küstenwache im Nordosten. Die ASCC ist verantwortlich für die Gewässer von New Jersey bis zur kanadischen Grenze. Zentral an der Joint Base Cape Cod gelegen, ist die ASCC in der Lage, innerhalb von dreißig Minuten nach Eingang eines Alarms einen Helikopter und/oder ein Flugzeug in der Luft zu haben, an 365 Tagen im Jahr, rund um die Uhr und bei nahezu jedem Wetter. Von hier aus wurde der MH-60 Jayhawk-Helikopter und eine EADS HC-144 Ocean-Sentry-Maschine eingesetzt.

Der MH-60 Jayhawk ist ein zweimotoriger Mehrzweckhubschrauber mittlerer Reichweite, der für Such- und Rettungsmissionen, bei der Strafverfolgung, zur Sicherung der Verteidigungsbereitschaft und zum Gewässerschutz eingesetzt wird.

Höchstgeschwindigkeit: 333 km/h
Reichweite: 1300 km
Gewicht: 6582 kg
Hauptrotordurchmesser: 16,46 m

Die EADS HC-144 Ocean Sentry ist ein zweimotoriges Aufklärungsflugzeug mittlerer Reichweite mit Einsatz bei Such- und Rettungsmissionen und zur Seeüberwachung.

Auf See: Zwei 87-Fuß-Cutter

USCGC *Sailfish* (WPB 87356) Sandy Hook, New Jersey

USCGC *Tiger Shark* (WPB 87359) Newport, Rhode Island

Freiwilligenflotte: Schiffsname, Kapitän / Eigner

Act One, Charlie Morici
American Pride, Glenn Bickelman
Billy the Kid, Billy Carman und Kelly Lester
The Breakaway, Richard Etzel
Bookie, Robbo Freeman
Brooke C, Pete Spong
Clover, Chuck Etzel Jr.
Cat in the Hat, Dan Stavola
Daramiscotta, Brian Rade und Richie Rade
Hurry Up, Frank Braddick und Donny Briand
New Species, Mike Skarimbas
Lady K, Vinny Damm
Last Mango, Jimmy Buffett
Leatherneck, Al Schaffer
Leona, Vinny Giedratis
Montauk-Marine-Basin-Boot, geführt von Danny Christman und Chris Darenberg
Namenloses Privatboot, geführt von Charlie Etzel Sr.
Namenloses Privatboot, geführt von Dan Farnham, Besitzer der *Kimberly*, und David Tuma
Namenloses Privatboot, geführt von Jet Damm
Reanda S, Charlie Weimer Jr.
Two Sea Son, Wesley Peterson
Uihleins Mietboot, geführt von Jordan Steele und Brad Bowers
Viking Five Star, Steven Forsberg und Familie

»DIE GESCHICHTE VON JOHNNY LOAD«

»The Tale of Johnny Load«
© Written by Nancy Atlas ®BMI Music 2016

Little Anthony stand frühmorgens auf,
Sein Schiff startklar zu machen und Eis zu besorgen.
Abends um neun hatte er sechzehn Stunden geschuftet,
Die vier Stunden im Liars nicht mitgezählt.
Da kam Johnny, frisch und ausgeschlafen,
Und sagte, »Ich übernehm die erste Schicht.
Leg dich nur hin und schlaf ein paar Stunden,
Ich weck dich, wenn's so weit ist.«
Um drei Uhr früh war Johnny ganz allein an Deck,
Das Schiff fuhr stur geradeaus.
Johnny zog mit aller Kraft,
Der Griff der Kühlbox brach ab,
Und genau da beginnt diese Geschichte, sie sagten:

Hey ho, rettet Johnny Load.
Er ging in der Nacht über Bord.
Fünfzehn nördlich vom Canyon

Ist der Mond sein Begleiter.
Sie sagten, »Nur ein Paar Stiefel und ein Messer«,
Hey ho, rettet Johnny Load.
Er ist ein Fischer verschollen im Meer,
Und er hofft auf dich und die Montauker Crew,
Dass ihr ihn zurückbringt zur *Anna Mary*.

Da ist ein Geruch auf dem Wasser, der die Haie anlockt,
Am besten, du stellst dich tot.
Behalt die Flossen im Auge, rühr dich nicht,
Aber hab dein Messer fest in der Hand.
Halte durch, bis die Sonne die anderen weckt,
Du bist nur ein Fleck im Meer.
Und was immer du tust, lass deine Stiefel nicht los,
In St. Therese werden sie für dich beten und werden sagen:

Hey ho, rettet Johnny Load.
Er ist ein Fischer verschollen im Meer,
Und er hofft auf dich und die Montauker Crew,
Dass ihr ihn zurückbringt zur *Anna Mary*.

Die See ist deine Mutter,
Dein Biest und deine Geliebte,
Und sie schenkt niemandem etwas.
Allein die Würfel entscheiden,
Ob du heil davonkommst,
Also verbeugt euch, Männer, vor der Königin.

Als Anthony sah, dass der Griff gebrochen war,
Standen sein Kopf und sein Herz in Flammen.
»Johnny!«, schrie er, »Bruder, wo bist du?
Herr Jesus, ich hoffe, du lebst.«

Schon bald kreuzte eine ganze Flotte vor der Küste,
Und der Helikopter suchte weiter draußen auf See.
Johnny hörte die Boote, sie waren so nah,
Aber niemand entdeckte ihn.

Der Tag geht zu Ende, die Fahnen hängen auf Halbmast,
Und die Sonne sinkt über dem Meer.
Little Anthony sagt: »Ich gebe nicht auf,
Bevor wir ihn nicht gefunden haben.«
Der Helikopter hat kaum noch Sprit,
Aber er versucht es ein letztes Mal.
Dann knistert es im Funkgerät,
Und eine Stimme ruft:
»Da unten ist er! Da! Da!
Anna Mary, wir haben euren Mann!
Er lebt! Er lebt!!!«

Denn die See ist deine Mutter,
Dein Biest und deine Geliebte,
Und sie schenkt niemandem etwas.
Allein die Würfel entscheiden,
Ob du heil davonkommst.
Also verbeugt euch, Männer, vor der Königin.

Hey ho, sie haben Johnny Load gerettet.
Er ging in der Nacht über Bord.
Fünfzehn nördlich vom Canyon,
Ist der Mond sein Begleiter,
Nur ein Paar Stiefel und ein Messer.
HEY HO, sie haben Captain Load gerettet.
Er war ein Fischer verschollen im Meer.
Und er hoffte auf dich

Und die Montauker Crew.
Ihr habt ihn zurückgebracht zur *Anna Mary*.
Ihr habt ihn zurückgebracht zur *Anna Mary*.
Ihr habt ihn zurückgebracht zur *Anna Mary*.

DANKSAGUNGEN

Als Erstes danken wir Paul Tough, Autor des New-York-Times Magazine-Artikels »Ein Fleck im Meer«, der den Stein ins Rollen brachte und dem unser Buch seinen Titel und seinen Anstoß verdankt.

Dank an Geoffrey Menin, unseren Agenten und Rechtsberater, der uns durch die uns unbekannte Welt des Verlagswesens führte, und an Susanna Margolis, die uns dabei half, unsere Geschichte in Worte zu fassen.

Danken möchten wir allen unseren Freunden bei Weinstein Books für ihre vielfältige Unterstützung und Hilfe – Cheflektorin Amanda Murray, Verlagschefin Georgina Levitt, Lektorin Cisca Schreefel, dem gesamten Produktionsteam und natürlich Harvey Weinstein und den Produzenten Rachael Horovitz und Jason Blum.

Neben den zahllosen Angestellten der US-Küstenwache, die in diesem Buch eine wichtige Rolle spielen, möchten wir uns bei all jenen Mitarbeitern bedanken, die uns dabei geholfen haben, die Ereignisse drei Jahre nach dem Geschehen zu rekonstruieren. Unserer besonderer Dank an Jordan P. St. John, stellvertretender Leiter des Büros für Öffentlichkeitsarbeit; Eric Best, Einsatzleiter der Station in Montauk 2016, für seine

Gastfreundschaft und für die Unterstützung des gesamten Einsatzteams bei unseren Recherchen; Martin Betts, der uns die gesamten Aufzeichnungen des Funkverkehrs während der Such- und Rettungsaktion für John Aldridge zur Verfügung stellte; Kevin Wyman, Einsatzleiter der Station in New Haven 2016, der sich für unsere Recherchen bereitwillig zur Verfügung stellte; Jeremy Will, Richard Stanridge und James »Nate« Slack, die endlose Fragen zu Suchmustern bei Überbordgegangenen beantworteten; und Morgan Gallapis und Bradley Nelson, unsere »Reiseführer« in der Kommandozentrale der Küstenwache in New Haven.

Dank auch an Suzanne Pred Bass, klinische Sozialarbeiterin in New York City und Arkville, New York, für ihre Auskünfte zu Posttraumatischen Belastungsstörungen und deren Kurz- und Langzeitfolgen.

Cathy Patterson ist für uns nicht nur wie eine Schwester oder Beinahe-Schwester und auch nicht bloß eine zentrale Figur innerhalb der Ereignisse dieses Buches. Mehr als zwei Jahre lang hat sie in ihrem berühmten »Business-Modus« akribisch Informationen und Fotos zusammengetragen, Interviewtermine vereinbart, Besprechungen arrangiert, jedes Detail unseres Projekts gemanagt und alle auf dem neusten Stand gehalten. So hatte der Rest von uns Zeit fürs Recherchieren, Schreiben, Nachdenken, Überarbeiten, Redigieren, Grübeln und Fischen. Ohne sie wäre *Ein Fleck im Meer* nie zustande gekommen.

Dank auch an alle Mitglieder der Familien Aldridge und Sosinski für ihre Hilfe und unermüdliche Unterstützung. Zuletzt ein besonderer Dank an Laurie Zapolski, die sich als Cathys rechte Hand verdient gemacht hat – und durch vieles andere mehr.

DIE AUTOREN

John Aldridge und **Anthony Sosinski** sind Fischer aus Oakdale, New York. Sie kennen sich seit ihrer Kindheit, fischten schon als kleine Jungs zusammen und arbeiteten später in Montauk auf verschiedenen Fischerbooten. Als die *Anna Mary* zum Verkauf stand, entschieden sie sich für die Selbstständigkeit und kauften den heruntergekommenen Hummerkutter. Ein Jahr lang reparierten sie ihn, und als sie endlich zum ersten Mal gemeinsam mit ihrem eigenen Fischerboot aufs Meer rausfuhren, waren sie schon Ende 30. Für beide erfüllte sich ein Lebenstraum. Als das verhängnisvolle Unglück geschah, war John Aldridge 45 Jahre alt. Sie leben beide immer noch in Montauk und fahren weiterhin täglich aufs Meer.

Der Übersetzer

Georg Deggerich geboren 1960, studierte Anglistik, Germanistik und Philosophie. Zu den von ihm übersetzten Autoren gehören Oscar Wilde, Samuel Pepys, David Sedaris, David Guterson, Susan Sontag und David Leavitt. Deggerich ist Mitherausgeber der Literaturzeitschrift *Am Erker*.

BILDNACHWEIS

Die Bilder und Daten des Anhangs »Die an der Suche nach Johnny Aldridge beteiligten Einrichtungen und Fahrzeuge«:
© United States Coast Guard

Alle Bilder des Bildteils:
Copyright © John Aldridge and Anthony Sosinski

Mit Ausnahme von:

S. 4, oben rechts © Robert Simpson

S. 4, unten rechts © Kevin Quinn

S. 5 © Robert Hovey

S. 7 © Sheila Rooney

Die Seitenzahlen beziehen sich auf den Bildteil.

Ein rasanter Roman über das Erwachsenwerden

Philipp ist 15 und steckt mitten in der Pubertät. Als ihn sein verhasster Französischlehrer sitzenbleiben lässt, schmiedet er einen Plan: Gemeinsam mit seinem Kumpel Borawski trampt er nach Frankreich, in das Heimatdorf seines Lehrers. Für Philipp beginnt das erste große Abenteuer seines Lebens. Und dann kommt ihm auch noch die Liebe in die Quere …